H0214679

EDITORIAL

Liebe Leserin, lieber Leser,

Rom zählt zu den bedeutenden Kulturmetropolen der Welt. Allein in den Vatikanischen Museen gibt es 50 000 Kunstschätze. Wer nur die wichtigsten sehen will, legt in den Gängen dieses gewaltigen Komplexes gut und gerne sieben Kilometer zurück. Insgesamt 100 kleine und große Museen von Weltruf verstecken sich in dieser Stadt. Wir wollten es genau wissen – wie funktioniert so ein Museum, wer steckt dahinter, wer sorgt dafür, dass die wertvollen Kunstwerke erhalten bleiben, welche Organisation ist notwendig, damit die Ausstellung schließlich Millionen Besucher erfreut? Unsere Reporter Julia Grosse und Andreas Weise blickten hinter die Kulissen des berühmten Etruskischen Museums in der Villa Giulia. Sie begleiteten die Direktorin Francesca Boitani bei ihrem Tagwerk, haben Marina Scopoli, der Restauratorin, bei ihrer filigranen Puzzle-Arbeit auf die Finger geschaut, beobachteten die Arbeit des Bibliothekars und den Nachtdienst der Techniker. Ihr Fazit: Die Organisation eines solchen Museums ist fast schon ein Kunstwerk für sich. Die Reportage lesen Sie ab Seite 48. Die Vatikanischen Museen stellen wir Ihnen ab Seite 94 vor.

Für dieses ADAC reisemagazin waren insgesamt 22 Reporter und Fotografen viele Wochen in Rom unterwegs, sie haben kleine, feine Restaurants mit Charme gefunden und Hotels mit Aussicht. Sie sind mit jungen Römern ein paar Nächte um den Block gezogen, haben einen Bildhauer in Trastevere besucht, einen Padre in Garbatella, junge Geschäftsfrauen im chaotischen Monti. Sie werden sehen: Wir zeigen in diesem Heft viele neue Seiten dieser Stadt – jede für sich ist schon allein eine Reise wert.

Herzlichst Ihr

Joachim Negwer,
Chefredakteur

Nur per pedes, wie einst das Volk, legte unser Fotografen-Duo **ENGEL & GIELEN** seine Wege durch Rom zurück – auf der Suche nach neuen Blicken auf alte Schönheit. Dabei fielen ihnen die Hochzeitsfotografen auf, die vor antiken Bauten Jungvermählte mit wilden Regie-Anweisungen in Szene setzen. Engel (stehend) & Gielen beschränkten sich auf die einfache Gruß-Geste – hier mit „alten Römern" vor dem Kolosseum. Ihre persönliche Sicht auf die Kult(ur)-Orte beginnt **auf Seite 98.**

After-Work-Party oder Dolce Vita nach der Arbeit: Das Team von Fotografin **KERSTIN ZU PAN** (2. v. l.) und Autorin **BIRGIT GEBHARDT** (r.) feiert auf dem Ex-Sofa von Karl Lagerfeld im Hilton das Finale eines aufreibenden Mode-Shootings. Die Frage, die alle bewegte: Welches Designer-Stück passt in welche Kulisse? Eine Produktion mit Haken und Ösen, aber sehenswert im Ergebnis: **ab Seite 60.**

Viel Überzeugungstalent brauchte **ANNETTE RÜBESAMEN,** um Römer für ihre Reportage „Mein Rom, meine Liebe" zu gewinnen. Am Ende fanden die Autorin und Fotograf **STEFFEN JÄNICKE** nicht nur offene Türen, sie lernten auch die Gewohnheiten ihrer Gesprächspartner kennen. Der Bildhauer aus Trastevere zum Beispiel nahm das Team mit ans Meer, nach Fiumicino ins Restaurant La Perla. Ein Glück für die beiden, da sie auch gern gut essen (Jänicke am liebsten römische Kekse). **Ab Seite 32.**

Fotos: Engel & Gielen; Kerstin zu Pan; Steffen Jänicke

MODE Haute Couture für jeden Anlass und Ort

NACHTLEBEN Laufsteg unter den Sternen

VATIKAN Einblick in die Schaltzentrale der Macht

INHALT

Rom

REPORTAGEN

Titelmotiv: Steffen Jänicke
Fotos: Kerstin zu Pan (2); Hardy Müller; Lois Lammerhuber; Andreas Weise; Stefano Amantini/Atlantide

Meisterwerk antiker Baukunst: das Pantheon

SPECIALS

LITERATEN & ihr Rom

MUSEUM mal ganz intim

AUSFLÜGE ins Blaue

RUBRIKEN

STICHPUNKTE

SCHNELLSUCHE

i City-Plan zum Heraustrennen auf Seite 196

Besuchen Sie uns auch im Internet: Unter www.adac.de/reisemagazin finden Sie die wichtigsten Links aus dem Heft zum Anklicken, können Ihr Rom-Wissen testen und E-Cards verschicken. Dazu: Leseproben zu allen lieferbaren Titeln sowie eine interaktive Karte mit Billigflügen nach Rom.

www.adac.de/reisemagazin

www.mercedes-benz.de 042.FP04 S&FB
Sprungturm
Veranda
Schlaf-
zimmer
Wohnzimmer
Pferdestall
Küche
Mercedes-Benz – eine Marke von DaimlerChrysler

Zu Hause an Orten, von denen andere träumen.

Der Viano MARCO POLO. Für die beste Zeit Ihres Lebens.

▶ Was haben die schönsten Plätze dieser Welt gemeinsam? Sie sind Ihr Zuhause. Ob zwischen schroffen Bergen, auf endlosen Stränden, in verwinkelten Dörfern, mitten in pulsierenden Städten oder in den Weiten ferner Länder – der beste Platz ist für Sie reserviert. Denn der Viano MARCO POLO bietet Ihnen, dank seines durchdachten Innenraumkonzepts, nicht nur ein komfortables, gemütliches Wohnerlebnis wie daheim. Er sorgt auch mit modernster Reisemobiltechnologie dafür, dass Sie sicher überall hinkommen. Und natürlich auch schnell wieder weiter. Denn es gibt noch so viele schönste Plätze auf dieser Welt zu entdecken. Mehr Infos unter unserer Hotline 01805-01 80 66 (0,12 €/min).

Mercedes-Benz

ROM

Gesichter einer Stadt

Rom sehen – und die Zeit vergessen. Antike, Renaissance, Barock, die Moderne: Ein Menschenleben würde nicht ausreichen, um die Wunderwerke aus mehr als 2000 Jahren zu betrachten. Nehmen Sie sich also alle Muße der Welt für diese Stadt, die das Prädikat „ewig“ gleich zweimal verdient. Ewig schön. Und ewig jung

Foto: Engel & Gielen

Eine Fluchtburg für Päpste in Not

Die Engelsburg, 139 n. Chr. als Mausoleum für Kaiser Hadrian erbaut, war einst durch einen Geheimgang mit dem Vatikan verbunden – und diente manch Kirchenoberhaupt als Refugium in Zeiten der Gefahr. Abends hat man von oben einen Traumblick auf die verlockend leuchtende Stadt

Rom ist immer
auch eine Zeitreise

Steigen Sie ein: 2000 Jahre ziehen in ein paar Stunden an Ihnen vorüber. Kaum ein Pflasterstein, kaum ein Gebäude, die nicht mit Geschichte und Geschichten locken. Und ab und zu wird Ihnen ein netter Römer in antiker Robe begegnen, wie hier vor dem Kolosseum. Fürs Foto – und für einen kleinen Lohn

Foto: Engel & Gielen

Autobahn der Antike Die Via Appia Antica, die schon 190 v. Chr. Rom mit Brindisi verband (480 Kilometer), hat heute ein vielfältiges Gesicht. Im Stadtgebiet hinter der Porta S. Sebastiano ist sie viel befahren, schmutzig und laut. Später führt sie zwischen Pinien, Zypressen, Ruinen und alten Grabstätten hindurch tief in die römische Campagna – ein Bild wie zu Goethes Zeiten

Markt ohne Eitelkeit Marktleute sind hier von besonderem Naturell: Deftig und gewitzt bringen sie ihre Produkte unter das Volk. Die schönsten Stände gibt's am Campo de' Fiori (Foto), auf der Piazza S. Cosimato und in Testaccio

Fotos: Engel & Gielen; Steffen Jänicke

M·AGRIPPA·L·F·COS·TERT

Foto: Engel & Gielen

Junger Genuss vor einem alten Gotteshaus
Wenn es dunkel wird, füllt sich die Piazza della Rotonda schnell mit Nachtschwärmern. Man flirtet und schwelgt im Angesicht eines Tempels, der zu vorchristlicher Zeit vielen Göttern geweiht war. Seit 609 ist er nur noch dem Einen gewidmet – doch Pantheon, Allgötterhaus, heißt das antike Wunderwerk noch heute

Eine Stadt in der Stadt Er wollte die Völker der Erde beeindrucken: Für die geplante Weltausstellung 1942 ließ „Duce“ Benito Mussolini breite Straßen und monumentale Paläste entwerfen. Die E.U.R., „Esposizione Universale di Roma“, fand zwar nie statt, doch das Viertel wurde in den fünfziger Jahren vollendet.

Foto: Engel & Gielen

Heute hat sich die Zurschaustellung faschistischen Größenwahns mit dem Alltag vermählt: Viele Menschen zieht es in diesen Vorort, mit seinen Grünanlagen wurde er zum beliebten Wohngebiet. Und die gewaltigen Marmorhallen beherbergen neben Museen auch Behörden wie hier an der Via Cristoforo Colombo

Fotos: Hardy Müller; Steffen Jänicke

Der Reiz des Alten Große Meisterwerke der Welt sind überall zu bewundern: an legendären Kult(ur)-Orten wie der Sixtinischen Kapelle, in 100 Museen und weit mehr als 200 Kirchen. Das Grabmal der seligen Ludovica Albertoni in Verzückung ist ein Alterswerk von Gian Lorenzo Bernini – zu sehen in der Kirche San Francesco a Ripa in Trastevere

Das Vorrecht der Jugend Roms Teens & Twens sind schön, stark und zeigen ihre Lust am Leben ganz offen. Plätze, Bars und Discos wie das Gay Village in Testaccio sind ihr Revier – schillernde Laufstege zur Selbstdarstellung für die Nacht

Eine Treppe, die Völker verbindet

Sie wurde im Auftrag der Franzosen gebaut, nach der angrenzenden Piazza di Spagna benannt und ist Roms kosmopolitischster Ort: Auf der Spanischen Treppe (mehr Seite 30) trifft sich die Welt. 138 Stufen zum Flirten, Lesen, Schauen oder einfach nur zum Ausruhen. Vorsicht: Die Scalinata di Spagna wird nicht nur von Reisenden geliebt, sondern auch von Taschendieben und Herzensbrechern

Alle 6 Sekunden eine Maschine, die in die Welt startet.
Über 120.000 Fluggäste, die täglich sicher ihr Ziel erreichen.
Das Kribbeln im Bauch, einer davon zu sein.
Alles für diesen Moment.
Einmal gepackt, lässt sie einen kaum mehr los: die Faszination rund ums Fliegen. Und damit das auch in Zukunft so bleibt, sorgen wir mit höchsten Standards an Bord und Boden dafür, dass Sie sich immer auf uns verlassen können. Ganz gleich, wohin Ihre Reise geht. Danke, dass Sie Lufthansa Ihr Vertrauen schenken.
www.lufthansa.com

There's no better way to fly.
Lufthansa
A STAR ALLIANCE MEMBER

Galleria

Wie sich Römer elegant durch den Verkehr schlängeln und dabei Nerven aus Stahl beweisen. Warum man auf der Spanischen Treppe sitzen bleiben sollte, was den Trevi-Brunnen zur sprudelnden Geldquelle macht und wo Goethe richtig glücklich war

Ohne Helm dürfen Italiener(innen) auf motorisierten Zweirädern nur noch sitzen, wenn sie plaudern wollen, anstatt zu fahren

Rolle vorwärts!

WER JE MIT DEM AUTO in Rom vor einer roten Ampel stand, kennt die Szenerie. Von hinten knattern die Motorroller heran, überholen rechts und links, um sich schließlich in vorderster Reihe zu einer Art Mauer aufzubauen. Schaltet die Ampel auf Grün, hört man ein Surren, das zu einem gewaltigen Brausen anschwillt und sich dann in Einzelteile auflöst: potente Wespen, die zügig und zielstrebig ausschwärmen.

In Rom gibt es circa zwei Millionen Autos und 600 000 motorisierte Zweiräder, Motorini. Die meisten davon sind Motorroller, Scooter genannt. Es sind nicht fehlende finanzielle Mittel, warum sich viele Römer auf den Sattel schwingen, sondern La Libertà, der Freiheitsdrang. Mit einem Scooter kommt man auf den chronisch verstopften Straßen noch voran. In der Autoschlange Haken schlagend, auf Fußwege ausweichend, sich an Hauswänden entlangquetschend, bleibt man in Bewegung und darf sogar durchs historische Zentrum kurven, das für Autos weit gehend gesperrt ist.

Alle sozialen Klassen knattern durch die Gassen: Handwerker im Blaumann, Staatsanwältinnen im Kostüm, geistliche Würdenträger mit flatterndem Rockschoß. Fast alle tragen Helm, denn der ist in Italien seit dem Jahr 2000 Pflicht. Dass man auf dem Motorroller mit Pumps, im Bleistiftrock und auch im Anzug eine hervorragende Figur macht, erklärt einen nicht unbeträchtlichen Teil seines Erfolges. Ein Moped, das zwar praktisch, aber ästhetisch unvorteilhaft ist, hätte sich bei den eleganten Römern nie durchgesetzt. **Annette Rübesamen**

Scooter-Verleih in der Innenstadt zum Beispiel bei
- **ECO MOVE RENT** Via Varese 48–50, Tel. 06 44 70 45 18.
- **BICI E BACI** Via del Viminale 5, Tel. 064 82 84 43. Ab ca. 37 €/Tag.

Fotos: Udo Bernhart; Cinetext; Hath/www.illuscope.com; Giovanni Simone/Bildagentur Huber

Einsamer Held

EIN JUNGER REGISSEUR hatte 1964 den Mut, anders zu handeln als die meisten seiner Kollegen. Im Gegensatz zu ihnen inszenierte er kein klägliches Imitat der romantischen Karl-May-Kassenschlager oder der amerikanischen Gut-gegen-Böse-Western, sondern drehte mit Minibudget und intensiven Zoom-Einstellungen sein ganz eigenes Ding: einen Western, in dem es um kalte Rache und schnelles Geld geht, mit einem Helden, der allein seine Interessen verfolgt. Der neuartige Film trug den Titel „Für eine Hand voll Dollar". Ein gewaltiger Überraschungserfolg, der ein neues Genre begründete: den Italo-Western.

Sein Erfinder: Sergio Leone, 1929 in Rom geboren, 1989 dort gestorben und mit einem Straßennamen geehrt. Leone schrieb nicht nur Filmgeschichte („Spiel mir das Lied vom Tod"), er rettete auch die damals kriselnde italienische Filmindustrie. Denn dem Konzept Leones schlossen sich viele Kollegen erfolgreich an. Bis Anfang der siebziger Jahre wurden mehr als 500 Italo-Western gedreht – im Süden Spaniens, im Umkreis von Rom, etwa in Camerata Nuova bei Subiaco. Und in Rom selbst: An der Via Tiburtina stand bis Anfang der siebziger Jahre eine Westernstadt. **Ulrich P. Bruckner**

Regisseur Sergio Leone erfand den Italo-Western und schrieb Filmgeschichte

Wie cremig italienisches Eis ist, merkt man schon beim Anblick der einzelnen Sorten

Ideale Abkühlung

ZU EINEM RICHTIGEN SOMMER gehört es, in lauer Abendluft zu flanieren und in eine Eisdiele einzubiegen. Dass der jährliche Pro-Kopf-Verbrauch von Eiscreme in Italien bei 5,5 Kilogramm liegt, daran haben die Römer zweifelsohne großen Anteil. Jeden Abend zu schlecken wird ihnen nie langweilig, denn eine Gelateria, die auf sich hält, bietet keine geringere Auswahl als 50 Sorten.

Einen guten Ruf hat zum Beispiel die Eisbar Giolitti, in der vierten Generation nun von Nazareno Giolitti geführt. Wie ein guter Vater seine Kinder liebt er von Ananas bis Zabaione alle Sorten. Im Sommer bietet er für einen Portionspreis von etwa 1,80 Euro bis zu 90 Geschmacksrichtungen an, im Winter reduziert er auf 40 Gusti. Giolittis erste goldene Regel für ein gutes Gelato heißt Frische: „Jeden Tag machen wir alles neu, und nur aus besten Zutaten, die wir je nach Saison auswählen." So gibt es Kaki-Eis nur im November. Sechs Eisbäcker und noch mal so viele Konditoren arbeiten in der Küche. Als Ausgangsstoffe lässt Giolitti nur Ei und Zucker gelten, vorgefertigte Basen, wie sie in vielen anderen Eisdielen verwendet werden, sind ihm ein Graus. Das Rezept für seine Eiscreme? Natürlich ein Familiengeheimnis. **Markus Nikel**

GIOLITTI
■ Via Uffici del Vicario 40, Tel. 066 99 12 43.
www.giolitti.it

GELATERIA DELLA PALMA
Die Eistheke umfasst mit ca. 100 die meisten Sorten in Rom.
■ Via della Maddalena 20 (ganz in der Nähe des Pantheons), Tel. 06 68 80 67 52.

WUSSTEN SIE, DASS …

… die Bocca della Verità (Foto) im Mittelalter als eine Art Lügendetektor diente?
Missetäter mussten eine Hand in den steinernen „Mund der Wahrheit" legen – wurde sie abgeschlagen, galt dies als Zeichen der Schuld. Allerdings war nicht höhere Gewalt im Spiel, sondern ein im Verborgenen agierender Mann mit Schwert. Die Bocca della Verità befindet sich in einer Wand der Kirche Santa Maria in Cosmedin an der Piazza della Bocca della Verità.

… Rom einer der meistbesuchten Orte ist?
Jährlich kommen etwa 14,5 Millionen Besucher, davon ca. 4,5 Millionen Italiener.

… in der Kirche S. Paolo fuori le Mura die Porträts aller Päpste seit Petrus hängen?
Es heißt, dass die Welt untergehen werde, wenn an den Wänden der Kirche in Ostiense kein Platz mehr für weitere Papstbilder sei. Drei können noch aufgehängt werden.

… Römer nie einen Espresso bestellen?
Der kleine Schwarze heißt in Italien nämlich Caffè. Trinkt man ihn in der Bar im Stehen, ist es billiger als am Tisch sitzend.

… der 26 Meter hohe Obelisk von Aksum nicht mehr am Circus Maximus steht?
Die mehr als 2000 Jahre alte Säule, die Mussolini rauben ließ, soll nach Äthiopien zurückgebracht werden, wenn die Transportkosten für die tonnenschweren Einzelteile bezahlbar sind.

… das riesige Kolosseum in nur acht Jahren, von 72 bis 80, gebaut wurde?
Dafür dauerte die Einweihungsfeier verhältnismäßig lange: 100 Tage.

KULTUR-TIPPS

SCHON GELESEN?

ALBERTO MORAVIA
DIE RÖMERIN
Die schöne Adriana wächst in den 1920er Jahren in Armut auf. Von der Mutter in die Prostitution gedrängt, hofft sie auf ein besseres Leben in Würde. Roman. ■ btb Verlag, 2003. 11 €

ELSA MORANTE
LA STORIA
Lassen sich Krieg, Diktatur und der Tod der eigenen Kinder ertragen, ohne wahnsinnig zu werden? Eng verknüpft mit der Geschichte von 1941 bis 1947 erzählt der Roman das Leben der Witwe Ida. ■ Piper, 2003. 14,90 €

MARGIT KNAPP (Hg.)
ROM
Italienische Autoren wie Umberto Eco und Pier Paolo Pasolini kommen in Romanauszügen, Gedichten und Geschichten mit ihrer Meinung über Rom zu Wort. ■ Wagenbach, 1996. 13,90 €

SCHON GEHÖRT?

GIACOMO PUCCINI, TOSCA
De Sabata dirigiert diese legendäre Einspielung mit der Callas als Tosca. ■ EMI

ANTONELLO VENDITTI,
CHE FANTASTICA STORIA E LA VITA
Seit dem Album „Lilly" von 1975 bewährt sich Venditti mit Italo-Pop. ■ Ariola

EROS RAMAZOTTI, 9
Rock und Balladen des Sängers, der schon mal ein Konzert-Album nach seiner Heimatstadt benannt hat: Roma ■ Ariola

SCHON GESEHEN?

GENTE DI ROMA
Regie: Ettore Scola, I 2004
Der Kinofilm stellt auf Fahrten kreuz und quer durch Rom Menschen vor, die mit ihrem Spleen alle gut in die Stadt passen.

LA DOLCE VITA Regie: Federico Fellini, I/F 1960. Video und DVD von Atlas Pictures/Universum
Ein Klatschreporter erkennt, dass das süße Leben nur eine Illusion ist. Episodenfilm mit Anita Ekberg im Trevi-Brunnen.

ROM, OFFENE STADT Regie: Roberto Rossellini, I 1945. Video und DVD von Athaus/Kinowelt
Drama über die Aktionen und das grausame Ende einer Gruppe von Italienern, die gegen die deutschen Besatzer im Zweiten Weltkrieg kämpften.

Der Trevi-Brunnen wird Tag und Nacht umringt von Bewunderern aus aller Welt

Arrivederci!

WIE IM THEATER sitzen die Menschen andächtig und erregt vor dem Schauspiel, das an der Fontana di Trevi inszeniert wird: Neptun auf seinem Muschelwagen, gezogen von zwei Pferden, ungestüm das eine, beherrscht das andere; in den Nischen daneben zwei Statuen, darunter eine Felslandschaft. Dieses in Stein gehauene Bildnis an der Piazza di Trevi ist gewaltig, 20 Meter breit, 26 Meter hoch. Es ist der größte und berühmteste unter den vielen Brunnen Roms. Hier wird rund um die Uhr fotografiert, und die Münzen fliegen. Wirft man drei mit der rechten Hand über die linke Schulter, dann wird man die Ewige Stadt wieder sehen, heißt es. Arrivederci!

Filmregisseur Federico Fellini ließ in „La Dolce Vita" die kurvige Darstellerin Anita Ekberg ein Bad nehmen. Die Szene kennt jeder. Nachahmung nicht zu empfehlen: Um den Brunnen herum sind Carabinieri postiert, die jeden Übergriff auf das türkis schimmernde Nass verhindern. Allein das Berühren des Wassers wäre eine Straftat. Bitter für jene, die jahrzehntelang das Silber aus dem Brunnen fischten. Nun klaubt es die Stadtverwaltung auf und sammelt so angeblich pro Jahr 100 000 Euro.

Katzenasyl am Torre Argentina

Bleibe für Streuner

SO EINE OFFERTE gibt es nur alle paar hundert Jahre mal: ein weitläufiges, zentral und doch ruhig gelegenes Grundstück mit Skulpturen aus der Antike. Kaum dass diese exklusive Immobilie mitten in Rom freigeschaufelt war, kamen die Interessenten angelaufen. Zuerst waren es nur ein paar Dutzend streunende Katzen, die 1929 das Ausgrabungsgelände Largo di Torre Argentina mit den Ruinen der ältesten Tempel Roms (ca. 400 v. Chr.) für sich vereinnahmten, inzwischen sind es etwa 300.

Seit Dezember 2001 haben sie dafür das offizielle Okay der Stadtverwaltung und sogar den Status „Patrimonio bioculturale" (bio-kulturelles Erbe). Zudem werden sie von freiwilligen Helferinnen des 1995 gegründeten Katzenasyls Torre Argentina – des größten, aber nicht des einzigen in Rom – gefüttert, geimpft, sterilisiert und medizinisch versorgt. Finanziert wird das Projekt mit Spendengeldern, die in erster Linie von Touristen stammen. Adoptions- oder Pflegeeltern sind sehr willkommen. **D.E.**

■ Für Besucher geöffnet Mo.–Sa. 12–18, So. 15–18, Führungen So. 15.30 Uhr.
www.romancats.de

Illustration: Olaf Hajek; Fotos: Engel & Gielen; Micha Postma; dpa/picture-alliance

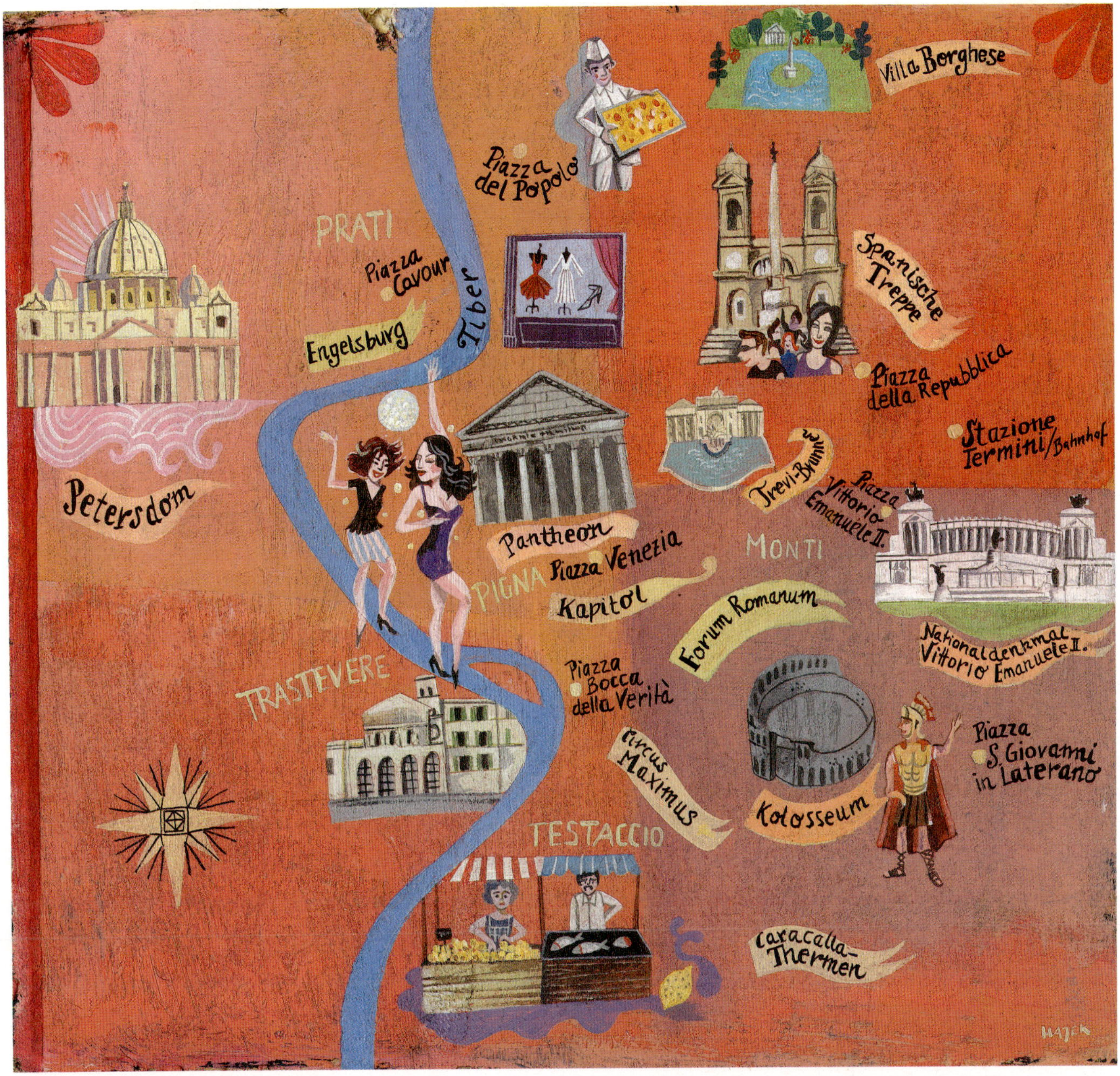

DAS HISTORISCHE ZENTRUM Roms schmiegt sich an den Tiber. Es ist in 22 Stadtteile eingeteilt (www.portalidiroma.net/rioni), zu denen zum Beispiel Prati, Trastevere, Pigna, Monti und Testaccio gehören, hinzu kommt der Vatikanstaat. Die wichtigsten Stätten befinden sich im Kerngebiet in Laufdistanz – und Fakten dazu im Heft auf den angegebenen Seiten:

Caracalla-Thermen S. 104
Circus Maximus S. 104
Engelsburg S. 101
Forum Romanum S. 104
Kapitol. Museen S. 56
Kolosseum S. 104
Nationaldenkmal V. Emanuele II. S. 102
Pantheon S. 100
Petersdom S. 84
Spanische Treppe S. 30
Trevi-Brunnen S. 26
Villa Borghese S. 105

„Die Römer haben ein seltsames Verhältnis zum Lärm ... Die Mehrheit registriert ihn überhaupt nicht, und weil er sie nicht stört, machen sie weiterhin Lärm, in der Annahme, er störe auch andere nicht.“

Franca Magnani, italienische Schriftstellerin und Korrespondentin (1925–1996)

Wie im Dschungel

INTERVIEW mit Linienbusfahrerin Stefania De Simone über Ungeduld, Machtkämpfe und Lässigkeit im Straßenverkehr

Wie halten Sie den Verkehr aus?
Einerseits finde ich es wunderbar, kreuz und quer durch diese wundervolle Stadt zu fahren. Andererseits muss man sich durch die Staus kämpfen wie durch einen Dschungel. Das ist anstrengend.

Kommt es zu Machtkämpfen?
O ja! Da zeigt sich, ob du ein Profi bist. Du musst die Nerven behalten, darfst dich auf keinen Fall provozieren lassen. Manchmal will einer einfach vor dir reindrängeln, und dir bleibt eigentlich nur noch der Tritt auf die Bremse. Als Fahrerin muss ich an die Leute im Bus denken, die sich verletzen könnten. Ihre Sicherheit geht in jedem Fall vor.

Sie und Ihre 170 Kolleginnen sind unter den rund 10 000 Busfahrern eine Minderheit. Sind die Fahrgäste über eine Frau am Steuer erstaunt?
Nein, normalerweise nicht. Viele sind der Meinung, dass wir Frauen weniger aggressiv fahren und sanfter bremsen.

Ist es körperlich anstrengend, einen 18 Meter langen Jumbo zu lenken?
Technisch sind die Fahrzeuge so ausgefeilt, dass man nicht Muskeln wie Arnold Schwarzenegger haben muss. Es kommt viel mehr aufs Verantwortungsbewusstsein an als auf Kraft.

Lehnen Sie, wie viele andere, die linke Hand lässig aus dem Fenster?
Ja, ab und zu halte ich die Hand in den Wind. Zum Abkühlen.

Neuerdings gibt es sogar Busse mit offenem Oberdeck.
Die gehören zur Linie 110 und fahren alle wichtigen Sehenswürdigkeiten der Stadt an. Ein prima Angebot.

Haben Sie eine Lieblingsstrecke?
Die Express-Linie 60. Damit durchquere ich Rom von Nord nach Süd und fahre mitten durchs historische Zentrum. Das Farbenspektakel am Circus Maximus frühmorgens oder bei Sonnenuntergang zu sehen ist klasse.

Interview: Markus Nikel

Der Dichter in der Casa di Goethe: 1982 ernst bei Warhol …

Wo die Liebe hinführt

JE NÄHER DAS TREFFEN RÜCKT, desto aufgeregter ist Goethe. Nach Art des Schwerstverliebten spricht er von keiner anderen mehr, verzehrt sich in seinem Tagebuch nach ihr. Um schneller voranzukommen, schläft er auf seiner weiten Reise zu ihr in den letzten Nächten nur noch wenige Stunden und spart Zeit ein, indem er seine Kleidung nicht mehr wechselt. Die er begehrt, heißt Roma, die Ewige Stadt.

Seit seiner Kindheit brannte die Sehnsucht in ihm, doch erst mit 37 Jahren brach Goethe zu seiner ersten Italienreise auf, am 3. September 1786. Unerfüllt in der Liebe und unzufrieden mit seiner Arbeit als Minister im Herzogtum Weimar, hoffte er, in neuer Umgebung seinem Leben Sinn geben zu können. Damit ihn niemand abhalte, hatte er keinen über seine Pläne informiert und reiste unter falschem Namen.

Am 29. Oktober erreicht er Rom, einen Tag später klopft er in der Nähe der Piazza del Popolo an die Tür seines Malerfreundes J. H. Wilhelm Tischbein. Zusammen mit anderen Künstlern bilden sie eine Wohngemeinschaft, in der sich Goethe höchst wohl fühlt. Diskutieren, Schreiben und Zeichnen tun ihm gut. Begeistert schaut er sich die Kunstschätze der Stadt an. „Alle Träume meiner Jugend sehe ich nun lebendig", notiert er am 1. November. Er genießt die ungezwungene Atmosphäre und die Tatsache, dass ihn, der mit seinem Roman „Die Leiden des jungen Werther" berühmt wurde, in der Großstadt keiner kennt. Er fühlt sich frei und erlebt in den Armen einer jungen Römerin erstmals die Liebe mit allen Sinnen.

Am 3. Dezember hält der Dichter fest: „Ich zähle einen zweiten Geburtstag, eine wahre Wiedergeburt von dem Tage, da ich Rom betrat." Unterbrochen von einem Ausflug nach Neapel und Sizilien, verbringt er in Rom 15 erfüllende Monate. Am 24. April 1788 verlässt er seine Liebste Richtung Weimar. 40 Jahre später bekennt er, dass er eigentlich „nachher nie wieder froh geworden" sei. Warum besuchte er die Stadt seines Glücks nicht erneut? Vielleicht, weil er seine überwältigend positiven Erfahrungen des ersten Mals nicht überlagern wollte. **Doris Ehrhardt**

CASA DI GOETHE
Goethes Rom-Domizil wurde zum Goethe-Haus ausgebaut: Ausstellungen und Bibliothek.
■ Via del Corso 18 (Piazza del Popolo), Tel. 06 32 65 04 12. Geöffnet Di.–So. 10–18 Uhr.
www.casadigoethe.it

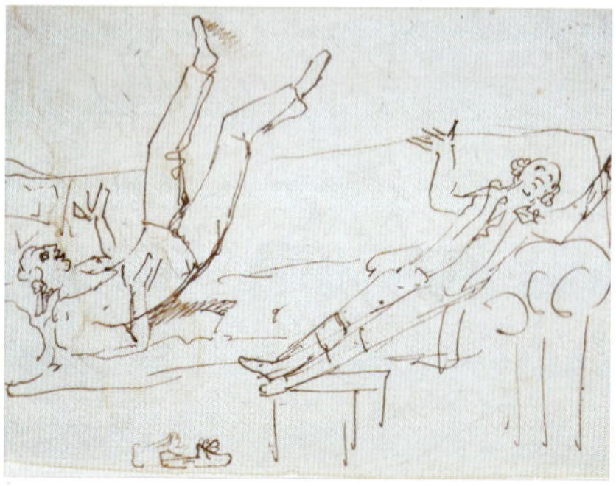

Foto: Udo Bernhart

… 1786 heiter bei Tischbein

HONDA
The Power of Dreams

Das Leben hat viele schöne Seiten.

Überraschend sportlich, überzeugend praktisch: Ein Innenraum, der sich perfekt anpasst. Sitz-Flexibilität auf neuem Niveau. Aufregend sportives Design, antriebsstarke Technik. Fun und Fahrspaß vom Feinsten. Alles in allem: frischer Wind für Freizeit und Familie. Mehr Informationen unter 018 05/20 20 90 (€ 0,12/Min.) oder www.honda.de

Der neue Honda FR-V. Das Leben hat viele schöne Seiten.

Roms Flirt-Meister haben ihren Sitz auf der Spanischen Treppe

Stufen des Glücks

DER TANZ DER VERFÜHRER beginnt am frühen Abend, wenn die Piazza di Spagna langsam im Dämmerlicht zerfließt. Dann bringen sie sich auf der Spanischen Treppe in Stellung, fahren sich durchs gegelte Haar und rücken die Sonnenbrille zurecht, mit der sie mitunter aussehen wie Insekten. Manche kommen in Gruppen, andere schlendern allein, verweilen, pirschen. Bis sie wie zufällig Platz nehmen neben schönen Damen und anfangen zu parlieren mit theatralischen Gesten.

Die Spanische Treppe hieß zunächst Scalinata di Trinità dei Monti, weil sie zur gleichnamigen Dreifaltigkeitskirche führt. Erbaut wurde sie 1723 bis 1725 vom Architekten De Sanctis, der sie konzipierte als schwungvolle Ekstase der Stufen, beginnend am Barcaccia-Brunnen, der einen gestrandeten Nachen symbolisiert. Bezahlt wurde sie vom französischen Botschafter, benannt ist die Treppe nun nach dem Sitz der Spanischen Gesandtschaft beim Heiligen Stuhl, die auch der Piazza den Namen gab.

Was da in 138 Stufen nach oben strebt, war schon immer ein beliebter Treffpunkt. Früher belagert von Bettlern und Ganoven; Gläubige kommen seit 1854, weil der Papst dort jedes Jahr im Dezember das Dogma der unbefleckten Empfängnis zelebriert. Das erhabene Ambiente verpflichtet. Ungebührliches Benehmen wie etwa Tanzen, Schreien oder Picknickmachen wird mit bis zu 500 Euro bestraft. Ihren Ruf als Flirtbörse wird die Spanische Treppe trotzdem behalten. Zu romantisch die Vorstellung, sie könnte in den Himmel der Liebe führen. **Gerhard Waldherr**

„Rom ist also eine Mutter, sogar die ideale Mutter, denn Rom ist gleichgültig: eine Mutter, die zu viele Kinder hat, als dass sie sich mit dir abgeben könnte."

Federico Fellini, italienischer Filmregisseur (1920–1993)

Anfang offen

GESCHICHTE HINTER DER GESCHICHTE Fast drei Jahrtausende Historie. In Stein gemeißelte Macht und Glorie. Groß, gewaltig, ewig. Wie könnte Rom da mit einer belanglosen Erzählung über seine Stadtgründung auskommen? Alles beginnt mit Amulius, der seinen Bruder Numitor, Herrscher von Alba Longa, vertreibt. Als Numitors Tochter Zwillinge zur Welt bringt, deren Vater Kriegsgott Mars ist, lässt Amulius die Knaben in einer Wanne auf dem Tiber aussetzen. Sie treiben auf dem Fluss, bis die Wanne an einem Feigenbaum hängen bleibt und umkippt. Eine Wölfin findet die Jungen und säugt sie; später werden sie von einem Specht gefüttert. Wolf und Specht sind heilige Tiere des Mars. Später zieht ein Hirte die Zwillinge groß, sie erschlagen Amulius, sorgen dafür, dass Alba Longa wieder Numitor gehört, und dürfen zum Lohn eine Stadt gründen. Als Ort wählen sie die Stelle, an der einst ihre Wanne strandete. Am 21. April 753 vor Christus wird die Stadt nach Romulus benannt. Später tötet Romulus Remus im Zorn, lässt die Sabinerinnen rauben, übersteht Krieg und Zwietracht und herrscht 37 Jahre, bis ihn Mars mit einem Wagen in den Himmel führt.

Eine Wölfin säugt zwei Knaben – gibt es so etwas wirklich? Klar, in Bronze!

Vermutlich geht die Geschichte auf eine griechische Sage zurück, die von den Römern abgewandelt wurde, um Namen und Herkunft Roms zu glorifizieren. Und wenn die Stadt doch von Roma, Tochter des Italus, gegründet wurde oder von Romanus, Sohn des Odysseus, oder von Romus, König der Lateiner? Legenden sind Legenden. **G.W.**

Fotos: Zanettini/laif; dpa/picture-alliance; Udo Bernhart

1000 Reisen und ein Ziel:
Intensiverleben
Studiosus-Reisen erweitern vom ersten Tag an Ihren Blick auf die Welt und schaffen unvergesslich intensive Eindrücke.
Wählen Sie aus dem größten Studienreise-Angebot Europas. Erleben Sie über 100 Länder in ihrer ganzen Vielfalt: Sehenswürdigkeiten und Kultur, Märkte, Strände und die Menschen.
Fordern Sie jetzt kostenlos unsere aktuellen Kataloge an:
Per Telefon 00 800/24 01 24 01
(Gebührenfrei für D, A und CH)
Oder Internet www.studiosus.com
Studiosus

Einst sozialer Wohnungsbau, von den Faschisten initiiert, heute grüne Wohnadresse: Garbatella

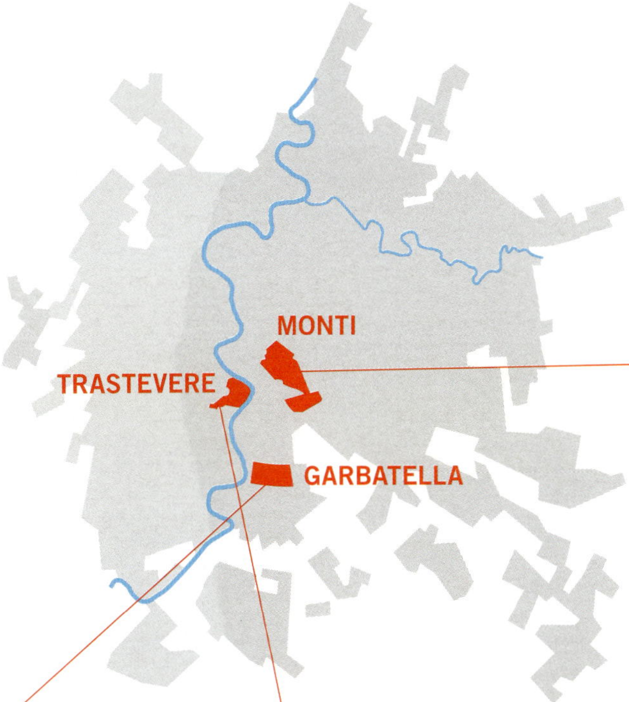

Auf antikem Grund gebaut, zwischen Kolosseum und Stazione Termini: das bunte Viertel Monti

Jenseits des Tiber, mit einem Hauch von Dörflichkeit: Trastevere

STADTANSICHTEN

Mein Rom, meine Liebe

Drei Stadtviertel, vier glückliche Bewohner und die endgültige Klärung der Frage, warum es in Trastevere, Monti und Garbatella so schön ist

Text von Annette Rübesamen,
Fotos von Steffen Jänicke

Ikarus schwebt unter der Atelierdecke, Schöpfer Alessandro Romano (mit Enkelin Lucrezia) ist mit beiden Beinen auf dem Boden Trasteveres geblieben

Ihr Bezirk sei älter als Rom, behaupten die Trasteverini gerne. Auf jeden Fall ist er heute sehr malerisch, sei es zur Abendstunde auf der Piazza Trilussa (rechts) oder am Tage, wenn die Polizei vorbeireitet (unten)

»In Trastevere gibt es noch Umanità – Menschlichkeit«

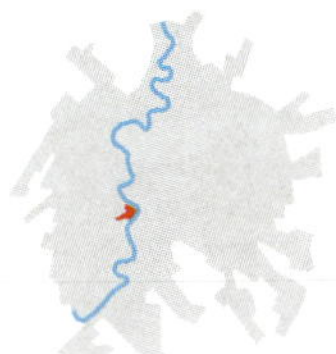

TRASTEVERE
Alessandro Romano, Bildhauer

Lucrezia mit dem wuscheligen Pferdeschwanz und den braunen Augen hat versucht, ihren Großvater zu retten, und ein Schild gebastelt: „Visite solo su appuntamento", steht darauf, „Besuch nur auf Voranmeldung". Es soll Freunde und Nachbarn davon abhalten, ständig an der Haustür zu klingeln, um schnell „Ciao" zu sagen, ein bisschen zu schwatzen, einen Kaffee zu trinken – „um den Nonno zu stören", wie Lucrezia zusammenfasst. Mit ihren beinahe neun Jahren weiß sie natürlich längst, was ein Künstler zum Arbeiten unbedingt braucht: Ruhe und Ungestörtheit. Aber das Ungestörtsein ist so eine Sache in Trastevere, dem alten Handwerkerviertel mit seinen krummen Gassen und asymmetrischen Plätzen, mit seinen ungezählten kleinen Werkstätten und idyllisch bröckelnden Fassaden. Vom historischen Zentrum nur durch den breit dahinströmenden Tiber getrennt, ist Trastevere ein Dorf geblieben, in dem jeder jeden kennt und sich jeder für den anderen interessiert.

„Hier gibt es eben noch Umanità", sagt Alessandro Romano, 60, über sein Viertel: Menschlichkeit. Der Bildhauer hat sein Atelier etwas außerhalb des bienenstockhaften Treibens von Trastevere, dort, wo es auf den Gianicolo hinaufgeht. Die loftartigen Räume der ehemaligen Druckerei, die er 1991 günstig kaufte und komplett renovierte, umfassen 340 Quadratmeter. Durch das Oberlicht aus Milchglas dringt diffuses Tageslicht.

Ein aufmerksames Denkmalamt sorgt dafür, dass die typischen, ockerfarbenen Fassaden (links) nicht verändert werden. Santa Maria in Trastevere (unten) ist Roms älteste Marienkirche

ter Trasteverino, und dafür, dass er 20 Jahre in einer großen Villa im römischen Vorort Casalpalocco gelebt und gearbeitet hat, gibt es nur einen Grund: Platz. „In Trastevere sind die Wohnungen zu klein, als dass ich darin arbeiten könnte." Als die Druckereiräume zum Kauf angeboten wurden und er in die Heimat zurückkehren konnte, war er selig. Auch Simonetta ergibt sich klaglos in die bescheidenen Wohnverhältnisse: Ein kleiner Salotto mit Küchenecke und eine fensterlose Schlafhöhle bilden die private Zuflucht des Paares, die restlichen 300 Quadratmeter sind Arbeits- und Ausstellungsfläche.

Tagsüber ungestörtes Zeichnen und Modellieren, abends Gäste – so hat es Alessandro Romano am liebsten. Weil man nie wissen kann, wer alles vorbeischaut, liegt im Kühlschrank immer ein ganzer Parmaschinken bereit. Kunstkritiker gehö-

Eine Seilwinde und Arbeitsgerüste stehen herum. An der Wand lehnt ein großes, kreisförmiges Terrakottarelief, das kunstvoll ausgearbeitete Kampf- und Lebensszenen zeigt. „Der Schild des Achilles", sagt Romano, „ich habe ihn nach Homers Beschreibung in der ‚Ilias' gemacht. Das Original steht im Quirinalspalast, dem Sitz unseres Staatspräsidenten." Von der Decke stürzt überlebensgroß und sehr realistisch ein Bronze-Ikarus herab. Darunter serviert Simonetta, Romanos Frau, den Kaffee und ein herzliches Lächeln.

„Die Magie meines Ateliers", erklärt der Künstler und rührt im blauen Tässchen, „liegt in seiner geradezu ländlichen Stille, während 500 Meter von hier das Herz der Stadt pocht." Romano liebt Trastevere. Hier fühlt er sich zu Hause. Das ist kein Wunder, er ist hier geboren, sein Vater auch. Er ist ein ech-

MEIN TIPP

SYDNE ROME „Ich bringe Besucher gern im Hotel Tiziano unter (Corso Vittorio Emanuele II. 110, Tel. 066 86 50 19). Vier Sterne, die Zimmer sind schön, der Service stimmt, und man ist ganz im Herzen der Altstadt. Zum Essen mit Freunden gehe ich zu Alberto Ciarla in Trastevere (Piazza S. Cosimato 40, Tel. 065 81 86 68). Fischgerichte kocht in Rom niemand besser als er!"

■ Sydne Rome war eine Kultfigur der Aerobic-Welle, inzwischen konzentriert sie sich wieder aufs Schauspielen, zum Beispiel in den Fernsehfilmen „Soraya", „Papst Johannes XXIII.". Sie lebt in Rom.

In Trastevere weiß jeder alles von jedem – das Ergebnis konsequenten Schwätzchenhaltens. Wer nichts zu erzählen hat, soll zu Hause bleiben

ren zu den Freunden ebenso wie die Eltern des römischen Fußballgottes Francesco Totti, und Monsignor Piacenza, der Kultusminister des Vatikans, ist ein wichtiger Kunde. Für den Vatikan hat Romano im letzten Jahr die heilige Teresa de Jesús Jornet aus Marmor gehauen. Fünf Meter hoch und 55 Tonnen schwer ist sie und steht jetzt in einer Apsis in der Peterskirche.

Viel weiter kann man es als Bildhauer in der sakralen Kunst nicht bringen. Alessandro Romano hat Brunnen und Denkmäler geschaffen und in New York in der Fifth Avenue ausgestellt. Mit den Füßen aber ist er in Trastevere geblieben. Sonntags kann man ihm auf dem Flohmarkt Porta Portuense begegnen, der sich direkt vor seiner Haustür ausbreitet. Und durchs Viertel fährt er nicht mit seinem Geländewagen, sondern mit dem Rad. Damit er hier und da ein Schwätzchen halten kann.

TOP-TIPPS TRASTEVERE

ÜBERNACHTEN

SANTA MARIA

Das Hotel hat sich im Kreuzgang eines ehemaligen Klosters eingerichtet, mit schattigen Arkadengängen und Höfen, in denen man unter Orangenbäumchen entspannt. Die Zimmer verfügen über Charme, Komfort und Klimaanlage! ■ 00153 Rom, Vicolo del Piede 2, Tel. 065 89 46 26, Fax: 065 89 54 74. 18 Zi.: DZ mit Frühstück 145–207 €. **www.hotelsantamaria.info**

ESSEN & TRINKEN

FERRARA

Raffiniert eingerichtetes Multifunktionslokal an der Piazza Trilussa, dem Treffpunkt für Nachtschwärmer. In der Enoteca kann man schon zum Aperitif einkehren und kleine Happen bestellen. Im Restaurant, wo die Schwestern Paolillo kreative Mittelmeergerichte servieren, wird's dann richtig kulinarisch. Tipp: die Linsensuppe mit Ingwer und Meeresfrüchten! ■ Via del Moro 1/1, Piazza Trilussa 41, Tel. 06 58 33 39 20. Menü ca. 45 €. Geöffnet Mo.–Sa. 17.30–2 Uhr.

SHOPPING

INNOCENZI

Herrlich altmodisches Kolonialwarengeschäft, wo Reis und Linsen aus Säcken geschöpft werden und Gewürze aus aller Herren Länder verkauft werden. ■ Piazza San Cosimato 66, Tel. 065 81 27 25. Geöffnet Fr.–Mi. 7–13.30 und 16.30–20 Uhr.

ANSCHAUEN

SANTA MARIA IN TRASTEVERE

Das Auge sieht sich kaum satt an der prachtvollen Ausstattung der ältesten Marienkirche Roms: am kostbaren Madonnenmosaik aus dem 12. Jahrhundert, an den ionischen und korinthischen Säulen. ■ Piazza Santa Maria in Trastevere. Geöffnet tgl. 7–21 Uhr.

Weitere Tipps auf den Seiten 147–149, 158–159

Hier könnten auch Sie übernachten: Cecilia (rechts) und Paola vermieten ihre Wohnung an Touristen

»Monti ist bunt, chaotisch – und wunderbar zentral«

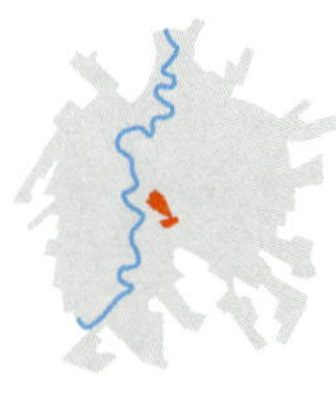

MONTI
Cecilia Guarnieri und Paola Corvo, Wirtinnen

Cecilia Guarnieri flitzt nervös durch ihre perfekt aufgeräumte, blitzblank geputzte Zwei-Zimmer-Wohnung, packt ein paar Klamotten zusammen und dreht sich in der Küche suchend um die eigene Achse. Was wollte sie noch mitnehmen? Und wo steckt eigentlich ihre Mitbewohnerin Paola? Schnell, schnell: Ihr Motorino steht unabgeschlossen auf der Straße, und einkaufen muss sie auch noch. Außerdem wäre zu klären, wo sie heute Nacht schlafen soll, denn ihre eigene Wohnung hat sie an Touristen vermietet – Rombesucher, die sich die Casa Cecilia auf den Internet-Seiten einer Agentur für Ferienwohnungen ausgesucht haben und jetzt für ein paar Tage à 80 Euro ihr Lager hier aufschlagen. Für Fremde die eigene Wohnung räumen? „Warum nicht?", fragt die zierliche 39-jährige Römerin und stopft noch eine Tortenform in die Tasche. „Das machen viele Leute, die ein bisschen nett im Zentrum wohnen. Und ziehen so lange eben aus!"

Daran, dass Cecilia und ihre Freundin Paola, 40, ein bisschen nett im Zentrum wohnen, besteht kein Zweifel. Das Apartment, das Cecilia vor vier Jahren gekauft hat, liegt im Erdgeschoss eines ehemaligen siebenstöckigen Klosters aus dem 17. Jahrhundert, keine zwei Minuten vom Kolosseum entfernt. Zwar erinnert heute nichts mehr an die fromme Vergangenheit, und was früher der Kreuzgang war, ist heute ein schattiger und feuchter Innenhof, in dem gewaltige Miederhosen an der Wäscheleine baumeln und

den Blick auf den Himmel verstellen. Doch die Wohnung hat Charme. Cecilia, eine begeisterte Porzellanmalerin, hat alles selbst gemacht: die Wände unter dem Deckengewölbe in zarten Rosa- und Orangetönen gestrichen, die Heizkörper golden lackiert, indische Textildrucke und orientalische Lampen aufgehängt. In der ockerfarben gefliesten Küche steht ein großer, offener Korb, in dem Cecilia schnell noch ihre persönlichen Pasta- und Konservenvorräte verschwinden lässt – in der Hoffnung, die Gäste mögen dies als Aufforderung verstehen, selbst einzukaufen. Dafür legt sie Visitenkarten des Rockodile ins Bücherregal, denn ein bisschen Reklame für das eigene Lokal kann nicht schaden.

Knappe fünf Minuten Motorino-Geknatter liegen zwischen der Wohnung am Kolosseum und dem Rockodile, das Cecilia und Paola seit ein paar Monaten in der Mittagszeit bewirtschaften. Eine halbe Stunde zu Fuß, wenn man gemütlich durch den Parco Oppio spaziert und dann weiter durch die bergauf und bergab führenden Straßen von Monti bummelt, Roms fröhlichem Multikulti-Viertel. Monti liegt mitten im Zentrum zwischen Stazione Termini, Kolosseum und Piazza Venezia – wirkt aber wie eine gänzlich andere Stadt, Welten entfernt vom touristischen Gebrause rund um Spanische Treppe und Peterskirche. Rosa und orange getünchte Fassaden leuchten zwischen mit wildem Wein überwucherten Mauern hervor, indische Restaurants wechseln sich mit verstaubten Art-déco-Geschäften ab und winzige Elektroläden mit Kebab-Buden. Kreischend vor Glück toben ein paar chinesische Kinder um einen plätschernden Brunnen herum. Frauen sitzen neben ihren Einkaufstüten auf den Stufen und lachen.

An jeder Ecke blüht die Vielfalt. Monti ist trotz seiner Nähe zu den touristischen Attraktionen ein typisch römisches Wohnviertel geblieben

„Monti ist bunt, lebendig und chaotisch – und wunderbar zentral", meint Paola am nächsten Tag im Rockodile schwärmerisch. Sie trägt eine lange, rote Schürze und versucht, einen Erdbeerkuchen in gleichmäßige Stücke zu schneiden. Cecilia hat ihn am Abend zuvor noch gebacken, in der zum Ausweichquartier auserkorenen Wohnung ihres Freundes. Paola hat bei ihrer Mutter geschlafen. Jetzt bereiten die Freundinnen das Lokal auf den Ansturm hungriger Mittagsgäste aus den Büros der Umgebung vor. Cecilia schneidet Calamares klein, Paola nimmt eine Lieferung von frischem Büffel-Mozzarella aus Caserta entgegen. Noch sind die beiden neu im Job. Bis vor wenigen Monaten war das Rockodile eine nur abends geöffnete Musik-Kneipe. Dann suchte der Besitzer, ein gemeinsamer Freund, jemanden, der Lust hatte, das Lokal

Brot und Spiele: antikes Kolosseum und mobiles Hamburger-Restaurant

Wem das Motorino-Geknatter auf der Via degli Annibaldi (oben) die Ohren verstopft, der kann um die Ecke im Parco Oppio (rechts) wieder Stille & Frieden nachtanken

mittags zu bewirtschaften. „Jetzt oder nie!", sagten sich Cecilia, eigentlich Architektin, und Paola, eigentlich Event-Managerin. Schon länger hatten die begeisterten Hobbyköchinnen damit geliebäugelt, auf die Gastronomie umzusteigen. Die Mittagsschicht im Rockodile erwies sich als perfekte Lösung, weil kaum Investitionen nötig waren, dafür aber noch Zeit für den einen oder anderen Auftrag im ursprünglichen Beruf übrig bleibt. Am schönsten aber finden die beiden, dass der Laden läuft. Schon können sie davon leben. „Wenn es so weitergeht, werde ich mir eine eigene Wohnung suchen", sagt Paola, die deshalb bei Cecilia eingezogen ist, um möglichst nahe am Lokal zu sein. „Am liebsten natürlich in Monti!" Touristen auf der Suche nach einem charmanten Ferienquartier können sich schon mal die Hände reiben.

TOP-TIPPS MONTI

ÜBERNACHTEN
HOTEL APOLLO
Frisch renoviertes Hotel modernen Zuschnitts in einer der netten Straßen Montis. Standard-Einrichtung, nicht allzu fantasievoll. Dafür überzeugen das Frühstück auf der Dachterrasse und der herzliche Empfang.
■ 00184 Rom, Via dei Serpenti 109, Tel. 064 88 58 89, Fax: 064 88 19 89. 22 Zimmer: DZ mit Frühstück 140–160 €.
www.albergoapollo.it

ESSEN & TRINKEN
ROCKODILE
In Cecilias und Paolas Lokal sitzt man gemütlich an Holztischen und draußen unter großen, grünen Sonnenschirmen. Mittags gibt es Pasta, Salat, Käse und andere feine Sachen, dazu offene Weine. Für Cineasten: Im Hinterzimmer wurde 1958 „Diebe haben's schwer" mit den Kinostars Toto, Mastroianni und Gassman gedreht!
■ Via delle 3 Cannelle 8, Tel. 33 96 53 22 40. Teller Pasta 4,50 €. Geöffnet Mo.–Sa. 12.30–18 Uhr.

SHOPPING
ANTEPRIMA
Herrlich bunte, feminine Fummel, Taschen, Tücher und anderes mehr, wofür Frauen so gerne Geld ausgeben!
■ Via delle Quattro Fontane 38–40, Tel. 064 82 84 45. Geöffnet Mo.–Sa. 9.30–20 u. So. 11–14 u. 14–20 Uhr.

ANSCHAUEN
SAN PIETRO IN VINCOLI
Unter dem Altar liegen die Ketten (Vincoli), mit denen Petrus im römischen Mamertino-Gefängnis gefesselt wurde, doch die Touristen besuchen diese ursprünglich im 4. Jahrhundert errichtete Kirche vor allem, um eines von Michelangelos Meisterwerken zu bewundern: die Moses-Skulptur auf dem Grab von Papst Julius II.
■ Adresse Seite 106.

Weitere Tipps Seiten 146, 148

Padre Guido hat einen direkten Draht zur Gemeinde – und für alle Fälle noch ein Telefon am Bett

»Garbatella ist ein heiteres, glückliches Viertel«

GARBATELLA

Padre Guido Chiaravalli, Pfarrer

Der Pfarrer von Garbatella gehört nicht zu jenem spezifisch vatikanischen Typus des wohl genährten Kirchenmannes, der mit frisch gestärktem Kragen und wehender Soutane durch die Straßen Roms eilt und dabei immer beneidenswert elegant wirkt. Padre Guido, 77, ist hoch gewachsen und hager, hat beim Rasieren heute früh um fünf ein paar Stoppel übersehen, um sieben die Frühmesse gehalten und sich danach seine priesterliche Alltagskluft übergezogen: ein schwarzes Polohemd über einem weißen Polohemd, dazu eine dunkle, ausgeblichene Hose. In staubigen Schuhen steht er im Hof neben der Kirche San Filippo Neri und sieht den Kindern zu, wie sie über den von der Sonne ausgetrockneten Platz sausen. Weiter hinten, unter einem Feigenbaum, hocken drei Buben und spielen Murmeln. An den Stamm der Platane daneben sind zwei aus Holzlatten gezimmerte Baumhäuser genagelt, in denen die größeren Kinder herumturnen. Im Schatten des Säulengangs sitzt eine dicke, junge Frau und tröstet ein kleines Mädchen, das sich das Knie aufgeschlagen hat.

Sind wir in den fünfziger Jahren und am Set von „Don Camillo und Peppone“ gelandet? Nein, wir sind im Oratorium von San Filippo Neri, einer kirchlichen Freizeiteinrichtung für die Jugend im Stadtteil Garbatella. Garbatella ist ein Projekt des sozialen Wohnungsbaus aus den zwanziger und dreißiger Jahren, als die Faschisten auf dem Hügel gegenüber der Via

WER HÄTTE GEDACHT, DASS DER
MISSISSIPPI DELTA BLUES EINST VON
ERIC CLAPTON
NEU ERFUNDEN WURDE?
Weit weg vom Mississippi, im verschlafenen Nest Ripley in der englischen Grafschaft Surrey, hörte einst ein junger Mann den Mississippi Delta Blues im Radiosender BBC. Er spürte die Ehrlichkeit der Musik, war hingerissen von ihrer Eindringlichkeit. Die legendären Riffs nachzuspielen, reichte ihm nicht: Er entwickelte seinen eigenen Stil. Mit 17 zog seine Leidenschaft Eric Clapton nach London. Über 45 Alben später ist er weiter vom Ende seiner Karriere entfernt als Ripley vom Mississippi-Delta.
OYSTER PERPETUAL TURN-O-GRAPH · WWW.ROLEX.COM
Rolex Deutschland GmbH, Postfach 10 30 41, 50470 Köln
ROLEX

Es grünt das Grün in der Gartenstadt (oben), und es fallen die Tore im Oratorium von San Filippo Neri (unten), einer Freizeiteinrichtung für Jugendliche

Ostiense im Süden Roms eine „Gartenstadt" anlegten für Arbeiter, Handwerker und kleine Angestellte aus den übervölkerten Innenstadtvierteln. Das hätte schief gehen können, so wie es später bei Sozialprojekten in der römischen Peripherie geschah, die heute Sinnbild sind für Verelendung und Kriminalität. In Garbatella funktionierte es – bis heute. „Die Häuser sind mit Herz gemacht", meint Padre Guido erklärend. „Keines gleicht dem anderen, die Bauqualität ist gut. Es ist ein Viertel nach menschlichem Maß." Vor Jahren gab die Stadt die Wohnungen zum Kauf frei, und heute gehören sie zumeist den Familien, die vorher Mieter waren.

Heute ist Garbatella eine begehrte Wohnadresse. Still und friedlich winden sich die kleinen Straßen unter Bäumen über den Hügel. Nur Vogelgezwitscher ist zu hören und von irgendwo her energisches Teppichklopfen. Zwei- bis dreistöckige Wohnblocks stehen in gebührendem Abstand voneinander um Innenhöfe herum, in denen Rosenbüsche und Bougainvilleen blühen. Ein Handwerker hat sich auf einer Bank ausgestreckt, die Hände unter dem Kopf gefaltet, und träumt in die Baumkronen hinein. In anderen Straßen stehen kleine, niedrige Einfamilienhäuschen zwischen Obstbäumen und ungemähtem Rasen. Eine Ecke weiter, in der Via Vettor Fausto 34, ist der Schauspieler Alberto Sordi aufgewachsen. Die Fassaden in dem Viertel Garbatella tragen Ockertöne und Pockennarben und bröckeln, die Autos sind klein, und die Rentner, die aus dem Fenster lehnen, stecken in geripptem Unterhemd. Ein Idyll, in dem die alten faschistischen Embleme von den Hauswänden gekratzt und durch das Wolfssymbol des AC Roma ersetzt wurden.

DER NEUE DISCOVERY.
ABENTEUER FÜR SIEBEN.
AB 349,– €/MONAT* Gemeinsam machen Entdeckungen einfach mehr Spaß. So bietet der Neue DISCOVERY auf sieben Sitzen überragenden Komfort und viel Raum für Abenteuer. Erleben Sie den Neuen DISCOVERY bei einer Probefahrt.
Mehr Infos unter: 0 180 5 – 10 88 55 (€ 0,12/min), www.landrover.de
LAND ROVER
GO BEYOND™
*Leasing-Angebot gültig für Basispreis (UPE) 38.500,- €, Sonderzahlung 7.699,- €, Laufzeit: 36 Monate, Gesamtlaufleistung: 45.000 km. Ein Angebot der Land Rover Financial Services Niederlassung der FCE Bank plc. UPE (unverbindliche Preisempfehlung) ab Lager Land Rover inkl. MwSt. zzgl. Überführungs- und Zulassungskosten. Abbildung zeigt Sonderausstattung.

Seit 50 Jahren ist Padre Guido Pfarrer in Garbatella. Auf dem Weg zur U-Bahn-Station, die am Fuße des Hügels liegt, nimmt er jedes Mal ein anderes Sträßchen. Garbatella, sagt Padre Guido, sei ein heiteres, glückliches Viertel, vielleicht mit weniger Problemen als andere Stadtteile. Sicher auch dank der Kirche. „Wir sind immer noch ein Bezugspunkt. Dieses Jahr zu Ostern haben von 3200 Familien in der Gemeinde gerade mal 100 auf die traditionelle Wohnungsweihe verzichtet. Oder nehmen wir die Jugend: Ins Oratorium kommen sie immer noch alle, nach der Schule, in den Ferien, zum Fußballspielen." Padre Guido weiß, was gefällt: In den sechziger Jahren durften die lokalen Bands im Oratorium üben, und 1965 las Padre Guido die erste von einem Schlagzeug begleitete Sonntagsmesse ganz Roms. „Heute kommen die Jugendlichen, um bei uns Sport zu treiben, aber ohne den Stress und den Leistungsdruck in den Schulen und Vereinen. Einfach nur zum Spaß."

Padre Guido stammt aus einer wohlhabenden oberitalienischen Juweliersfamilie mit Haus am Comer See, wo er noch heute seine Ferien verbringt. Im Pfarrhaus in Garbatella ist sein einziges privates Rückzugsquartier sein Schlafzimmer, ein karger Raum, in dem der Putz von der Wand blättert und das Telefon direkt neben dem Kopfkissen in die Wand gedübelt ist, damit der Padre gleich antworten kann, wenn jemand nachts die letzte Ölung braucht. Ist er froh, 1954 nach Garbatella gekommen zu sein? Padre Guido lächelt. „Wohin mich der Herr schickt", sagt er dann, „ist es gut." ■

Die Autorin **ANNETTE RÜBESAMEN** und der Fotograf **STEFFEN JÄNICKE** werden im Editorial auf Seite 3 vorgestellt.

Kontrastprogramm zum alten Rom der Innenstadt: kleine Stadthäuser (oben) und große Wohnblocks (unten) im Stil des Razionalismo in Garbatella

TOP-TIPPS GARBATELLA

ÜBERNACHTEN

DERBY

Im neueren Teil von Garbatella und nur wenige Minuten von der U-Bahn-Station entfernt, ist dieses ordentliche Haus der ideale Ausgangspunkt für alle, die das charakteristische Viertel genauer kennen lernen wollen.
■ 00145 Rom, Via Vigna Pozzi 7, Tel. 065 13 49 55, Fax: 065 13 69 78. 35 Zimmer: DZ mit Frühst. 124 €.
www.hotelderby.it

ESSEN & TRINKEN

I SCALINI

Einfache Trattoria mit solider römischer Küche, freundlichem Personal und einem entzückenden Vorgarten, in dem man unter Weinranken romantisch sitzt. Mittags stillen hier viele Mitarbeiter der FAO, der Welt-Ernährungsorganisation, ihren Appetit.
■ Via Roberto De Nobili 17, Tel. 065 12 89 51. Menü ca. 15 €. Geöffnet 12.30–15 und 19.30–23 Uhr, Mo.-Abend und So. geschlossen.

MOSCHINO

Beliebte Trattoria am höchsten Punkt des Viertels – dort, wo König Vittorio Emanuele II. 1920 den Grundstein legte. An den rotweiß gedeckten Tischen speist man köstliche Rigatoni mit Räucherspeck und Kutteln.
■ Piazza Benedetto Brin 5, Tel. 065 13 94 73.
Menü ca. 15 €. Geöffnet Mo.–Sa. 12.30–14.30 und 19.30–22.30 Uhr.

ANSCHAUEN

Ein Spaziergang durch Straßen des im Faschismus initiierten Sozialprojekts lohnt. Wer mehr über Garbatella erfahren möchte, kann sich an Signor Leopoldo Tondelli wenden, einen Universitätsdozenten, der in Garbatella aufgewachsen ist und Führungen veranstaltet.
■ Tel. 06 51 60 25 43.

Praktisch, zuverlässig, kompakt.
Europa · Europe
ADAC
TravelAtlas
Mit 24 Cityplänen der Metropolen
With 24 city maps
Avec 24 plans des centres-villes
Italien
Italy · Italia
ADAC
TravelAtlas
1:200 000 / 1:400 000
Mit 23 Cityplänen
With 23 city maps
Con 23 piante dei centri delle città
Europa · Europe 1:4 000 000
Mit Reiseinfoteil und Ortsregister
With travel info section and town index
Con parte informazione viaggi e indice dei nomi
1. Auflage
EIN ADAC ATLAS
Entdecken Sie eine neue Qualität des Reisens – mit den ADAC TravelAtlanten! Damit Sie nichts versäumen, ist jedes Land im optimalen Maßstab dargestellt. Dazu gibt's touristisch wertvolle Infos in Hülle und Fülle. Zum Beispiel Angabe von schönen Strecken, Sehenswürdigkeiten und länderspezifische Reisetipps. Außerdem Citypläne der wichtigsten Städte sowie umfangreiche Ortsregister. Alles kompakt verpackt in praktischer Spiralbindung.
Lieferbare Titel:
Benelux/Nordfrankreich
144 Seiten, 57 Citypläne
Dänemark
128 Seiten, 8 Citypläne
Österreich
320 Seiten, 134 Citypläne
Spanien/Portugal
160 Seiten, 11 Citypläne
Europa
432 Seiten
Frankreich
176 Seiten, 10 Citypläne
Schweiz
207 Seiten, 61 Citypläne
In Vorbereitung:
Italien (Mai 2005)
288 Seiten, 23 Citypläne
Polen (Mai 2005)
176 Seiten, 26 Citypläne
Tschechien/Slowakei (Juni 2005)
144 Seiten, 20 Citypläne
Überall, wo es Bücher gibt und beim ADAC.
www.adac.de/karten

Herr über 14 500 Bücher: Alessandro Mancini-Barbieri leitet die Bibliothek des Museo Nazionale Etrusco

MUSEO NAZIONALE ETRUSCO

Museum von unten

Rom zählt mit 100 großen und kleinen Museen zu den Kulturmetropolen der Welt. Doch wer trägt eigentlich Sorge, dass alles stets glänzt und blitzt? Wer hält die Kunstwerke in Schuss? Wir zeigen am Beispiel des Etruskischen Museums in der Villa Giulia, wie's funktioniert

Text von Julia Grosse,
Fotos von Andreas Weise

Gerarda Cesare entfernt Fingerabdrücke. Tausende, jeden Tag, und das seit 17 Jahren. Die Italienerin ist Reinigungsfrau und arbeitet in der Villa Giulia, dem berühmten Museo Nazionale Etrusco in Rom. Mit Wasser und viel Schaum radiert die 40-Jährige Tag für Tag die Sehnsucht aus, die die Besucher dazu veranlasst, ganz nah heranzugehen an die vielen Vitrinen, die sie von antikem Schmuck und verführerisch schönen Amphoren trennen. Frau Cesare kann das Begehren geradezu ablesen, fast wie bei der Spurensicherung. „Das Lieblingsobjekt der Besucher ist der Sarkophag für das Ehepaar aus dem späten 6. Jahrhundert v. Chr. Alles voller Fingerabdrücke …"

Es ist acht Uhr am Morgen, und hinter den goldgelben Wänden der Villa Giulia, in der die archäologischen Funde der geheimnisvollen etruskischen Vergangenheit ruhen, beginnt ein

weiter auf Seite 52

Villa Giulia von außen:
Einblicke in die Welt
vor dem christlichen Rom

Villa Giulia von innen: Restauratorin Marina Scopoli bearbeitet alte Oberflächen

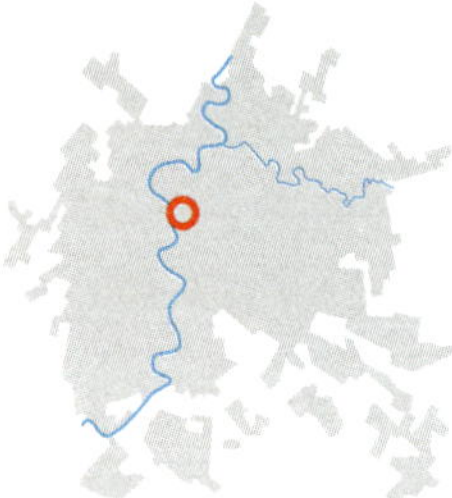

Die Villa Giulia, die das Etruskische Museum beherbergt, wurde zwischen 1551 und 1553 unter Papst Julius III. erbaut

ganz normaler Verwaltungstag. In einer halben Stunde wird die Dame an der Information die schwere Holztür aufschließen, und der Publikumsverkehr kann beginnen. Die Antike will organisiert werden, und erst wenn die Besucher staunend durch die vielen Räume schreiten und vor etruskischer Bucchero-Keramik verweilen, wenn sie regelrecht eintauchen können in eine Welt und Zeit von vor mehr als 2000 Jahren, dann hat jeder der 180 Mitarbeiter seine Arbeit gut gemacht.

Wenn er denn arbeitet. Gestern zumindest tat das niemand, denn in Italien herrschte wieder einmal Generalstreik. Nichts ging mehr, an den verschlossenen Türen der öffentlichen Museen hingen eilig verfasste Mitteilungen, und die vom Regen durchnässten Touristen verdrückten sich übellaunig in Cafés und Trattorien. Der Protest richtet sich gegen die Sozial- und Wirtschaftspolitik der Berlusconi-Regierung, denn an allen Ecken und Enden wird gespart. Vor allem für die Erhaltung seiner Kulturschätze gibt das Land nicht viel Geld aus, dabei sind die archäologischen Funde für Italien ein Bodenschatz, wie es für das Ruhrgebiet einmal die Kohle war. Im Grunde, sagen viele Italiener, könne man hier jeden Pflasterstein ins Museum legen.

Auch die Villa Giulia musste in diesem Jahr mit einem um ein Drittel gekürzten Etat zurechtkommen. Francesca Boitani lehnt sich zurück und nimmt einen Besorgnis erregend tiefen Zug von ihrer Zigarette. Die Direktorin des Museums trägt viel Gold und Chanel, eine Grande Dame, die sparen muss. „Viele Dinge, wie Themenausstellungen, fallen nun komplett weg.“ Doch was passiert, wenn ein Museum irgendwann kein Geld mehr hat für Restauratoren, für den Gärtner, den Hausmeister, die Dame an der Information, die einem den Weg durch die Sammlung erklärt? „Dann kann man zumachen, aber so schlimm ist es nicht. Wir beginnen, Teile wie unseren Bookshop zu privatisieren und die Villa für Veranstaltungen zu vermieten“, sagt Boitani. „Nur Hochzeiten oder Geburtstage kann man hier nicht feiern, da bangen wir zu sehr um die Sicherheit.“ Die 24-stündige Überwachung der Exponate durch Kameras und Wachpersonal ist übrigens eines der wenigen Dinge, an denen im Haus auch in Zukunft nicht gespart werden soll. Immerhin ist keines der ausgestellten Exponate versichert. Das liegt vor allem daran, dass es viel komplizierter ist, den tatsächlichen Warenwert einer 2500 Jahre alten Keramikvase zu ermitteln als zum Beispiel den eines Picassos.

Glanz-Lichter: Wenn die Tore des Museums um 19.30 Uhr schließen, gibt die Villa trotzdem noch ein gutes Bild ab

Hinter riesigen Pinienbäumen mit Stämmen so breit wie Schreibtische liegt die Renaissance-Villa versteckt, deren Galerien den großen Garten flankieren. In der Villa, von Papst Julius III. als Landhaus konzipiert und ab 1550 gebaut, soll sogar Michelangelo den einen oder anderen Handgriff getan haben. Seit 1889 ist hier das Etruskische Museum untergebracht. Der Großteil der Objekte wurde ab dem 18. Jahrhundert in Gräbern oder Tempeln nordwestlich von Rom gefunden, in Cerveteri, Tarquinia, Veji sowie in Latium und Teilen Mittelitaliens; Vasen, Waffen und Schmuck, 65 000 Exponate, die alle irgendwann einmal katalogisiert wurden. Weitere Stücke befinden sich außerdem fast permanent auf Reisen oder lagern gut eingepackt im Keller.

Bis heute gibt es keine klare Übereinstimmung darüber, woher das Volk der Etrusker ursprünglich stammte. Nach den archäologischen Funden und den vereinzelten Notizen der antiken Autoren beherrschte es Mittelitalien vom achten bis zum ersten vorchristlichen Jahrhundert. Es gibt Hypothesen, wonach es sich bei den Etruskern um Urlateiner und die eigentlichen Gründer Roms handelt und der Stadtname Roma auf das etruskische Geschlecht der Ruma zurückgeht. Romulus, der Sage nach Stadtgründer von 753 v. Chr., wäre im Grunde also ein Romulius und damit ein Etrusker.

Zwischen 14 500 Büchern sitzt der Verwalter der museumseigenen Bibliothek, Alessandro Mancini-Barbieri, und es muss sehr entmutigend für ihn sein, dass es so viele Publikationen über die Etrusker gibt und doch immer noch so wenig Antworten. „Leider dürfen nur Wissenschaftler hier forschen. Doch ich lasse manchmal auch Privatleute ein bisschen stöbern. Häufig kommen Liebhaber her, die sich in ihrer Freizeit als Etrusker verkleiden und nach Abbildungen suchen“, sagt der 44-Jährige und holt seinen Mantel für die Mittagspause. Auch Gerarda Cesare, die Reinigungsfrau, ist fertig für heute und quält ihre Hände aus den pinkfarbenen Gummihandschuhen. Der Blick auf die Kunst ist wieder glasklar.

Alles, was sich hinter den Scheiben der Vitrinen befindet, gehört zum Aufgabenbereich von Marina Scopoli. Sie ist eine der sieben Restauratoren des Hauses und muss an diesem Tag einen Gott aus dem etruskischen Tempio di Apollo allo Scasato aus dem 4. und 3. Jahrhundert v. Chr. säubern.

Scherben-Salat: Arbeitsplatz der Restauratoren. Rechts das Direktorat mit Francesca Boitani und Assistent Marco Sala

Prunk-Stücke: 65 000 Exponate sind katalogisiert und zum großen Teil ausgestellt; das Museum existiert seit 1889

Ordnungskräfte: Gerarda Cesare sorgt seit 17 Jahren für Sauberkeit, Gärtner Mircea Zeca kämpft gegen Wildwuchs

Ordnung muss sein: Marina Scopoli setzt Keramikscherben zusammen, Techniker erhalten den würdigen Rahmen

Eine Höllenarbeit. Der Gott schaut stoisch zur Seite, während sich die Restauratorin mit Pinseln aus Wildschweinborsten millimeterweise über die antike Oberfläche arbeitet. Ihre giftgrünen Handschuhe aus Baumwolle hinterlassen auf der Figur keinerlei Spuren. Um die Objekte anständig reinigen zu können, haben Techniker die Scheibe mit ihren Akkubohrern abgeschraubt. Mit ihrem gelben Koffer herrschen sie über die Welt der vielen wichtigen Kleinigkeiten, die nur auffallen, wenn sie einmal nicht funktionieren, wenn ein Schlüssel für eine der zahlreichen Türen fehlt oder einfach nur eine Leiter gebraucht wird.

Ordentlich Auswahl: Barbara Cavaliere und Teresa di Gianni führen den Souvenir- und Bookshop des Hauses

An diesem Morgen rief einer der Aufseher im Technikbüro an und fragte nach einem Heizgerät. Es war ihm zu kalt in dem kleinen Gewölberaum in der Mitte des Gartens, dort unten, wo sich auch ein hinreißendes Nymphäum befindet. Von allen vier Seiten umzäunt, beherbergt es seit einigen Monaten die berühmteste Figur des Museums, den lächelnden Apollo di Veio. Die Terrakotta-Statue war Teil eines Tempels in Veji und wurde 1916 gefunden. Das leicht feuchte Klima in dem kleinen Raum ist für die Terrakotta-Statue optimal, doch für den Aufseher zu klamm. „Trotzdem gehen die Werke immer vor. Alle Bedingungen müssen stimmen. Unsere Aufgabe als Aufseher im Museum ist es, dem Besucher Raum zum Schauen und Entdecken zu geben und gleichzeitig das Werk zu schützen", sagt eine Wächterin, die im Obergeschoss der Villa Verantwortung für die berühmte Sammlung des Goldschmieds Augusto Castellani trägt.

Der lächelnde Apollo di Veio wurde in diesem Jahr aufwändig restauriert und ist nun noch schöner, als er es ohnehin schon war. Das wäre ohne Sabrina Consolini nie möglich gewesen. Die große Frau im Businesskostüm gehört zur Organisation der italienischen Tabakhändler und kümmert sich dort um das Sponsoring. Und obwohl sie das nicht hören mag, ist es der 34-Jährigen zu verdanken, dass das Unternehmen durch sein Engagement für den Erhalt römischer Schätze sein Image mächtig aufpolieren konnte. „Bereits im 18. Jahrhundert steckte die italienische Lotterie viel Geld in Restaurierungen. Ich hielt es für angemessen, an diese Tradition anzuknüpfen." Und woher kommt ihr auffallendes Engagement für Kunst? „Ich bin eigentlich Kunsthistorikerin!"

Mit Hilfe des Tabak-Sponsorings präsentierte die Villa Giulia die Aufarbeitung des Apollo als großes Vermarktungsspektakel. Ein Großteil des Geldes ging in die Werbung, der schöne Gott lächelte von Bussen, U-Bahn-Stationen, Plakatwänden und bescherte dem Museum traumhafte Besucherzahlen. Vor Ort konnte man dem eigens angeheuerten, freien Restaurator Tuccio Sante Guido durch eine Glasscheibe bei der Arbeit an der Statue zuschauen. Der Terrakotta-Spezialist, der für seine Arbeit angeblich 20 000 Euro und eine Menge neue Aufträge erhielt, machte sich in dieser Zeit in der Villa wenig Freunde, denn auch Haus-Restauratorin Marina Scopoli und ihre Kollegen hätten diesen Auftrag gerne bekommen.

Stattdessen sitzt die Italienerin wieder einmal vor einem Scherbenhaufen. Doch sie hütet sich davor, abergläubisch zu werden. Wenn man an den Arbeitsplatz eines Restaurators denkt, dann erwartet man vielleicht einen reizvoll chaotischen Raum voller Pinsel und brauner Farben. Scopolis Labor sieht mit seinen Dunstabzugshauben, Pinzetten und Trichtern eher aus wie die sterilen Chemieräume damals in der Schule. Auf dem Tisch liegen die rostroten Überreste einer Terrakotta-Amphore. Marina Scopoli saß an der letzten, einer bauchigen Vase länger als ein Jahr, in ihrer 30-jährigen Tätigkeit hat die Chemikerin schon mehr als 2000 Objekte restauriert. Beim Zusammensetzen von Keramiken kommt es selten vor, dass noch alle Scherben vorhanden sind, und so ist es wie bei einem zu oft gelegten Puzzle. Die Italienerin greift in einen großen Schrank voller ätzender Säuren und nimmt eine Tube Alleskleber heraus. Jahrtausendealte Keramik mit Uhu zusammenkleben? „Ich benutze Uhu nur für die Stützelemente", sagt Scopoli und gibt Entwarnung. Der beste Klebstoff für Keramik sei ohnehin Schuhkleister.

Inzwischen dämmert es, einer der Techniker hat die Scheinwerfer angeworfen, und die Fresken im Säulengang beginnen zu leuchten. Im Zwielicht sehen die alten Pinien mit ihrer breiten Baumkrone aus wie gigantische Damen mit Hut. So endet ein Tag in der Villa Giulia, ein großes Räderwerk, das reibungslos und dezent arbeitet, damit die geheimnisvolle Welt der Etrusker nicht durch defekte Birnen oder vergessene Putzeimer entzaubert wird. Die Wissenschaft dagegen wird weiterhin ihre ganze Energie in die Enträtselung der Geheimnisse stecken, die es um dieses besondere Volk der Antike immer noch gibt. Aber das ist eine andere Geschichte. ■

Info Seite 56

Nach tagelanger Vorab-Recherche standen Autorin **JULIA GROSSE** und Fotograf **ANDREAS WEISE** endlich vor dem Objekt ihrer Begierde – und nichts ging, Generalstreik! Auch römische Museumsangestellte sind halt gewerkschaftlich organisiert, und unser Team hatte 24 Stunden Zwangspause. Julia Grosse (28) hat Kunstgeschichte in Bochum studiert und lebt als Kulturreporterin für deutsche Medien in London. Sie ist Mitglied des Korrespondenten-Netzwerkes Weltreporter.net. Andreas Weise, geboren 1957, gründete 1989 das Fotografenbüro Factum Fotojournalismus Stuttgart und arbeitet für Tages- und Fachpresse.

INFO MUSEEN

Schatzkammern

Von der Antike bis zur Gegenwart – in Rom gibt es für nahezu alles ein Museum

Meisterwerke aller Epochen, darunter Objekte von unschätzbarem Wert, machen Rom zu einer der großen Kunstmetropolen der Welt. Allein die Vatikanischen Museen (Seite 96) besitzen einmalige Sammlungen ägyptischer, griechischer, etruskischer, römischer und frühchristlicher Kunst. Reich ist der Fundus an Fresken von Michelangelo, an Schmuck und mittelalterlichen Handschriften. Aber auch moderne Exponate und Angebote für Kinder finden sich in einzelnen staatlichen und privaten Häusern. Die meisten Museen sind am Montag geschlossen.

MUSEO NAZIONALE ETRUSCO DI VILLA GIULIA
■ Piazzale di Villa Giulia 9 (im Norden, östlich des Tiber), Tel. 063 20 19 51 und 06 32 22 65 71. Geöffnet Di.–So. 8.30–19.30 Uhr, letzter Einlass 45 Minuten vor Schließung. Eintritt 4 €, ermäßigt 2 €.

MUSEI VATICANI
(Vatikanische Museen) Seiten 94, 96–97 (A 3)

CENTRALE MONTEMARTINI
Seite 103

CASA DI GOETHE S. 28 (F 2)

MUSEI CAPITOLINI
Die 1471 von Papst Sixtus IV. eingerichtete Sammlung gilt als Grundstock des heutigen Be-

Raum zur Muße: Innenhof der Kapitolinischen Museen

standes. Damit beherbergen die Kapitolinischen Museen die älteste öffentliche Sammlung und eine reiche Auswahl antiker Kunst. Im Konservatorenpalast ist das Wahrzeichen Roms, die Kapitolinische Wölfin mit den Zwillingen (5./6. Jahrhundert v. Chr.), zu sehen (Seite 30). Das Original des einzigen aus der Antike erhaltenen Bronzereiterstandbildes zeigt Kaiser Marc Aurel (2. Jahrhundert n. Chr.) und befindet sich im gegenüberliegenden Palazzo Nuovo; auf dem Kapitolsplatz steht nur eine Kopie, denn das Original sollte vor der Witterung geschützt werden.
■ Piazza del Campidoglio 1, Tel. 06 67 10 24 75 und 06 39 96 78 00. Geöffnet Di.–So. 9–20 Uhr. Eintritt 6,20, mit Sonderausstellung 7,80 €. (F/G 6)
www.museicapitolini.org

PALAZZO ALTEMPS
Mehr als 100 antike Skulpturen in einem luxuriösen Palazzo aus dem 16. Jahrhundert, einer Nebenstelle des Museo Nazionale Romano. Zu den besonderen Stücken zählen u.a. der Ludovisische Thron (5. Jahrhundert v. Chr.), die Büste vom Haupt der Juno und die Statue „Galatas Tod".
■ Piazza di Sant'Apollinare 44, Tel. 06 39 96 77 00. Geöffnet Di.–So. 9–19.45 Uhr. Eintritt 5 €. (E 4)

MUSEO DELLA CIVILTÀ ROMANA
Prunkstück der Ausstellung ist ein großes Modell der Stadt Rom im Maßstab 1:250, wie sie zu Zeiten Kaiser Konstantins im 4. Jahrhundert n. Chr. aussah. Außerdem: Reproduktionen und Darstellungen des römischen Alltagslebens.
■ Piazza G. Agnelli 10, Tel. 065 92 60 41. Geöffnet

Skulpturen im Herkules-Saal der Galleria Nazionale d'Arte Moderna

Di.–Sa. 9–18.15, So. 9–13.30 Uhr. Eintritt 6,20 €.
www.comune.roma.it/museociviltaromana

GALLERIA NAZIONALE D'ARTE ANTICA – PALAZZO BARBERINI
Im Palast, der als bedeutender Profanbau des Hochbarock gilt, befinden sich seit 1895 die an den Staat übereigneten Privatsammlungen Corsini und Torlonia. Die Exposition zeigt bedeutende Gemälde insbesondere italienischer Meister des 13. bis 17. Jahrhunderts neben Werken französischer, deutscher,

Bildnis der Maria Magdalena von Piero di Cosimo

niederländischer und spanischer Künstler. Zu den wichtigsten Werken zählen Raffaels „La Fornarina" (1518/19) und Holbein d. J. Porträt Heinrichs VIII. von England. Den Palast schmücken überdies wertvolle Fresken und Deckengemälde.
■ Via delle Quattro Fontane 13. Geöffnet Di.–So. 9–19 Uhr. Eintritt 5 €. (H 3)

GALLERIA NAZIONALE D'ARTE MODERNA (GNAM)
In dem wundervollen Palazzo delle Belle Arti sind wichtige Werke aus dem 19. und 20. Jahrhundert ausgestellt, unter anderen Arbeiten der italienischen Futuristen und Impressionisten, Gemälde von Degas bis zu Moore und Pollock. Darüber hinaus gibt es sehr interessante Wechselausstellungen. Nach dem Museumsbesuch lohnt sich noch ein ausgedehnter Spaziergang in der riesigen Parkanlage (Seite 105) der Villa Borghese, oder man schaut ins elegante Café-Restaurant.
■ Viale delle Belle Arti 131, Tel. 06 32 29 81. Geöffnet

i **Die Koordinaten beziehen sich auf den City-Plan Seite 196**

Fotos: Stefano Amantini/Atlantide; Giraudon/bridgemanart.com

MEHR AUTOMOBIL:
DER PEUGEOT 407 SW MIT PANORAMA-GLASDACH.
407 SW
www.peugeot407sw.de Probefahrten und Infoline: 0 18 01/407 407 (€ 0,06/Min.)
Der PEUGEOT 407 SW Prémium ist ein Erlebnis für die Sinne. Dank seines riesigen Panorama-Glasdachs gleiten Sie wie unter freiem Himmel dahin, während Sie die 100 kW (136 PS) des 2.0 l HDi FAP-Triebwerks mit serienmäßigem Rußpartikelfilter genießen. Die automatisch geregelte Zwei-Zonen-Klimaanlage, die Audioanlage mit CD-Laufwerk, auf Wunsch mit JBL-Soundsystem, sowie das Navigations- und Telematiksystem sorgen für perfekten Komfort an Bord. Freuen Sie sich darauf, von allem mehr zu bekommen.
PEUGEOT EMPFIEHLT TOTAL
DER PEUGEOT 407. MEHR AUTOMOBIL.
407 SW
PEUGEOT
Kraftstoffverbrauch in l/100 km: innerorts 7,9; außerorts 5,0; kombiniert 6,0. CO_2-Emissionen: kombiniert 159 g/km.
Die Angaben wurden ermittelt nach den vorgeschriebenen Messverfahren RL 80/1268/EWG.

Etruskischer Goldschmuck im Museo Nazionale Etrusco di Villa Giulia

Di.–So. 8.30–19.30 Uhr. Eintritt 6,50 €, ermäßigt 3,25 €. **www.gnam.arti.beniculturali.it/gnamco.htm**

GALLERIA DORIA PAMPHILJ
Hervorragende Gemälde des 16. bis 18. Jahrhunderts, unter anderen Meisterwerke von Tizian, Tintoretto, Correggio und Arbeiten flämischer und niederländischer Maler. Zu den absoluten Glanzstücken der Privatsammlung zählt das Papstbild „Innozenz X.“ von Velázquez. Die umfangreiche Skulpturen-Sammlung präsentiert Werke von der Antike bis zum Barock.
■ Piazza del Collegio Romano 2, Tel. 066 79 73 23. Geöff.Fr.–Mi. 10–17 Uhr. Eintritt 8 €. (F 4/5)
www.doriapamphilj.it

Glänzender Eindruck: Flur in der Galleria Doria Pamphilj

GALLERIA E MUSEO BORGHESE
„Die Königin aller Privatsammlungen“ mit einmaligen Exponaten und wechselvoller Geschichte. Immer wieder mussten Einzelstücke seit dem 17. Jahrhundert veräußert und verkauft werden. Eines der berühmtesten Gemälde ist Tizians „Himmlische und irdische Liebe“, von den Skulpturen ist unter anderen Berninis „Der Raub der Proserpina“ (1622) besonders hervorzuheben.
■ Piazzale Museo Borghese 5, Reservierung obligatorisch: Tel.06 32 81 01, Fax: 06 32 65 13 29.
www.ticketeria.it
Geöffnet Di.–So. 9–19 Uhr. Eintritt 8,50 €. (J 1).
www.galleriaborghese.it

MUSEO D'ARTE CONTEMPORANEA DI ROMA (MACRO)
Wer sich inmitten der antiken Bausubstanz Roms nach zeitgenössischer Kunst sehnt, der sollte unbedingt ins Macro gehen. In den alten Gebäuden der Peroni-Brauerei untergebracht, umfasst es sechs große Säle mit sehr aktuellen Ausstellungen sowie Bibliothek, Mediathek, Buchladen und Bar.
■ Via Reggio Emilia 54, Tel. 066 71 07 04 00. Geöffnet Di.–So. 9–19, feiertags 10–14 Uhr. Eintritt 1 €.
www.macro.roma.museum

EXPLORA – IL MUSEO DEI BAMBINI DI ROMA
Kinder dürfen hier nur mit Erwachsenen rein, aber Erwachsene auch nur mit Kindern! Man sollte viel Zeit mitbringen, denn es gibt viel zu entdecken und anzufassen. Schwerpunkte sind der menschliche Körper, Gesellschaft und Umwelt. Erklärungen auf Italienisch und Englisch, ein Rundgang dauert eine Stunde und 45 Minuten.
■ Via Flaminia 82–86, Tel. 063 61 37 76. Geöffnet Di.–Fr. 9.30–11.30 u. 15–17, Sa. und So. 10–12 u. 15–17 Uhr. Eintritt für Kinder (3–12 Jahre) 7, Erwachsene 6 €. (E 1)
www.mdbr.it

Im Museo dei Bambini werden nicht nur Kinder aktiv

PALAZZO MASSIMO ALLE TERME
Der zwischen 1883 und 1887 als Jesuiten-Kolleg erbaute Palast beherbergt viele Ausstellungsstücke aus dem 2. bis 4. Jahrhundert n. Chr., die seit 1870 in Rom entdeckt wurden. Neben antiken Münzen, römischen Statuen, Mosaiken und Grabmonumenten ist hier auch ein mumifiziertes Kind zu sehen. Auf keinen Fall sollte man an der Ausstellung der antiken Wandmalereien aus verschiedenen römischen Villen vorbeigehen. Das vielleicht herausragendste Fresko stammt aus dem Haus der Livia, der ersten Kaiserin Roms. Beeindruckende Malereien wurden auch in der Villa Farnesia entdeckt. Dieser Bereich im 2. Stock des Museums ist nur auf einer Führung zu besuchen.
■ Largo di Villa Peretti 1, Tel. 06 39 96 77 00. Geöffnet Di.–So. 9–19.45 Uhr. Eintritt 6 €. (K 4)

SAMMELTICKETS

Für den Besuch mehrerer Museen bzw. Sehenswürdigkeiten innerhalb einer Woche lohnt sich der Kauf von Sammeltickets:
Mit der **Museum Card** kann man für 9 Euro alle vier Einrichtungen des Museo Nazionale Romano besuchen (Palazzo Altemps, Palazzo Massimo alle Terme, Terme di Diocleziano, Cripta Balbi).
Die **Roma Archeologia Card** kostet 20 Euro und gilt z.B. für das Kolosseum, die Caracalla-Thermen, den Palatin und die o.g. Sehenswürdigkeiten.
Tickets in jeder dieser Einrichtungen und bei APT, Via Parigi 5. Infos: Tel. 06 39 96 77 00.
www.pierreci.it

MEIN TIPP

WALTER VELTRONI „Rom ist eine Filmstadt, und für Liebhaber des Kinos ist das Haus des Films eine wahre Wundertüte (Casa del Cinema, Largo Marcello Mastroianni 1, direkt am Eingang zur Villa Borghese, Tel. 06 42 36 02 03). Es ist nämlich ein Haus der Begegnung – mit dem Film und den Menschen, die ihn machen. Auf dem Programm stehen jedes Jahr mehr als 300 Veranstaltungen mit Autoren, Filmkritikern und Regisseuren, und zwar nicht nur italienischen.“

■ Walter Veltroni ist Bürgermeister von Rom und ein engagierter Förderer des italienischen Kinos. Für die Tageszeitung „La Repubblica“ schrieb er Filmkritiken, die später auch in Buchform veröffentlicht wurden.

STICHPUNKT

LATEINISCH ENTZIFFERN So wie unsere Nachfahren eines Tages rätseln werden, was wir mit SMS gemeint haben könnten, haben wir heute mit den Abkürzungen der alten Römer unsere Probleme. Was heißt zum Beispiel die auf dem Titusbogen zu lesende Inschrift „SPQR“? – „Senatus populusque romanus“, übersetzt: „Der Senat und das Volk von Rom“. Und wie war das noch mal mit den Ziffern, die Jahreszahlen angeben? L steht für 50, C für 100, D entspricht 500 und M 1000. Es ist lange her, dass man sich in Europa auf Lateinisch unterhielt, aber die Sprache lebt weiter, etwa im Italienischen und Englischen: So leitet sich vom Verb computare (zusammenrechnen) das Wort Computer ab. **D.E.**

Fotos: Alinari Archives/Corbis; Andreas Weise; Pizzoli Alberto/Corbis Sygma

Die perfekten Camping(ver)führer!

ADAC Camping-Caravaning-Führer 2005

Über 5.400 Campingplätze aus 33 Ländern. Mehr als 2.000 Seiten informationsstark! Mit europaweit einzigartigem ADAC-Campingplatz-Profil: Sterne für jedes Leistungsangebot. Von ADAC-Inspekteuren vor Ort getestet. Extra Camping-Karte je Band. **DAZU: Spezielle Piktogramme zeigen, welche Plätze sich für bestimmte Gästegruppen besonders empfehlen.**

... auch auf CD-ROM

Alle Platzbeschreibungen des Buches, zur gezielten Auswahl, zum schnellen Finden – nach geografischen Zielen und ganz persönlichen Wünschen.

ADAC Stellplatz-Führer 2005

Über 1.800 Stellplätze in Deutschland und Nachbarländern. Viele davon kritisch getestet und klassifiziert. Detailliert beschrieben: Lage, Zufahrt, Gelände, Ver- und Entsorgung, Ausstattung und Angebot, Preise und Kosten, Besonderheiten sowie Freizeitangebote/Sehenswürdigkeiten. Mit reichhaltigem Kartenteil.
DAZU: übersichtliche Regionenstruktur, gebührenfreie Stellplätze und Zufahrtskarten für fast alle Stellplätze.

ADAC Bungalow-Mobilheim-Führer 2005

Über 1.400 Ferienanlagen aus 17 Ländern Europas mit detaillierter Beschreibung von Plätzen und Unterkünften. Ausgewählt und eingestuft nach den strengen Kriterien der ADAC-Inspekteure. Eine kompetente Übersicht zu Bungalows, Chalets, Mobilheimen und anderen Unterkünften. Mit großem Kartenteil. **DAZU: Extra-Heft mit Grundrissen.**

ADAC

Überall, wo es Bücher gibt, und beim ADAC.

In der Welt des Camping & Caravaning zu Hause!

»Ti conosco, mascherina.« – »Ich erkenne dich, schöne Maske.«
Aline liegt hier auf einem XXL-Sofa im Kleid von Franco Ciambella, einem Stilista (Designer) mit Hang zum farbigen Eklat

MODE

Wir sind Kinder des Unermesslichen

Rom ist das Zentrum der Haute Couture in Italien. Die jungen Wilden der Szene scheren sich dabei nicht um Ort und Anlass, sondern entwerfen exaltierte Mode, die immer passt: egal ob auf Partys oder auf der Straße

Produktion Birgit Gebhardt & Cristina Capretti, Fotos & Styling Kerstin zu Pan

€ 1,00 ora
esclusi autorizzati del settore
SH150

»Quand'eri giovinetta pungevi come una mora di macchia. Anche il piede t'era un' arma, o selvaggia.«

Umberto Saba, Dichter: »Donna«, 1934

»Als du blutjung warst, warst du stachlig wie eine wilde Brombeere. Sogar dein Fuß wurde dir zur Waffe, o Ungezähmte.«

STILISTA: Franco Ciambella **ROBA:** Die PS stecken im Outfit: Farben spielen mit Emotionen – auf beiden Seiten. Je schriller, ironischer, desto besser, findet Modeschöpfer Ciambella. Zum rosa Kreppmantel mit orange abgepaspelten Taschen trägt Model Aline limonengelbe Nylons und orangefarbene Woll-Manschetten über bordeauxfarbenen Stilettos. Langes, schwarzes Rosshaar, das früher zur Polsterung verwendet wurde, fällt wie ein Schweif aus dem Mantelkragen über die linke Schulter. Schuhe: Gucci, Sonnenbrille: Versace **ROMA:** italienisch einparken in einer Seitenstraße der Stazione Centrale Roma Termini

»Contro corrente come bionde trote fendevano la calca cittadina due fanciulle insolenti di bellezza.«

Corrado Covoni, Dichter: »Contro corrente come bionde trote«, 1943

»Gegen den Strom wie helle Forellen durchpflügten das Gedränge der Stadt zwei Geschöpfe von unverschämter Schönheit.«

STILISTA: Laura Pieralisi **ROBA:** Eleganz, Sexappeal und sportiven Schick bringt die Haute Couture der jungen Kreativen in den Alltag – und auf die Straße. Der Clou: Zum metallic schimmernden Hosenanzug mit hoch geschlitzten Beinen gehört der passende Helm. Reich verziert und abgestimmt auf jedes Outfit, sorgte er auf den Laufstegen für Furore **ROMA,** die Stadt der Katzen: am Campo de' Fiori vor den typischen Blumenständen

»No, ragazzo, no. Tu non mi metterai tra le dieci bambole che non ti piacciono più!«

Patty Pravo, Sängerin: »La Bambola«, sechziger Jahre

»Nein, mein Lieber, nein, du wirst mich nicht einreihen zwischen die zehn Püppchen, die dir nicht mehr gefallen!«

STILISTA: Patrizia Pieroni **ROBA:** Die Modeschöpferin legt großen Wert auf tragbare Ware, die der Kundin in doppelter Weise schmeichelt – optisch und durch ihre ausgesuchten Wohlfühl-Materialien. Dieses knöchellange Kleid aus Samtvelours zeigt die Lieblingsfarbe der Designerin, die den Ton als Red Caravaggio bezeichnet **ROMA:** Der Coiffure- und Beauty-Salon in der Edel-Einkaufsstraße Via Condotti 11 hat nichts von seinem Jetset-Flair der siebziger Jahre verloren. Meister und Inhaber Sergio Valente schuf den perfekten Kopf zum Look

VN POPOLO DI POETI DI ARTISTI DI EROI
DI SANTI DI PENSATORI DI SCIENZIATI
DI NAVIGATORI DI TRASMIGRATORI

»Volando intorno alla tradizione come un colombo attorno a un pallone ... Planando sopra i boschi a braccia tese ... E più in alto, e più in là ... ora figli dell'immensità.«

Lucio Battisti, Liedermacher:
»La collina degli ciliegi«, siebziger Jahre

»Fliegen im Kraftfeld der Tradition wie eine Taube um einen Ballon. Über die Wälder gleiten mit ausgebreiteten Armen, immer höher, immer weiter ... wir sind Kinder des Unermesslichen.«

STILISTA: Marco Coretti **ROBA:** Coretti gestaltet sehr grafische Kreationen und macht das Couture-Handwerk sichtbar – der Rock mit dunkel unterlegtem Nessel zeigt noch die schwarzen Linien, die, mit Filzstift aufgemalt, den Schnitt des Kleides vorgeben. Struttura, der Name der Kollektion, ist Programm **ROMA:** der faschistische Palazzo della Civiltà Italiana im Viertel E.U.R., unter Mussolini am Reißbrett geplant. Die Proportionen waren so angelegt, dass sich „Benito" vertikal und „Mussolini" horizontal in die Arkaden schreiben ließen

»Ho sentito urla di furore di generazioni senza più passato.«

Franco Battiato, Liedermacher: »Shock in my town«, achtziger Jahre

»Ich habe sie schreien hören, die Generationen, die keine Vergangenheit mehr haben.«

STILISTA: Laura Pieralisi **ROBA:** ein Spiel mit luxuriöser Eleganz und Impulsen der Stadt. Auch hier begleitet der Helm die Robe; für die Designerin symbolisiert er die Dynamik zwischen Versteck und Verführung. Vom aufwändig plissierten Bustier fallen Federn an Perlenschnüren herab auf den transparenten Rock mit aufregendem Schlitz und theatralischer Schleppe **ROMA:** Telefonzelle in Trastevere – ein modernes Relikt im Handyland Italien

»Io pensavo a mia madre e rivedevo i suoi vestiti.
Il più bello era nero con i fiori non ancora appassiti.«

Lucio Battisti, Liedermacher: »I giardini di marzo«, siebziger Jahre

»Ich dachte an meine Mutter, und ihre Kleider tauchten wieder auf.
Das schönste war schwarz. Mit Blumen – noch nicht verblüht.«

STILISTA: Bianca Maria Gervasio **ROBA:** Die Süditalienerin gehört zu den ganz großen italienischen Nachwuchstalenten. Sie erzählt Fabeln, die parabelhaft tief greifende Emotionen in Mode übersetzen. Dieses üppige Kleid aus der Kollektion „La Favola di Mancanza" ist aus dichtem Wollfilz, behängt mit tränenförmigen Kristallen. Ihre 17 schwarzen Outfits thematisieren die Erdenschwere: von Chiffon über Leder, Velours, Cashmere bis zum Wollfilz. Schuhe: Bruno Magli **ROMA:** im Park des Hotels Cavalieri Hilton (nahe den Löwenstatuen)

»Ceteri convivae circa labrum manibus nexis currebant, et gingilipho ingenti clamore exsonabant.«

Petronius Arbiter, Dichter:
»Saturae« (Satiricon), um 66 n. Chr.

»Die Gäste liefen um die Wanne herum und hielten sich dabei an den Händen. Sie kitzelten sich gegenseitig und machten einen Höllenlärm.«

STILISTA: Franco Ciambella **ROBA:** Zum Fransenkleid, das sich in der Taille zur Blumenstickerei schließt, empfiehlt Franco Ciambella in gewohntem Farbrausch eine gelbe Ansteckblume und ein türkisfarbenes Halsband. Schuhe: Gucci. Michelangelo-Shorts: von römischen Souvenirständen **ROMA:** Penthouse im Cavalieri Hilton Hotel mit Dachterrasse und Whirlpool

Info Seite 72

Model: Aline@modelwerk/Hamburg

Bundesrepublik Deutschland
Finanzagentur GmbH

Was immer Sie von einer Geldanlage erwarten, Bundesobligationen werden Sie nicht enttäuschen. Denn sie bieten Privatanlegern eine einmalige Kombination von Vorteilen: feste Zinsen, zu 100 % garantierte Rückzahlung des Kapitals am Laufzeitende und obendrein die Möglichkeit, Ihre Papiere jederzeit an der Börse wieder zu veräußern. Interessiert? Mehr dazu unter 0 69 / 95 11 42 69 oder per Coupon.

Bundesobligationen: Börsennotierte Wertpapiere mit 5 Jahren Laufzeit, festgelegten Zinsen und garantiertem Rückzahlungswert am Laufzeitende. Erwerb und Verkauf jederzeit zum amtlichen Börsenkurs möglich. Besonders attraktiv: **Direkterwerb von zuletzt an der Börse eingeführten Bundesobligationen und Verwaltung sind bei der Bundeswertpapierverwaltung gebührenfrei.**

Mehr Geld fürs Geld. Bundesobligationen.

Bitte schicken Sie mir kostenlos ausführliche Informationen. Informationsdienst für Bundeswertpapiere, Lurgiallee 5, 60295 Frankfurt/M., Fax: 0 69/95 11 41 60, Mail: bwp@deutsche-finanzagentur.de

Name ____________________

Straße ____________________

PLZ, Ort ____________________

Weitere Informationen zu Bundesobligationen: Faxabruf Kurse & Renditen 0 69/2 57 02 00 12. Oder bei der Bundeswertpapierverwaltung: Service-Center 0 61 72/10 82 22 oder 0 30/69 03 42 22, Service-Computer 0 61 72/10 89 30 oder 0 30/69 03 49 30.

INFO MODE

Römische Roben

Die schöne Zier des Vergänglichen und wo man sie für gutes Geld erwerben kann

Anders als in Frankreich, wo immer mehr große Modehäuser auf die Haute Couture verzichten und die Handwerkskunst von der Industrie überholt wird, schneidern in Rom – fernab von Paris und Mailands Prêt-à-porter-Rummel – junge Designer an einer neuen, tragbaren Mode. Sie beherrschen meisterhaft das traditionelle Handwerk, kreieren aber eine weniger opulente und dafür zeitgemäße Garderobe, die auch preislich dem Prêt-à-porter näher kommt. Die Ateliers der fünf vorgestellten Designer aus unserer Foto-Reportage sowie weitere interessante Modeadressen in Rom finden Sie hier.

INFORMATION

ALTA ROMA
Angelehnt an die römische Industrie- und Handelskammer promotet das Haus Alta Roma junge Modedesigner, die ihr Haute-Couture-Handwerk halbjährlich auf spektakulären Defilees in Rom präsentieren. Cristina Capretti, Fachfrau und Alta-Roma-Pressesprecherin, wählte für uns die fünf Designer aus, deren Herbst- und Winterkollektion 2004/05 wir fotografiert haben. Bei Alta Roma und Frau Capretti erhält man Infos zu Veranstaltungsterminen und zu den jungen Modedesignern der Stadt.
■ Alta Roma SCpA,
00186 Rom, Via de' Burrò 147,
Tel. 066 78 13 13,
Fax: 06 69 20 03 03. (F 4)
www.altaroma.it
■ Cristina Capretti,
00176 Rom, Via Roberto Malatesta 18, Tel. 062 75 76 39,
Mobil 34 74 06 01 36, E-Mail: cristinacapretti@yahoo.it.

DESIGNER DER FOTOSTRECKE

MARCO CORETTI
Er gilt als Haute-Couture-Verfechter und arbeitet in Schnitt und Handwerk äußerst pointiert. Seine Kollektion Struttura gilt als Hommage an die Schule der Alta Moda: Alle Kleider in weißem und schwarzem Nesselstoff, der traditionell zur Fertigung des Prototyps verwendet wurde, zeigen seinen streng grafischen Stil. Die Schnittkanten und Falten, die zur Konstruktion auf die Stoffe übertragen werden, bleiben als schwarze Filzschreiber-Linien

Haute Couture hat für Marco Coretti sichtbare Struktur

sichtbar – und tun der betont femininen Eleganz dabei keinen Abbruch.
■ Via Guido Reni 32 (Klingel Studio 8), Tel. 063 22 12 46,
E-Mail: info@marcocoretti.it.
Termine nach Vereinbarung.

PATRIZIA PIERONI
Liebt ihr Quartier Pione Pigne, in dem sie 2004 das zehnjährige Bestehen ihres Modeladens Arsenale feierte. Viele Künstler und Intellektuelle zählen zu ihrem Kundenkreis. Inspirationen sammelt Patrizia auf Reisen und in Webereien. Ihr Stil ist experimentell, leicht alternativ und behaglich. Jedes Teil scheint mit der Trägerin zu kommunizieren. Mal verspricht es, auf immer und ewig zu kuscheln, mit glänzendem Samt den Teint zum Strahlen zu bringen, mal sendet es

Patrizia Pieroni in ihrer Boutique Arsenale in Pione Pigne

mit einer schrägen Kombination ein kleines Augenzwinkern. Wer sich für ihre Mode erwärmt, den wärmt sie zurück.
■ Boutique Arsenale,
Via del Governo Vecchio 64,
Tel. 066 86 13 80,
E-Mail: pat.pieroni@libero.it.
Geöffnet Mo. 15.30–19.30,
Di.–Sa. 10–19.30 Uhr. (D 4)

LAURA PIERALISI
Kunstvolle Raffungen, mit Strass bestickte Bustiers, an denen bunte Federn an Perlenfäden den Rock hinabbaumeln – Verführung ist ein wesentlicher Zweck der Abendgarderobe von Laura Pieralisi, die das Modeatelier in der dritten Generation führt, aber nicht der alleinige. Laura, die 2004 das Abendkleid der Miss Italy entwarf, setzt auf tragbare Mode, die so dynamisch ist wie die Stadt. Und so gehört immer der passende Motorradhelm zum Abendkleid dazu. In der Farbe des Kleides und übersät mit

Für Furore sorgen die Helme bei jedem Pieralisi-Modell

Swarovski-Kristallen wird er zum Blickfang. Die Nichte der berühmten italienischen Schauspielerin Virna Lisi überzeugt durch einen Stil, der die Frau sexy, feminin und voller Energie wirken lässt.
■ Viale delle Medaglie d'Oro 169,
Tel. 06 35 34 30 57,
06 35 40 29 24, Fax: 06 35 45 39 92. Termine nach Vereinb.
www.laurapieralisi.com

FRANCO CIAMBELLA
Der Designer sieht seine Kundin als Chamäleon, das seine jeweilige Gefühlslage über kräftige Farben ausdrückt. Ciambellas Motto: innerhalb der frischen und bunten Palette Kontraste schaffen. Dazu verwendet er Stoffe wie Seidenkrepp, der die Töne besonders zum Leuchten bringt; er färbt sogar Nylons ungewöhnlich markant ein. Ciambella spielt gern mit traditionellen Techniken: Die Rosshaarfütterung zum Beispiel kehrt er von innen nach außen, indem er das lange Pferdehaar am Revers sichtbar über die Schulter der Trägerin fallen lässt. Sein Hauptstudio liegt im malerischen Civitavecchia, 50 Kilometer von Rom entfernt.
■ 00053 Civitavecchia,
Via F. Crispi 12/14,
Tel. 076 62 88 70,
Fax: 07 66 58 11 11.
■ 00187 Rom, Via Frattina 14,
Tel. 06 69 78 34 79. (F 3)
www.francociambella.com

BIANCA MARIA GERVASIO
Die gebürtige Süditalienerin liebt die Mythen und Märchen ihrer Heimat Apulien, von denen sie sich für ihre Kollektionen inspirieren lässt. Entsprechend reich an Bildern und Experimenten sind ihre Modelle: Mal umschlingen Silikon-Kokons die Trägerin, sodass sie Michelin-Männchen-Dimensionen annimmt, wie auf dem Foto zu sehen (Seite 74); mal verzaubert Bianca Maria Gervasio ihre Protagonistinnen in elegante Göttinnen der Nacht. Jedes

Fotos: Udo Bernhart (2); Kerstin zu Pan

i Die Koordinaten beziehen sich auf den City-Plan Seite 196

Von den Gelben Engeln:

Die weite Welt zum himmlischen Preis!

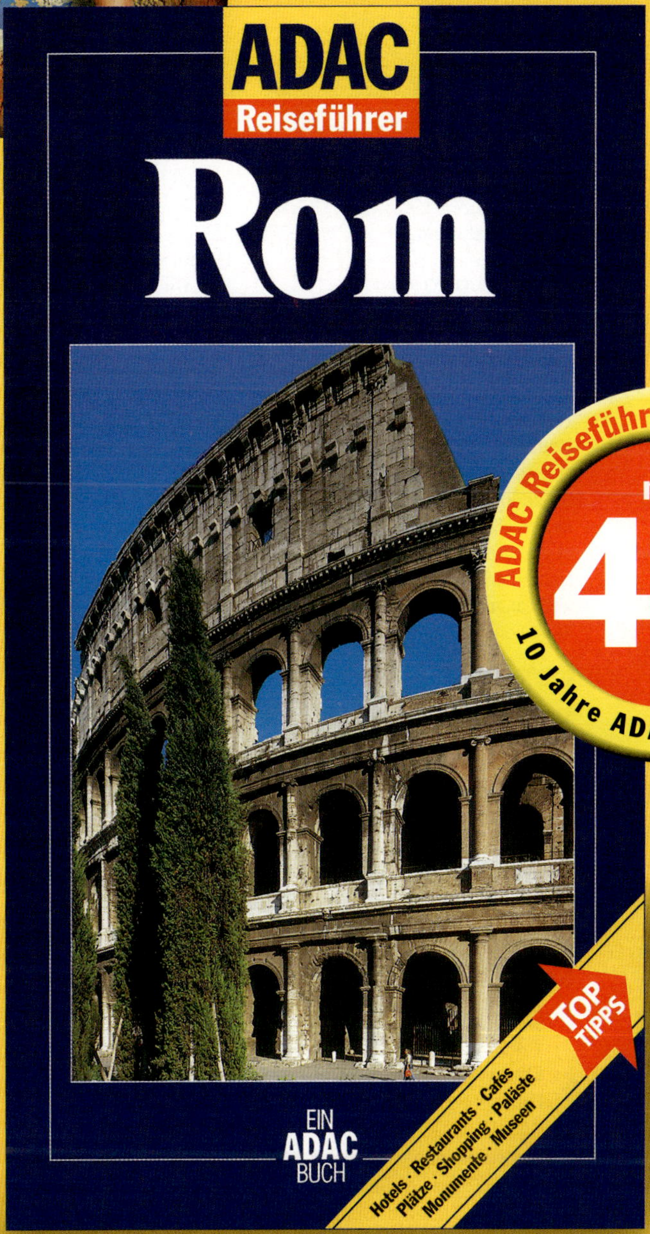

- brillante Texte
- faszinierende Bilder
- informative Karten und Pläne

ADAC Reiseführer in Top-Qualität
nur 4,95 €[1]
10 Jahre ADAC Reiseführer

www.adac.de/reisefuehrer

Mehr wissen, mehr erleben, besser reisen.

108 ADAC Reiseführer in Top-Qualität – die besten, die wir je gemacht haben.

Ägypten
Algarve
Allgäu
Amsterdam
Andalusien
Australien
Bali & Lombok
Barcelona
Berlin
Bodensee
Brandenburg
Brasilien
Bretagne
Budapest
Bulg. Schwarzmeerküste
Burgund
City Guide Deutschland
Costa Brava & Costa Daurada
Côte d'Azur
Dänemark
Dalmatien
Dominikanische Republik
Dresden
Dubai, Vereinigte Arabische Emirate, Oman 5/05
Elsass
Emilia Romagna
Florenz
Florida
Französische Atlantikküste
Fuerteventura
Gardasee
Germany CityGuide
Golf von Neapel
Gran Canaria
Hamburg
Hongkong & Macau
Ibiza & Formentera
Irland
Israel
Istrien & Kvarner Golf
Italienische Adria
Italienische Riviera
Jamaika
Kalifornien
Kanada – Der Osten
Kanada – Der Westen
Karibik
Kenia
Kreta
Kuba
Kykladen
Lanzarote
London
Madeira
Mallorca
Malta
Marokko
Mauritius & Rodrigues
Mecklenburg-Vorpommern
Mexiko
München
Neuengland
Neuseeland
New York
Niederlande
Norwegen
Oberbayern
Österreich
Paris
Peloponnes
Piemont & Lombardei
Polen
Portugal
Prag
Provence
Rhodos
Rom
Rügen
Salzburg
Sankt Petersburg
Sardinien
Schleswig-Holstein
Schottland
Schwarzwald
Schweden
Schweiz
Sizilien
Spanien
Südafrika
Südengland
Südtirol
Sylt
Teneriffa
Tessin
Thailand
Toskana
Türkei – Südküste
Türkei – Westküste
Tunesien
Umbrien
Ungarn
USA – Südstaaten
USA – Südwest
Usedom
Venedig
Venetien & Friaul
Wien
Zypern

Weitere Titel in Vorbereitung.
Pro Band 300–600 Sehenswürdigkeiten, 140–180 farbige Abbildungen und rund 40 TOP-TIPPS.

ADAC Reiseführer

Stilista: Marco Coretti
Roba: Prototyp-Kleid aus der Kollektion Struttura. Wegen des grafischen Stils spricht Coretti auch vom Kubismus in seiner Mode
Roma: Balustrade in der Nähe der Villa Sciarra am Hügel über Trastevere

Kleid der Designerin ist stoffliche Poesie, jedes Defilee ist eine Performance der Kunst. Bianca Maria Gervasio hat am Instituto Maragoni in Mailand studiert und vor ihrer Selbstständigkeit zwei Jahre bei Mila Schön gelernt. Sie präsentiert in Rom, lebt und arbeitet aber in Mailand.
■ 20122 Mailand, Via Orti 19, Tel. 02 45 48 40 30, Mobil 3-479 33 17 63, E-Mail: rain.e@libero.it.

Ausdrucksstarke Fabel-Mode von Bianca Maria Gervasio

WEITERE MODE-EMPFEHLUNGEN

ELEONORA

Die ultimative Empfehlung für Modesüchtige ist die Kultboutique Eleonora. Auf satten 400 Quadratmetern Fläche zeigen sich Couture und Prêt-à-porter in ihrer ganzen Opulenz. Hier treffen sich Rang und Namen des römischen Modedesigns.
■ Via del Babuino 97, Tel. 066 79 31 73. Geöffnet Mo. 16–19.30, Di.–Sa. 9–13 und 16–19.30 Uhr. (F 2)

TRICOTS DONNA

Gleich neben dem Ritz im exklusiven Stadtteil Parioli sitzt Tricots Donna, die Mode mit frischem Glamour bereithält. Kollektionen großer, internationaler Namen und Kreationen viel versprechender Youngsters finden sich neben raffinierten Accessoires und Exponaten aus Kunstausstellungen.
■ Via D. Chelini 15, Tel. 068 08 58 15. Geöffnet Mo. 16–19.30, Di.–Fr. 10–14 u. 16–19.30, Sa. 10–19.30 Uhr.

TAD CONCEPT STORE

Der Eingang ist recht schmal, doch dahinter verbirgt sich eine Welt ausgesuchter Finessen. Neuheiten aus der Mode gehen eine Symbiose ein mit Schokolade, Stoffen, Badeessenzen, Tischdekoration und Möbeln. Wer Zeit mitbringt, kann sich im Frisiersalon oder im Café verwöhnen lassen. Der Tempel des erlesenen Geschmacks vermittelt ein umfassendes Bild von aktuellen Styling-Trends.
■ Via del Babuino 155 a, Tel. 06 32 69 51 22, Fax: 06 32 60 03 25. Geöffnet Mo. 12–19.30, Di.–Sa. 10.30–19.30 Uhr. (F 2)
www.taditaly.com

TRICOTS UOMO

2004 eröffnete das Pendant für den modernen Mann unweit von Tricots Donna. Die Boutique überträgt das traditionelle Konzept des Herrenausstatters ins Heute und möchte die Herren anleiten, sich wieder modebewusster zu kleiden. Zwischen so raren Labels wie A.P.C. aus Frankreich finden sich die großen Namen der internationalen Modewelt, angereichert durch eine Fülle von Accessoires.
■ Via Luigi Luciani 39, Tel. 06 36 00 68 16. Geöffnet Mo. 16–19.30, Di. bis Fr. 10–14, 16–19.30, Sa. 10 bis 19.30 Uhr.

ROSANNA SIRNI

Die Institution für Taschenkollektionen aus ausgesuchtem Leder existiert seit 1950. Für eine internationale Kundschaft leistet die Werkstatt auch Reparaturen und Auftragsarbeiten.
■ Via della Stelletta 33, Tel. 06 68 80 52 48. Geöffnet Mo.–Sa. 9–13.30 und 15.30–20 Uhr. (E 4) **B.G.**

ADRESSEN DER TOP-DESIGNER

Die Crème de la Crème mit ihren Hauptgeschäften in Rom – sie erscheinen hier als Kontrastprogramm zum Altertum

Armani, Via Condotti 76
Brioni, Via Barberini 79–81
Bruno Magli, Via del Gambero 1
Dolce & Gabbana, Via Condotti 51/52
Emporio Armani, Via del Babuino 139 a
Etro, Via del Babuino 102
Fendi, Via Borgognona 36–40
Gucci, Via Condotti 8 und Via Borgognona 7 d
Krizia, Piazza di Spagna 87
Missoni, Piazza di Spagna 78
Prada, Via Condotti 94 und Via del Babuino 91
Roberto Cavalli, Via Borgognona 7
Salvatore Ferragamo, für Männer: Via Condotti 66, für Frauen: Via Condotti 73–74
Sergio Rossi, Piazza di Spagna 97–100
Valentino Alta Moda, Piazza Mignanelli 22
Valentino Donna, Via Condotti 13
Valentino Uomo, Via Bocca di Leone 15
Versace Jeans Couture, Via Frattina 116 und Via Bocca di Leone 26/27

Foto: Kerstin zu Pan

Benvenuti – Für die große Fahrt und kleine Abstecher

Aktuelle und übersichtliche Kartografie im praktischen Format – die ideale Grundlage zur Orientierung auf Reisen mit dem Auto. Ob Sie nun schon zu Hause Ihre Reise planen oder mit der Karte Ihr Ziel ansteuern wollen – die ADAC LänderKarten sind für diese Zwecke bestens geeignet.

Diese Straßenkarten geben ein Land im jeweils idealen Maßstab wieder. Dazu wichtige Informationen zu Verkehr und Tourismus: Kilometerangaben an Haupt- und Nebenstraßen, landschaftlich schöne Strecken, schöne Orte und touristische Attraktionen wie z.B. Ferienstraßen und Natur- und Nationalparks, Ortsregister, Citypläne und Reiseinformationen.

Überall, wo es Bücher gibt, und beim ADAC.

Buon viaggio – Gute Reise!

Gut & Günstig

Wo man beim Kauf von Schuhen, Kleidung und Geschenken Geld sparen kann

In Rom bekommt man alles, was edel aussieht und gut dasteht, zum Beispiel Murano-Glas

GESCHENKE

LA MURRINA
Für Murano-Glas muss man nicht extra nach Venedig fahren, eine eindrucksvolle Auswahl bekommt man auch in Rom bei La Murrina. Dort stehen handgeblasene Vasen, Gläser, Schalen und Lampen im Regal. So exklusiv das Sortiment von Murrina ist, so exklusiv sind leider auch die Preise.
■ Piazza Navona 39/40,
Tel. 066 86 97 83. (E 4)

HEILIGE VERSAMMLUNG
Im Umkreis des Vatikans wimmelt es von Straßenverkäufern mit einschlägigen Souvenirs, vor allem in der Via della Conciliazione und an der Piazza Venezia. Wenn auch die Produkte und ihre bescheidene Qualität weit gehend die gleichen sind, bestehen bei den Preisen deutliche Unterschiede – Vergleichen lohnt sich also. Vatikan-Souvenirs, die über T-Shirts und Plastik-Repliken von Michelangelos Pietà-Gruppe hinausgehen, werden zum Beispiel in diesen Geschäften verkauft:
■ Museumsshop der Vatikanischen Museen (Seite 94). Führt unter anderem Kunstdrucke und Bildbände. (A 2/3)
■ Comandini, Borgo Pio 151 (ganz in der Nähe der Peterskirche), Tel. 066 87 50 79. (B 3) Geboten wird eine große Auswahl an Kerzen, Heiligenstatuen und Papst-Medaillen.
■ Casa del Rosario, Via Esquilino 33, Tel. 06 48 69 91. (K 4) Vor allem das Angebot an Rosenkränzen ist erstaunlich.

Sakrale Souvenirs sind rings um den Vatikan zu haben

PERONI
Ihren gewöhnlichen Espresso-Kocher, der auf einer Herdplatte blubbernd Espresso erzeugt, kaufen Römer auf dem Markt oder in einem Haushaltswarengeschäft wie Peroni im Stadtteil Prati. Ein Zwei-Tassen-Espresso-Kocher der Standardmarke Bialetti ist ab 9 Euro zu haben. Für eine elektrische Espresso-Maschine der Marke Quick Mill muss man ca. 350 Euro investieren. Ehrgeizige Nudelköche kaufen sich bei Peroni für etwa 35 Euro eine Nudelmaschine zum Kurbeln oder legen noch circa 30 Euro für einen Elektromotor drauf.
■ Piazza dell'Unità 29,
Tel. 063 21 16 62. (C 2)
www.peronisnc.it

AI MONASTERI
Was dabei herauskommt, wenn sich Mönche und Nonnen an das Motto „Ora et labora" (Bete und arbeite) halten, kann man in diesem Geschäft erstehen: diverse Sorten Kräuterlikör, Grappa, Olivenöl, Seifen und Naturkosmetika aus verschiedenen italienischen Klöstern.
■ Corso Rinascimento 72,
Tel. 06 68 80 27 83. (E 4)
www.monasteri.it

ALDO FEFÈ
Wer sein Lieblingsbuch mit einem Extra-Einband ehren will, geht damit zu Aldo Fefè und lässt sich einen individuellen Umschlag aus handgemaltem Marmorpapier fertigen. Nachdem man Papiertyp und eventuell Titel und Schrift festgelegt hat, muss man bei einfachen Bindearbeiten drei bis vier Tage warten, ehe das Schmuckstück für circa 25 Euro abholbereit ist. Kompliziertere Aufträge dauern mindestens eine Woche und kosten entsprechend mehr. Fertige Notiz- und Tagebücher sind vorrätig und ab 10 Euro zu haben.
■ Via della Stelletta 20 b,
Tel. 06 68 80 35 85.
Geöffnet Mo.–Sa. 8 bis 20 Uhr. (E 4)

C.U.C.I.N.A.
Wollen sie etwas schickes Nützliches schenken und sich dabei nicht lumpen lassen, gehen

Schöner kochen mit Utensilien von C.U.C.I.N.A.

Römer in dieses Edel-Haushaltswarengeschäft, das so ziemlich alles führt, was perfekt in europäische Designerküchen passt, zum Beispiel Karaffen für Essig und Öl.
■ Via Mario de' Fiori 65,
Tel. 066 79 12 75. (F 3)

i Die Koordinaten beziehen sich auf den City-Plan Seite 196

Fotos: Steffen Jänicke; Udo Bernhart (3); Massimo Borchi/Atlantide Fototravel

Warum Frauen dauernd Schuhe kaufen müssen? Klar: weil zum Beispiel Fausto Santinis Produkte Füße attraktiver machen und im Outlet günstig zu haben sind

MERCATO DELLE STAMPE
Auf diesem Markt kann man lange nach antiquarischen Büchern, Partituren und alten Drucken stöbern. Ansichten von Rom, so genannte Veduten, sind seit Jahrhunderten beliebte Erinnerungsstücke an Romreisen und hier in unterschiedlicher Qualität erhältlich.
■ Largo della Fontanella di Borghese. Geöffnet Mo.–Sa. 7–13 Uhr. (E/F 3)

PORTA PORTESE
Auf Roms größtem Floh- und Trödelmarkt gibt es vom Bilderrahmen bis zum Aluminium-Waschbecken an mehr als 1000 Ständen alles, was sich transportieren lässt – Neues und Gebrauchtes. Taschendieben im sommerlichen Gedränge sollte man das Handwerk ebenso schwer machen wie den Männern, die behaupten, man könne bei ihnen mit Würfeln mal eben 100 Euro gewinnen.
■ Zwischen Porta Portese und Piazza Ippolito Nievo. Geöffnet sonntags 7–14 Uhr.

MODE

Machen Sie's wie Goethe: Als sich der Dichter in Rom aufhielt (Seite 28), ging er auch auf Einkaufstour und erwarb im Namen seines Dienstherrn Kunstwerke. Würde er heute losziehen, hätte er bei Kleidung die größte Auswahl. Die Haupt-Einkaufsstraßen sind die Via del Corso, Via Nazionale, Via del Tritone, Via Cola di Rienzo, Via dei Giubbonari und die Via Frattina. Die meisten Geschäfte führen Schuhe, Lederwaren, Kleidung, Accessoires, der Rest bietet im Wesentlichen Schmuck, Bücher, CDs und Geschenkartikel an. Luxuriöses ist ebenso zu haben wie Ware für weniger gut Betuchte. Wer gern autofrei bummelt, sollte in die Via del Corso am besten am Samstag gehen – dann ist sie Fußgängerzone. Hier Beispiele von Firmen, die ihre Sachen direkt in Outlets verkaufen, und sonstigen Geschäften, die interessante Preise haben:

EMPRESA
In seinem zentral gelegenen Outlet schlägt Empresa die Kollektion vom letzten Jahr zu stark reduzierten Preisen los. Die Innenarchitekten haben offenbar auch daran gedacht, weniger mode-

Empresa verkauft in ergrautem Umfeld die neueste Mode

begeisterten Begleitern der Kaufwütigen zumindest etwas Abwechslung zu verschaffen: Passend zum trashigen Ambiente des Geschäftes sind die Wände mit alten Fotoreproduktionen und Plakaten geschmückt.
■ Via Campo Marzio 9–10, Tel. 066 79 40 93. (F 3/4)

FAUSTO SANTINI
Was der Schuhdesigner Santini nicht an den Mann oder die Frau gebracht hat, verkauft er als Vorjahreskollektion stark verbilligt im zentral gelegenen Outlet.
■ Via di Santa Maria Maggiore 165, Tel. 064 88 09 34. (J 5)

CASTEL ROMANO OUTLET
Etwa 15 Kilometer südlich von Rom liegt ein Kastell, das zur Eroberung einlädt: ein edel gestaltetes Outlet-Zentrum, in dem ein paar Dutzend bekannte Marken vertreten sind, etwa D&G, Ferragamo, Versace, La Perla Donna, Calvin Klein, Nike, Diesel, Levi's usw. Die Preise liegen zwischen 30 und 70 Prozent unter den handelsüblichen.
■ Via Ponte di Ponte di Piscina Cupa (erreichbar über die Via SS 148, „Pontina", Ausfahrt Castel Romano), Tel. 065 05 00 50. Tgl. geöffnet.
http://castelromano.mcarthurglen.it

OVIESSE
Das Kaufhaus für alle, deren Kleidung gut aussehen, aber wenig kosten soll. Bekannte Labels zieren hier die Hosen, Jacken, Blusen usw. nicht. Im Untergeschoss Lebensmittel.
■ Viale di Trastevere 62, Tel. 06 58 33 36 33.
www.oviesse.it

FOLLIE
Damenmode in einem etwas verrückten Stil. Pullover und Strickjacken mit Mustern, die nicht jede trägt, gehen ab 35 Euro über den Ladentisch.
■ Via Cola di Rienzo 132, Tel. 063 23 55 16. (C 2)

RIENZI
Männer finden bei Rienzi Sportlich-Elegantes, Anzüge ab etwa 180 Euro, außerdem günstige Hemden und Krawatten. Auf kleiner Fläche hat man eine erstaunlich große Auswahl und wird zudem nett beraten.
■ Via del Corso 136, Tel. 066 79 65 18. (F 3)

D.I.K.S.
Die Adresse für Männer, die aktuelle Mode mögen, dafür aber nicht viel Geld übrig haben. Sportlich-legere Anzüge ab 130, Hemden ab 25 Euro.
■ Via Cola di Rienzo 165, Tel. 06 36 00 50 91. (C 2)

PINKO
Junge Frauen, die auf freche Teile aus sind, stöbern bei Pinko selten erfolglos. Die Preise sind akzeptabel.
■ Via dei Giubbonari 76, Tel. 06 68 30 94 46. (E 5)

LE GALLINELLE
Das Ambiente hat etwas Skurriles: In der ehemaligen Fleischerei hängen Lederjacken und gebrauchte Designer-Kreationen an Fleischerhaken.
■ Via del Boschetto 76, Tel. 064 88 10 17. (H 5)

MAS
Wer eine Siebziger-Jahre-Party plant oder Sinn für übrig Gebliebenes hat, kann sich im 1882 eröffneten und somit ältesten Kaufhaus Roms eindecken. Auf fünf Etagen bekommt man Bomberjacken, Flatterhosen, knallbunte Schuhe und Taschen schon ab zwei Euro.

WAS KOSTET WAS? Circa-Preise in Euro

IN DER BAR Caffè (Espresso) an der Theke 0,70–1, am Tisch 1,50–2, Glas Wein/Prosecco 3–4, Erfrischungsgetränk 2, frisch gepresster Orangensaft 3, Hörnchen 1, Bier 3, Zigaretten 3,20

UNTERWEGS Taxifahrt Flughafen Roma-Fiumicino ins Stadtzentrum 40–50, Busticket 1 (weitere Infos Seite 107), Halbtagesmiete eines Motorrollers ab 25, Liter Sprit für Motorroller 1,20, einfache Zugfahrt ans Meer nach Ostia (vom Bahnhof Ferrovia Roma Lido am Piazzale Ostiense zur Endstation Cristoforo Colombo) 1 Euro

FREIZEITSPASS Disco-Eintritt ab 10, Drink oder Bier im Nachtclub 10, Miete einer Strandliege 10–15, Fahrt mit einem Linienboot auf dem Tiber 1

EINTRITT Museen 5–8 (unter 18- und über 65-Jährige zahlen die Hälfte), Museum Card für 7 Tage 9, archäologische Stätten ab 5, Roma Archeologia Card 20, Kirchenbesuch meistens gratis

Wem seine Augen etwas wert sind, der erwirbt seine Sonnenbrille im Fachgeschäft

Trotz der Minipreise sind die Sachen nicht secondhand, sondern Restposten aus unerfindlichen Quellen.
■ Via dello Statuto 11, Tel. 064 46 80 68. (K 5)

FIORUCCI
Für Frauen, denen witzige und poppige Mode einiges wert ist. Im Obergeschoss Krimskrams und Schuhe. Neben der

Römische Schaufenster senden klare Kauf-mich-Signale

Marke Fiorucci sind auch D&G, Gaultier, Kookai und Kenzo vertreten.
■ Via Nazionale 236, Tel. 064 88 31 75. (J 4)

INTIMISSIMI
Unterwäsche für Damen und Herren zu konkurrenzlos günstigen Preisen – ein Konzept, das in Rom in mehreren Filialen funktioniert, eine davon hier:
■ Via Nazionale 227, Tel. 06 48 59 14. (J 4)

COIN
Wenn die ganze Familie versorgt werden soll, ist dieses Kaufhaus der mittleren Preisklasse richtig: Kleidung, Leder, Modeschmuck, Parfum; unten Lebensmittel.
■ Via Cola di Rienzo 173, Tel. 06 36 00 42 98. (C 2)

VIA SANNIO
Warum nicht mal auf einem Markt Klamotten kaufen? Gebrauchte Lederjacken sind schon für 50 Euro zu haben. Nicht zu verachten ist die Auswahl an preiswerten Schuhen.
■ Via Sannio. Geöffnet Mo.–Fr. 8–13, Sa. 8–18 Uhr.

FURLA
Mit Ledertaschen, Accessoires und Schmuck auf niedrigem Preisniveau macht Furla sein Geschäft, und zwar in mehreren Filialen, darunter diesen:
■ Via del Corso 481. (F 2)
■ Via Nazionale 54. (H 5)
■ Via Cola di Rienzo 226. (B 2)
■ Piazza di Spagna 22, Tel. 06 69 20 03 63. (G 2/3)

OPTARISTON
Für Qualitäts-Sonnenbrillen geht man zu Optariston, wo ein Heer von weiß beschürzten Optikern geduldig bei der Wahl und Anprobe hilft und gern Modelle von Chopard, Valentino, Chanel und Bulgari verkauft. Nicht billig, aber besser für die Augen als Brillen vom Straßenhändler.
■ Via Nazionale 246, Tel. 064 82 13 00. (J 4)

ESSEN & TRINKEN

DICK UND DÜNN
Panini (Brötchen) und Tramezzini (dreieckige Sandwiches) gehören zu den Standard-Snacks jeder Bar. Sie sind belegt mit Mozzarella, Schinken, Tomaten oder angebratenen Zucchini-Scheiben. Fragt der Barmann „Lo scaldo?“, sollte man bejahen – dann wird das Panino nämlich in den Grill geklemmt, bis es heiß und knusprig ist. Wer Geld sparen will, kauft sein belegtes Brötchen statt in der Bar beim Lebensmittelhändler.

Tramezzini: für alle, die in der Bar den Mund weit aufreißen

KNUSPRIG UND SAFTIG
Im Stadtzentrum duftet es an vielen Ecken nach Pizza. In den Stehlokalen bezahlen die Gäste ihren vom Blech geschnittenen Imbiss (Pizza al taglio) nach Gewicht und Sorte. Eine schlichte Pizza Margherita (mit Tomaten und Mozzarella) kostet pro 100 Gramm etwa 1 Euro, kommen zum Beispiel Pilze oder Shrimps dazu, erhöht sich der Preis um bis zu 80 Cent pro 100 Gramm. Die meisten Lokale dieses Typs bieten auch frittierte Vorspeisen an. Drei Adressen von vielen:
■ Pizza Pazza, Piazza Trilussa 42, Tel. 06 58 33 39 24. Geöffnet tgl. 10.30–3 Uhr. (D 6)
Über den Tag verteilt kommen verschiedene Varianten aus dem Ofen. Chef Angelo Jezzi hat ein Repertoire von 180 Kreationen und machte bei den Pizza-Weltmeisterschaften zweimal den vierten Platz.
■ La Boccaccia, Via Santa Dorotea 1. Geöffnet tgl. ab 10.30 Uhr bis zum späten Abend. (D 6)
Die Pizzabäcker bringen es auf 60 gute Variationen.
■ Pizzeria Singh, Via dei Baullari 140, Tel. 06 68 80 66 65. Geöffnet tgl. ab 10 Uhr bis zum späten Abend. (E 5)
Die Inder von Singh beweisen, dass sich nicht nur Italiener auf Pizza und Antipasti verstehen. Außerdem brutzeln sie Hähnchen, Frittiertes und Knuspriges.

FEINKOST
Wenn es einfach nur darum geht, Olivenöl oder eingelegte Artischocken im Glas zu kaufen, geht

Hartwurst eignet sich als Reiseproviant und Mitbringsel

der Durchschnittsrömer in den Supermarkt, zum Beispiel GS, Standa, Despar, CRAI. Ist er bereit, für besondere Pasta, Käse, Wurst, Schinken, eingelegte Gemüse, Wein, Grappa usw. gesalzene Preise zu zahlen (allerdings bei einem guten Preis-Leistungs-Verhältnis), kauft er in den Feinkostläden Volpetti oder Franchi, wo man auch warme Speisen an der Theke oder zum Mitnehmen bekommt. Das gute, kaltgepresste Olivenöl erkennt man übrigens an der Aufschrift „Extra vergine“.
■ Franchi, Via Cola di Rienzo

SCHNÄPPCHENWOCHEN In Rom findet zweimal im Jahr Schlussverkauf – Saldi – statt. Die Termine legt die Stadtverwaltung für alle Geschäfte fest, aber viele Ladenbesitzer unter- oder überschreiten die Fristen. Generell werden die Reste der Winterkollektionen ab dem 6. Januar bis etwa Mitte Februar verhökert. Die Sommersachen gehen ab Mitte Juli bis September verbilligt über den Tisch. Da vor allem in der Innenstadt wenig Lagerfläche besteht, müssen die Geschäfte dort zum Saisonende für neue Kollektionen Platz schaffen – das motiviert die Besitzer zu realen (oder nur auf dem Schild existierenden) Preisnachlässen von bis zu 70 Prozent.

Fotos: Udo Bernhart (4); Martin Moos/Lonely Planet Images

Biagio Ursitti von der Enoteca Vini e Oli hat eine verführerische Auswahl guter Weine

200, Tel. 066 87 46 51. Geöffnet Mo.–Sa. 8–21 Uhr. (B 2)
■ Volpetti, Via Marmorata 47, Tel. 065 74 23 52. Geöffnet Mo. u. Mi.–Sa. 8–14 u. 17 bis 20.15, Di. 8–14 Uhr.

HEISS UND SCHNELL

„Tavola calda" (übersetzt: warmer Tisch) heißen in Rom einfache Selbstbedienungslokale. Bei den fairen Preisen dort darf man keine Gourmetküche erwarten, aber schlecht isst man dort selten. Auf der Karte stehen Suppe, Pasta, Risotto, Fisch und Fleisch, Gemüse und Salat, außerdem oft Pizza und Antipasti. Ein Menü kostet 12 bis 15 Euro. Gutes kochen zum Beispiel günstig:
■ Lotti, Via Sardegna 19, Tel. 064 82 19 02. Mittagstisch 12.30–15 und 19.30–22.30 Uhr.
■ Frontoni, Viale di Trastevere 52, Tel. 065 81 24 36, u. Circonvallazione Gianicolense 145, Tel. 06 58 20 90 90.

CAMPO DE' FIORI

Obwohl der Wochenmarkt ein teures Schlaraffenland ist, kann man sich dort ein preiswertes Mittagessen zusammenstellen: Während der Marktzeiten bekommt man im Forno Campo de' Fiori (Campo de' Fiori 22) knusprige Holzofen-Pizza, zum Beispiel Pizza rossa (mit Tomatensauce). Wer sich dazu Schinkenscheiben vom Markt drauflegt und sich das Ganze an einem ruhigen Plätzchen schmecken lässt, wird für 3 oder 4 Euro satt und zufrieden.
■ Campo de' Fiori. Geöffnet Mo.–Sa. 6–14 Uhr. (E 5)

ÖKO-OBST

Bio-Produkte sind in Italien nicht sonderlich verbreitet. Zwar haben auch einige größere Supermarkt-Ketten einschlägige Marken im Regal, aber besser und größer ist das Angebot im Einzelhandel. Il Canestro im Stadtteil Testaccio gehört zu den am besten sortierten Bioläden Roms und führt neben den Basis-Lebensmitteln auch Wein aus ökologischem Anbau. Die Produkte sind allerdings durchschnittlich 20 bis 30 Prozent teurer als in Deutschland.
■ Il Canestro, Via Luca della Robbia 12, Tel. 065 74 62 87.

WEISSER UND ROTER

Weinkauf macht am meisten Spaß in einer Enoteca, in der nicht nur gute Tropfen ausgeschenkt, sondern auch kleine Gerichte gereicht werden. An der Theke von Vini e Oli in Trastevere kann der Gast zusätzlich Sozialstudien betreiben. Obwohl Betreiber Biagio Ursitti eher bärbeißig als nett ist, kommen die Stammgäste zuhauf. Ein Gläschen Roten oder Weißen serviert er ab 1,80 Euro, ein Lächeln schenkt er nur selten.
■ Vini e Oli, Via della Scala 64, Tel. 065 88 09 42. (D 6)
■ Enoteca Ferrara, Via del Moro 1 a, Tel. 06 58 33 39 20. (D 6)
■ Enoteca Buccone, Via di Ripetta 19, Tel. 063 61 21 54. (E 3)
■ Enoteca Costantini, Piazza Cavour 16, Tel. 063 20 35 75. (D 3)

PREISWERT ÜBERNACHTEN

Wer bereit ist, mit den Übernachtungskosten auch die Ansprüche zu senken, hat in Rom mehrere Möglichkeiten. Einige Beispiele:

BED & BREAKFAST ITALIA

Die Agentur vermittelt je nach Lage und Ausstattung Zimmer ab 40 Euro. Im Zentrum kann der Preis auf bis zu 120 Euro steigen.
■ Corso Vittorio Emanuele II. 282, Tel. 066 87 86 18.
www.bbitalia.it

FORO ITALICO

Die 350-Betten-Jugendherberge liegt nördlich des Zentrums in der Nähe des Olympiastadions. Ein Jugendherbergsausweis ist Pflicht, eine Nacht im 6-, 10- oder 12-Bett-Zimmer kostet ca. 18 Euro, Frühstück inklusive.
■ Viale delle Olimpiadi 61, Tel. 063 23 62 67.
www.ostellionline.org

SEVEN HILLS CAMPING BUNGALOW PARK

Der Campingplatz ist ungefähr zehn Kilometer vom Zentrum entfernt und bietet Schwimmbad, Pizzeria und Internetanschluss. Hochsaisonpreise: pro Person ca. 10, Auto ca. 11 Euro. DZ in einem so genannten Mobilheim ab 35, Bungalow ab 53 Euro.
■ La Giustiniana, Via Cassia 1216, km 13 (Rom-Nord, erreichbar über die Ringautobahn G.R.A., Ausfahrt Nr. 3 Richtung Viterbo), Tel. 06 30 36 27 51 u. 06 30 31 08 26. Nov.–Febr. geschlossen.
www.sevenhills.it

CAMPING FABULOUS

Die Lage des Campingplatzes mit Pool hat ihren Reiz: in einem Pinienwäldchen, rund zehn Kilometer vom Meer, etwa 20 Kilometer von Rom entfernt. Hochsaisonpreise: pro Person ca. 9, Auto ca. 9,50 Euro. Bungalows werden ab 30 Euro vermietet.
■ Malafede, Via C. Colombo, km 18, Tel. 065 25 93 54. Ganzjährig geöffnet.

Weitere Campingplätze:
www.campeggitalia.com
www.camping.it

Schon wieder Harndrang?

Ohne Harndrang lebt's sich leichter

Unterwegs ist es besonders lästig – plötzlich muss man(n) "Wasser lassen". Schuld ist meist die Prostata, die jedem 2. Mann über 50 Probleme bereitet.

Vertrauen Sie deshalb auf Prostagutt® forte, das meistgekaufte pflanzliche Präparat gegen dieses tückische Männerproblem. Seine einzigartige Wirkstoff-Kombination aus Sabal-Früchten und Urtica-Wurzeln vermindert den häufigen Harndrang wirksam und effektiv.

Wirkt Tag und Nacht

Ohne dabei die Potenz zu beeinträchtigen! Warten Sie nicht länger, fragen Sie Ihren Apotheker nach Prostagutt® forte (rezeptfrei). Denn ohne Harndrang lebt's sich leichter.

Prostagutt® forte:
- einzigartige Wirkstoff-Kombination
- vermindert den Harndrang
- wirkt rein pflanzlich

www.prostagutt.de

Leichter leben ohne Harndrang

Prostagutt® forte. Anwendungsgebiete: Beschwerden beim Wasserlassen bei Altersprostata. Zu Risiken und Nebenwirkungen lesen Sie die Packungsbeilage und fragen Sie Ihren Arzt oder Apotheker. **Dr. Willmar Schwabe Arzneimittel, Karlsruhe.** Stand: 06/2004 P/06/04/2/1

VATIKAN

Himmelreich auf Erden

Die Vatikanstadt ist ein einzigartiger Ort: ein eigener Staat mitten in Rom, Zentrum der katholischen Kirche, größte Palastanlage der westlichen Welt. Überragt von der gewaltigen Kuppel Sankt Peters und umrankt von unzähligen Mythen und Legenden. Einblicke in die Schaltzentrale sakraler Macht

Text von Andreas Englisch und Zeno von Braitenberg, Fotos von Lois Lammerhuber

Die Mutter aller Kirchen: der Petersdom mit der von Michelangelo gestalteten Kuppel, die sich genau über dem Grab des Apostels Petrus erhebt

Der Vatikanstaat ist mindestens genauso geheimnisvoll, wie er klein ist. Die 0,44 Quadratkilometer rund um die Peterskirche stecken voller Rätsel. Sicher, man weiß, dass der jeweilige Papst hier Audienzen gibt, Messen liest, Schriftstücke verfasst. Aber wo schläft er? Wer darf im staatseigenen Hotel einchecken? Und was trägt die Dame von Welt, wenn Hochwürden sie empfängt? Ein kleiner Rundgang soll Aufschluss geben.

Wir beginnen an der Porta Sant' Anna, dem Grenzübergang, der vom italienischen Staatsgebiet in den Vatikan führt. Wenn morgens die ersten Sonnenstrahlen die Kuppel der Peterskirche erhellen, fährt hier ein dunkler Lastwagen vorbei, passiert die zweite und die dritte Sicherheitskontrolle und stoppt vor einer kleinen Tür neben dem wuchtigen Turm der Vatikanbank IOR. Bewaffnete Gendarmen stehen dort Tag und Nacht, und sie schützen nicht etwa die Bank, sondern den unscheinbaren Eingang: Von hier aus fährt ein Fahrstuhl direkt zum Apartment des Papstes im dritten Stock des Apostolischen Palastes.

Der Lkw wird bereits von einer Reihe gestrenger Ordensschwestern erwartet. Seine Ladung: Jogurt und Käse, Wurst und Olivenöl, gepökeltes Fleisch und Wein, in Marinade eingelegte Gemüse, Obstsäfte, frische Schnittblumen. Alles Produkte des päpstlichen Bauernhofs in Castel Gandolfo, des exklusiven Herstellers und Lieferanten fast aller Waren für Hochwürden selbst und die etwa 600 Bürger des Vatikanstaats. Was nicht für das päpstliche Apartment bestimmt ist, verteilen die Nonnen auf die übrigen drei Großküchen im Vatikan: die Küche der Ordensschwestern am höchsten Punkt des Vatikanischen Hügels, die Küche im Gästehaus, dem Domus Sanctae Marthae, und die Küche im äthiopischen Kolleg, einem Priesterwohnheim, das nur ein paar Schritte entfernt von der Peterskirche als einziges Seminar in der noblen Stille der Vatikanischen Gärten liegt.

Lassen Sie uns einen Blick in diese Gärten werfen. Hier befindet sich auch das Hotel, das Papst Johannes XXIII. (im Amt von 1958 bis 1963) in jenem spätmittelalterlichen Turm einrichtete, den Papst Nikolaus V. errichten ließ (1447–1455). Die Sicht, die man von der exklusiven Suite über die Stadt hat, ist atemberaubend. Allerdings auch nicht jedem vergönnt, genauer: nur zwei Personen, dem ehrwürdigen Oberhaupt der Ostkirche, dem Patriarchen von Konstantinopel, und dem Papst als Patriarch des Westens – falls er sich mal zurückziehen möchte. Mehr als ein Jahrtausend lang gehörten beide zu den wichtigsten Kirchenfürsten der christlichen Welt. Das war, bevor Muslime weite Teile des Ostens besetzten. Heute wird der Patriarch von Konstantinopel von nicht mehr als 20 000 gläubigen Katholiken anerkannt. Aber die Ehre einer eigenen Übernachtungsgelegenheit im Vatikan ist ihm geblieben.

Es gibt nichts, was sich auch nur entfernt mit dem Kirchenstaat vergleichen lässt. Er versteht sich nicht als Fürstentum oder demokratisches Land. Aus Sicht der katholischen Kirche wollte Gottes Sohn einen Statthalter auf Erden haben, es sollte der Nachfolger jenes Petrus sein, der unter der Kuppel der

DER VATIKANSTAAT

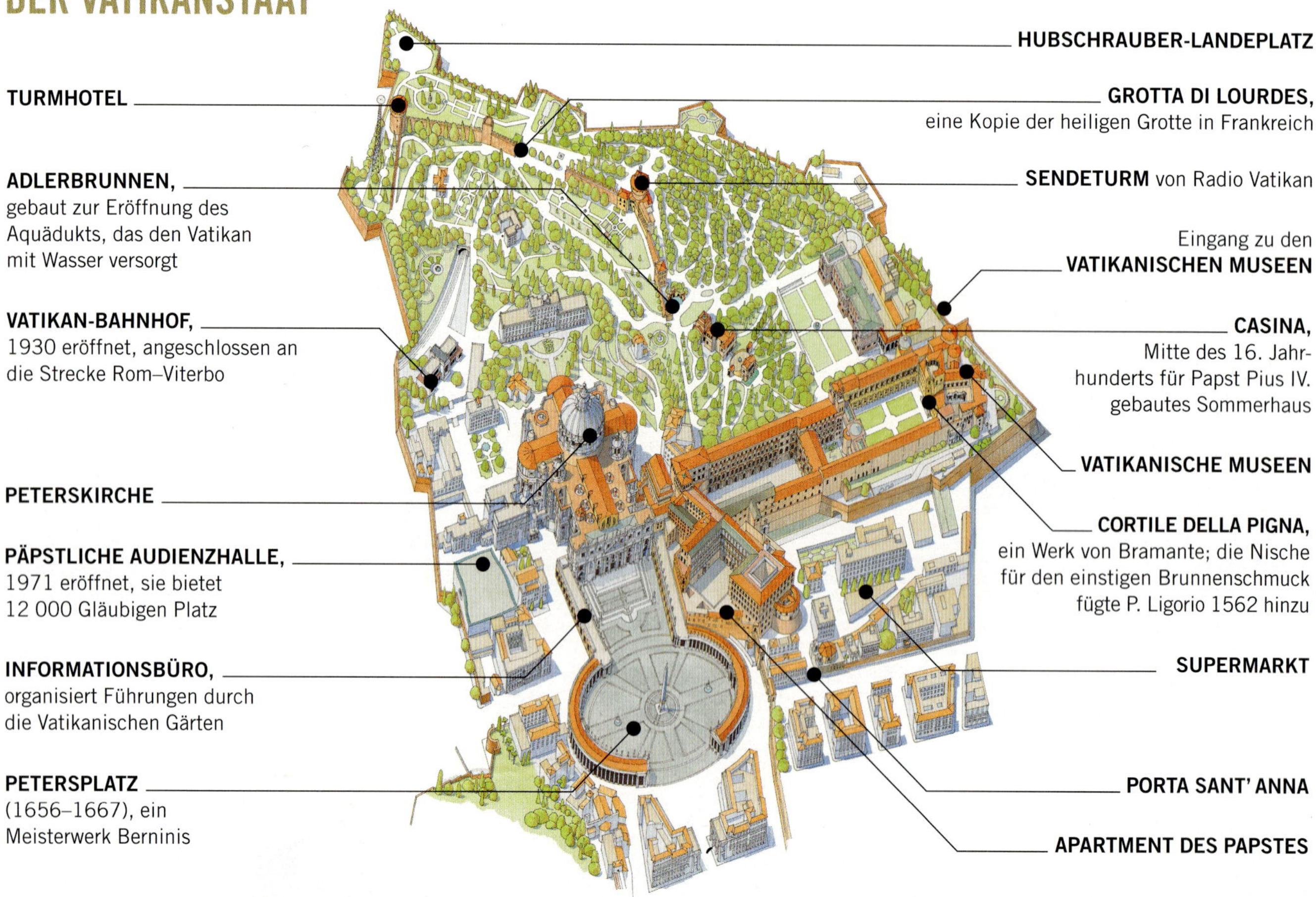

Illustration: DK Images/Eyewitness Guide: Rome; Foto: Udo Bernhart

Im Innern von Sankt Peter finden 60 000 Menschen Platz –
so viele Einwohner hat eine Stadt wie Friedrichshafen

DIE PETERSKIRCHE

Die KUPPEL mit einer Höhe von 136,5 Metern wurde von Michelangelo entworfen; die Fertigstellung erlebte er jedoch nicht mehr

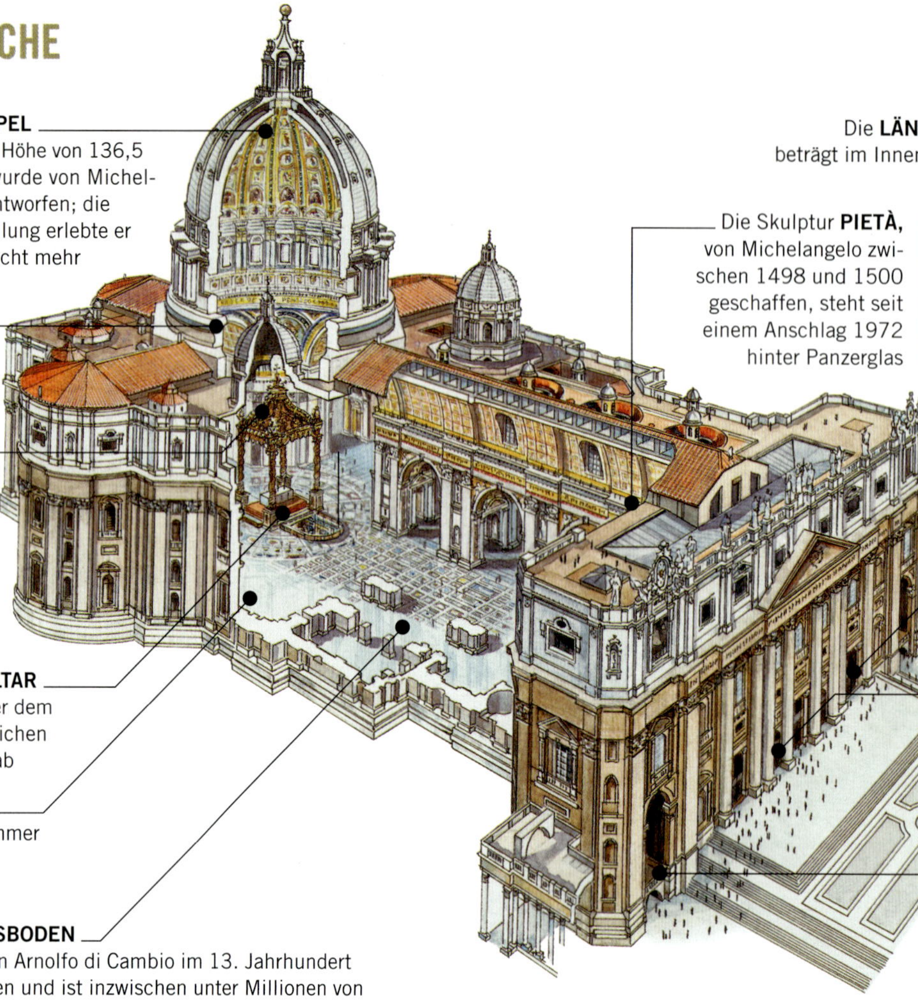

Die LÄNGE DER KIRCHE beträgt im Innenraum 186 Meter

Die Skulptur **PIETÀ**, von Michelangelo zwischen 1498 und 1500 geschaffen, steht seit einem Anschlag 1972 hinter Panzerglas

Zur Kuppel geht ein **LIFT** hinauf, enge Stiegen führen bis in die Laterne

Der **BRONZEBALDACHIN** ist ein Meisterwerk des Barock-Bildhauers Bernini, das er im Auftrag von Papst Urban VIII. von 1624 bis 1633 schuf

Die **HEILIGE PFORTE** wird nur in Heiligen Jahren geöffnet

Der **PAPSTALTAR** steht über dem mutmaßlichen Petrusgrab

EINGANG

EINGANG zur Sakristei und Schatzkammer

ATRIUM von Carlo Maderno

Der **FUSSBODEN** wurde von Arnolfo di Cambio im 13. Jahrhundert geschaffen und ist inzwischen unter Millionen von Pilgerfüßen spiegelglatt geworden

Peterskirche begraben liegt. Die Ausgrabungen am Petrusgrab übrigens können Sie nach Anmeldung sehen, der Eingang liegt rechts neben der Kirche. Erst im Jahr 1944 wurden die Gebeine des heiligen Petrus in einer Wand einer alten Mauer unterhalb der Basilika gefunden und gehören nun zu den größten Schätzen der katholischen Kirche. Sie liegen in einem Tresor in der Privatkapelle des Papstes.

Nur sehr enge Mitarbeiter, einige Kardinäle und alte Freunde dürfen das Apartment des amtierenden Papstes betreten. Luxus sucht man darin vergebens. Die Möbel stammen größtenteils aus den fünfziger Jahren. Sie sind sehr robust, aber auch erheblich abgenutzt. Auf der Terrasse über dem Apartment, wo die Päpste an der frischen Luft die besonders heißen und stickigen Abende des Jahres verbringen, ließ man vor geraumer Zeit in einer Nische einen Fernseher aufstellen. Es ist ein uraltes Schwarzweiß-Gerät. Das Kirchenoberhaupt kann sich hier Nachrichten-Sendungen anschauen und natürlich die Fernsehberichte über sich selbst. Das Bild ist etwas gestört, aber für einen neuen Fernseher wollte man bisher kein Geld ausgeben.

Staatschefs, die zu Gast sind, betreten das Apartment natürlich nicht. Sie fahren in einem Innenhof vor, besteigen den Aufzug, werden durch 15 Säle geführt, auch durch den Thronsaal, auf dessen gewaltigem, schneeweißem Thron schon lange kein Papst mehr bei Audienzen sitzt – und landen in der Privatbibliothek. Dort wartet dann auf einem Sessel oder an seinem Schreibtisch der Heilige Vater auf seinen Gast.

Falls Sie jemals das Glück haben sollten, zu einem persönlichen Gespräch vorgelassen zu werden, sollten Sie dringend die Etikette beachten. Es herrschen noch heute Regeln wie an einem Fürstenhof. Frauen beispielsweise müssen bei offiziellen Besuchen einen schwarzen Schleier tragen. Allein die spanische Königin darf einen weißen Schleier auf ihr Haupt legen.

Um eine Audienz der ganz anderen Art handelt es sich, wenn die Kardinäle zur Papstwahl in der unter Papst Sixtus IV. (1471 bis 1484) erbauten Sixtinischen Kapelle zusammenkommen. Hier, wo sich täglich bis zu 20 000 Besucher hindurchschieben, um Michelangelos Fresken zu bewundern, wird der christliche Gott gebeten, sich zu offenbaren. Denn nach der Doktrin der katholischen Kirche ernennt der Heilige Geist selbst das neue Oberhaupt von mehr als einer Milliarde Katholiken weltweit. Die Versammlung der Kardinäle nach dem Tod eines Papstes versteht sich nicht als Wahlversammlung, sondern als ein Werkzeug Gottes. Ziehen die Kardinäle zur Papstwahl in die Kapelle ein, singen sie „Veni Creator Spiritus“ – „Komm, Heiliger Geist“. Das ist keine musikalische Erbauung, sondern durchaus als Befehl gemeint. Obwohl die Wahl genau geregelt und eine Zwei-Drittel-Mehrheit nötig ist, verstehen die Kardinäle die Ernennung eines Papstes als göttliche Tat.

Genau genommen sind also die 2700 Mitarbeiter des Kirchenstaates bei einem direkten Vertreter des Schöpfers des Universums angestellt. In Fragen der Beschäftigungspolitik bringt das nicht unerhebliche Komplikationen mit sich. Streik

Fotos: bridgemanart.com (2); Joseph Martin/akg-images; Pewi/www.illuscope.com; ansa Pinto/dpa web/picture-alliance; LaPresse Napolitano/dpa/picture-alliance; Illustration: DK Images/Eyewitness Guide: Rome

beispielsweise ist verboten, und der relativ niedrige Lohn von etwa 1200 Euro im Monat muss ohne Murren hingenommen werden. Wo auch sollte man sich beschweren?

Besonders in den Jahren, als sich Papst Johannes Paul II. mutig an die Seite der Streikenden der Lenin-Werft in Danzig stellte, deren Aufbegehren später zum Zusammenbruch des Sowjetimperiums beitrug, empfanden die Angestellten das als seltsam unpassend, denn im Vatikan gibt es weder Betriebsräte noch die Möglichkeit, über die Gehälter zu verhandeln.

Einige Privilegien genießen die Arbeitnehmer allerdings dennoch. Hohe Rabatte werden ihnen beispielsweise im Vatikan-Supermarkt gewährt, der nahe der Porta Sant' Anna liegt, sowie in der päpstlichen Apotheke. Dass hier jahrelang die Anti-Baby-Pille erworben werden konnte, gegen die Papst Paul VI. eigens eine Enzyklika verfasst hatte (Humanae Vitae), ist keine Legende. Erst Papst Johannes Paul II. stoppte den Handel mit Verhütungsmitteln.

Dann ist da noch die vatikanische Tankstelle, in Rom eine Legende. Wenn Sie an der Außenmauer des Vatikans an der Via Aurelia die steile Straße hinaufsteigen, kommen Sie zu einem versteckten Seiteneingang. Von dort aus können Sie zusehen, wie glühend beneidete Vatikan-Angestellte für 30 Cent pro Liter ihr Auto voll tanken.

Ganz in der Nähe liegt der vatikanische Bahnhof, der einen weiteren Rekord hält: Es ist der am wenigsten benutzte Bahnhof der Welt. Nur zweimal stiegen Päpste hier in einen Zug: Papst Johannes XXIII. am 4. Oktober 1962 und Papst Johannes Paul II. am 24. Januar 2002. Seitdem stehen die Uhren in der Halle wieder still, die Sonne hat das Holzbrett vor dem Schalter für Fahrkarten im Laufe der Jahrzehnte ausgeblichen und verformt, es lässt sich nicht mehr bewegen.

Aber nicht alle vatikanischen Gebäude liegen im Dornröschenschlaf. Hin und wieder muss eines modernisiert werden. Dringender Anlass etwa war die Zusammenkunft im August 1978 vor der Wahl Johannes Pauls I. Die große Hitze drohte einige Kardinäle das Leben zu kosten. Es gab mehrere Schwächeanfälle hinter den alten Mauern. Die Regeln bestimmen, dass während der gesamten Zeit der Wahl die Kardinäle abgeschlossen von der Welt, eingeschlossen mit einem Schlüssel (cum Clave, auf Deutsch: mit dem Schlüssel), im Vatikan bleiben müssen. Sogar das Öffnen der Fenster ist verboten.

Papst Johannes Paul II. hatte deswegen dem Vatikan ein Gästehaus bauen lassen, das Haus der heiligen Martha. Dort werden zum ersten Mal in der Geschichte die wahlberechtigten Kardinäle einziehen, wenn sie den Nachfolger des amtierenden Papstes wählen.

Jener Nachfolger wird in dem Augenblick, in dem er sein Amt antritt, zunächst den kleinsten, ausschließlich für Päpste reservierten Raum im Kirchenstaat betreten. Es ist die so genannte Kammer der Tränen, ein winziges Gemach neben der Sixtinischen Kapelle. Dort steht eine Karaffe mit Cognac bereit (den braucht man, wenn man gerade zum Vikar Jesu Christi wurde). Außerdem hängen da drei weiße Roben aus der päpstlichen Schneiderei Gamarelli. Früher war es nur eine, aber seit der beleibte Papst Johannes XXIII. am 28. Oktober 1958 mit aufgetrennten Nähten auf den Balkon der Peterskirche treten musste, gibt es sie in Small, Medium und Large. Der 269. Nachfolger des heiligen Petrus wird also auf jeden Fall passend gekleidet sein, wenn der Dekan der Kardinäle vor der Menge auf dem Petersplatz ausruft: „Annuntio vobis gaudium magnum: habemus Papam!" – „Ich verkünde euch mit großer Freude: Wir haben einen Papst!"

Der Petersplatz von Bernini: perfekte Bühne für die Inszenierungen der katholischen Kirche (hier Johannes Paul II.)

DER VATIKAN IN ZAHLEN Der kleinste Staat der Welt zählt 2700 Mitarbeiter, darunter 1000 Männer und Frauen der Kirche und 1700 Laien, außerdem stehen auf der Gehaltsliste rund 1000 Rentner. 600 ist die offizielle Zahl der Staatsbürger, von denen keiner Steuern zahlen muss. Zu den Einnahmequellen des IOR, des vatikanischen Finanzunternehmens, gehören vor allem der Immobilienbesitz, Aktien, Firmenbeteiligungen, Spenden, die Einnahmen aus den Museen und der Handel mit Sammlermünzen. Das Gesamtvolumen wird auf 650 Millionen Euro geschätzt, wozu Pater von Gemmingen, Chef des deutschsprachigen Radio Vatikan, allerdings sagt: „Das Vermögen der Kirche mag groß sein, aber es gehört keineswegs dem Vatikan, sondern den Diözesen, den Orden und Gemeinschaften. Schließlich sind wir kein Berlusconi-Unternehmen, bei dem alles in einer Hand liegt." Genau benennen lässt sich der Verlust, den das Unternehmen Vatikan im Jahr 2004 zu verzeichnen hatte, er betrug 13,6 Millionen Euro. Zum Vergleich: In guten Jahren wie 1999 verbuchte man ein Plus von 5 Millionen Euro. Grund für die schlechte Bilanz waren ein drastischer Einnahmerückgang sowie höhere Ausgaben für den defizitären Sender Radio Vatikan.
Spitzenwerte liefert die Webseite des Vatikans (www.vatican.va), sie wird monatlich von 50 Millionen Besuchern aus 150 Ländern angeklickt. Und die erstaunlichste Zahl zum Schluss: Ganz offiziell ist der Vatikanstaat das Land mit der höchsten Prozess- und Kriminalitätsrate der Welt. Was nicht an kleptomanischen Kardinälen liegt, sondern daran, dass jedes Vergehen auf dem Staatsgebiet eben dort verhandelt wird – also auch jeder Taschendiebstahl auf dem Petersplatz, selbst wenn er von einem Ausländer begangen wurde. **Zeno von Braitenberg**

DER REGISSEUR: ER RÜCKT DEN PAPST INS RECHTE LICHT

Marini, am Fenster seines Arbeitszimmers, mit Blick auf eine Papstaudienz

MEIN CHEF, DER PAPST

AUCH EIN GOTTESSTAAT MUSS GEMANAGT WERDEN. DIESE FÜNF MENSCHEN HELFEN DEM PAPST DABEI

PIERO MARINI
PÄPSTLICHER ZEREMONIENMEISTER

Lässt sich ein Regisseur überhaupt in Szene setzen? Oder will er immer ein Wörtchen mitreden? Monsignor Marini, Gestalter der päpstlichen Auftritte, hat kein Problem damit, selbst für das Foto in seinem Arbeitszimmer „arrangiert" zu werden. Schließlich weiß er, dass es in jeder Inszenierung, sei es auch nur für ein Foto, darauf ankommt, die Geschichte bestmöglich rüberzubringen. Seine Geschichte ist das Mysterium. Ein schwieriger Stoff, aber er ist mit seinem Job durchaus zufrieden. Denn eines ist klar: Ohne Marini wäre der charismatischste Papst nicht so eine leuchtende Erscheinung.

Marini bestimmt den Einzug, Marini gibt die Kostüme in Auftrag, Marini überwacht die Fernsehregie. Bei jedem Auftritt steht er einen kleinen Schritt hinter seinem Hauptdarsteller, ist mit einem Taschentuch zur Stelle oder zupft die Robe zurecht und sorgt dafür, dass die Regie die Einstellung wechselt, falls ein Anblick nicht papstwürdig ist.

Was ihm Kummer bereitet, ist die Tatsache, dass manche Menschen vor lauter Inszenierung das Wesentliche aus den Augen verlieren. „Viele Menschen kommen ohne ihren Glauben, einfach um den Papst zu sehen", sagt Marini. Ähnlich wie die Fans von Robbie Williams, die, wenn er Othello spielte, auch nicht zuhören, sondern kreischen würden. Marini ist der erste päpstliche Zeremonienmeister, dem die Ehre widerfuhr, in den Bischofsrang erhoben zu werden. Sein Lieblingsplatz im Vatikan: aus spiritueller Sicht der Altar in der Peterskirche, ansonsten sein eigenes Büro.

Giandomenico Spinola auf der Scala
del Bramante in den Vatikanischen Museen

GIANDOMENICO SPINOLA
ARCHÄOLOGE

Das römische Society-Magazin „Luna“ setzt Giandomenico Spinola unter den 100 wichtigsten VIPs der Ewigen Stadt an die 56. Stelle, noch vor Modedame Alice Bulgari. „Nicht ganz Indiana Jones“, meint der Gekürte, „aber was soll's.“ Spinola, den man auf dem „i“ betont, seufzt, wenn man ihn auf seinen Beruf anspricht. „Als Mitglied der Direktion in den Vatikanischen Museen bin ich nur selten auf archäologischen Baustellen unterwegs“, sagt er. Einmal, als während Bauarbeiten auf einem Grundstück im Besitz des Vatikans Grüße aus der antiken Vergangenheit auftauchten, durfte auch Spinola ans Werk. Aber das ist schon einige Jahre her.

Falls übrigens einem Kirchenhistoriker sein Name bekannt vorkommt: Einer seiner Vorfahren war Anfang des 17. Jahrhunderts Erzbischof von Acerenza und Matera und hieß genauso wie er. Der heutige Giandomenico wirkt sehr weltlich, und weltlich ist auch sein Job. Natürlich: Die Schätze, die im Laufe der Jahrhunderte durch päpstliches Mäzenatentum zusammengetragen wurden, transportierten immer religiöse Botschaften. Doch für die meisten der rund 20 000 Besucher aus aller Welt, die sich in Spitzenzeiten täglich durch die Vatikanischen Museen schieben, geht es mehr um die Kunst als um die Botschaft.

Die Vatikanischen Museen beherbergen eine der bedeutendsten Expositionen der Welt: 50 000 Objekte in rund 1400 Räumen, verteilt auf ein gutes Dutzend Museen, bewacht von 350 Wachleuten, gepflegt von 150 Restauratoren. „Wer alles sehen will“, so Spinola, „müsste einen Sieben-Kilometer-Marsch zurücklegen.“ Sein Lieblingsplatz im Vatikan: die Museen – außerhalb der Öffnungszeiten.

Gudrun Sailer vor der Engelsburg auf
dem Dach von Radio Vatikan

DIE STIMME: SIE VERKÜNDET DIE VATIKANISCHE BOTSCHAFT IM RADIO

GUDRUN SAILER
HÖRFUNK-REDAKTEURIN

Ihre Liebe zur Stadt entdeckte Gudrun Sailer bereits während eines Klassenausfluges nach Rom. Die junge Dame war Klosterschülerin bei den Englischen Fräulein von St. Pölten in Österreich, und die Schülerinnen beteten für die Seligsprechung der Ordensgründerin Mary Ward. Die hatte sich Anfang des 17. Jahrhunderts für Freiheit von der Klausur und eine weibliche Klosterführung eingesetzt, fand aber nie die Anerkennung für ihre Treue zur katholischen Kirche. Vielleicht, vermutet Gudrun Sailer, war sie zu aufmüpfig. So wie sie selbst?

Der Sender „Radio 100,6" in Berlin hat sie einst gefeuert, weil sie sich weigerte, eine linksgerichtete Politikerin in der Luft zu zerreißen. Aber wie sieht es mit der Gesinnungsüberwachung beim Radio Vatikan aus? Sailers Chef, Pater Eberhard von Gemmingen, hat es einmal so formuliert: „Für den Job braucht es eine Art Vatikantoleranz." Damit kommt Gudrun Sailer klar. Tatsache ist: Als Redakteurin bei Radio Vatikan ist sie ein Sprachrohr des Papstes. In 40 Sprachen sendet der Vatikan, und gelegentlich werden Geschichten gegengelesen, bevor sie über den Äther gehen. Natürlich sei es manchmal eine Gratwanderung, sagt sie, aber ihre Reportagen über die homosexuellen Übergriffe im St. Pöltener Priesterseminar zum Beispiel wurden alle gesendet.

Hat sie Angst, irgendwann bei Radio Vatikan gehen zu müssen, weil sie zu liberal ist? Gudrun Sailer legt den Kopf zur Seite: „Wir werden sehen", sagt sie dann, „aber ich kann es mir ehrlich gesagt nicht vorstellen." Ihr Lieblingsplatz im Vatikan: der Papstpalast von innen.

DER BOTSCHAFTER: SEINE BRIEFMARKEN UND MÜNZEN WANDERN UM DIE WELT

DER BODYGUARD: ER SCHÜTZT DEN PAPST MIT SEINEM LEBEN

PIER PAOLO FRANCINI
CHEF DES AMTES FÜR PHILATELIE UND NUMISMATIK

Francini, der Mann fürs Feine, zuständig für staatseigene Briefmarken und Münzen, produziert einen Verkaufsschlager nach dem anderen: So sind die vom italienischen Bildhauer Guido Veroi geschaffene Münze mit des Papstes Konterfei und die Briefmarken aus unterschiedlichster Künstlerhand lukrative Einnahmequellen des Vatikans. Francini redet allerdings nicht gern übers Geld. Er weiß, dass sich das nicht gehört, und er legt Wert darauf, nur Dinge zu tun, die sich gehören.

Was ist das Besondere daran, wenn man für den Papst arbeitet? Bekommt man eine billigere Wohnung? Die Frage kommt nicht gut an, und Francini verschränkt seine Arme vor der Brust. Eine andere Frage: Ist er als Herr der mitunter weit reisenden Briefmarken eine Art Botschafter des Vatikans? „Natürlich wollen wir auch kommunizieren", sagt er und nimmt die Arme wieder runter. Stolz erzählt er, dass das in seinem Bereich auch dort funktioniere, wo es von Natur aus schwierig sei. Die laizistischen Franzosen zum Beispiel waren ziemlich verschnupft, als sie hörten, dass der Vatikan eine Euro-Münze mit Papstporträt prägen würde. Aber nun gibt es sogar eine Kooperation auf Briefmarkenebene: Louvre und Vatikan erscheinen zusammen auf einer Marke. Ob Francini selbst sammelt? „Nein", sagt er, „das Interesse ist rein beruflich", und verschränkt die Arme wieder vor der Brust. Sein Lieblingsort: der Petersplatz.

ELMAR MÄDER
CHEF DER SCHWEIZERGARDE

Zwei Dinge ist Mäder von Amts wegen: Schweizer zum einen und katholisch zum anderen. „Den Papst zu schützen", sagt er im schönsten Schwyzer Singsang, „ist für mich nicht nur ein Job, genauso wenig wie für alle anderen Gardisten." Seine Männer und er haben geschworen, mit ihrem Leben für die Sicherheit des Papstes einzustehen. Vor seiner Berufung nach Rom arbeitete der ausgebildete Jurist als Buchprüfer – bis sich ihm die Chance bot, einen praktischen Beitrag über seine religiöse Überzeugung hinaus zu leisten. Ein Kindertraum? Es hat schon was, einer jener 110 Gardisten zu sein, deren schmuckes Kostüm von Michelangelo entworfen worden sein soll.

Als Papst Julius II. im Jahr 1506 die Notwendigkeit einer persönlichen Wachmannschaft erkannte und dafür ein Abkommen mit der Schweizerischen Eidgenossenschaft abschloss, legte er Auswahlkriterien für die Soldaten fest, die auch noch heute gültig sind. Zuverlässigkeit gehört dazu, moralische Integrität und ein ästhetisches Aussehen der Rekruten. Weswegen auch kaum ein Rom-Tourist bei den Paraden der Gardisten den Finger vom Auslöser nimmt. Trotzdem ist die Aufgabe der Eidgenossen natürlich eine ernste Sache. „Der Papst", so Mäder, „vertraut dabei auf die göttliche Vorsehung, Gott wiederum vertraut auf uns." Sein Lieblingsplatz im Vatikan: der Platz neben dem Papst. ■

Info und Karte ab Seite 94

Den Text über den Vatikanstaat schrieb **ANDREAS ENGLISCH,** geboren 1963. Englisch arbeitet als Korrespondent des „Hamburger Abendblattes" in Rom und ist Autor einer Biografie über Papst Johannes Paul II. Die Porträts über die fünf Mitarbeiter des Vatikans lieferte **ZENO VON BRAITENBERG.** Der gebürtige Neapolitaner mit Wohnsitz in Südtirol, Jahrgang 1964, arbeitet vornehmlich für das italienische Fernsehen.

Für Fotograf **LOIS LAMMERHUBER** ist Rom die einzige Stadt, in der Antike und Chaos, Sonne und Abgase, Einheimische und Touristen zu einem sinnlichen Ganzen verschmelzen, das auf das Wunderbarste benommen macht. Lammerhuber, Jahrgang 1952, ist Mitglied des New Yorker Art Directors Club und lebt in Wien.

Von den Leuten, die Autofahrer nie im Stich lassen.

Detaillierte Straßenkarten im Maßstab 1:300 000 für Deutschland, Benelux, Dänemark, Österreich und Schweiz.

- Zur schnellen Orientierung: Durchfahrtspläne zu 28 Ballungsräumen Deutschlands 1:100 000
- Übersichtliche Autobahnkarten und 29 nationale Innenstadtpläne
- 13 Innenstadtpläne internationaler Metropolen
- Praktischer Reise-Sprachführer, Hotel- und Restaurantanzeigen

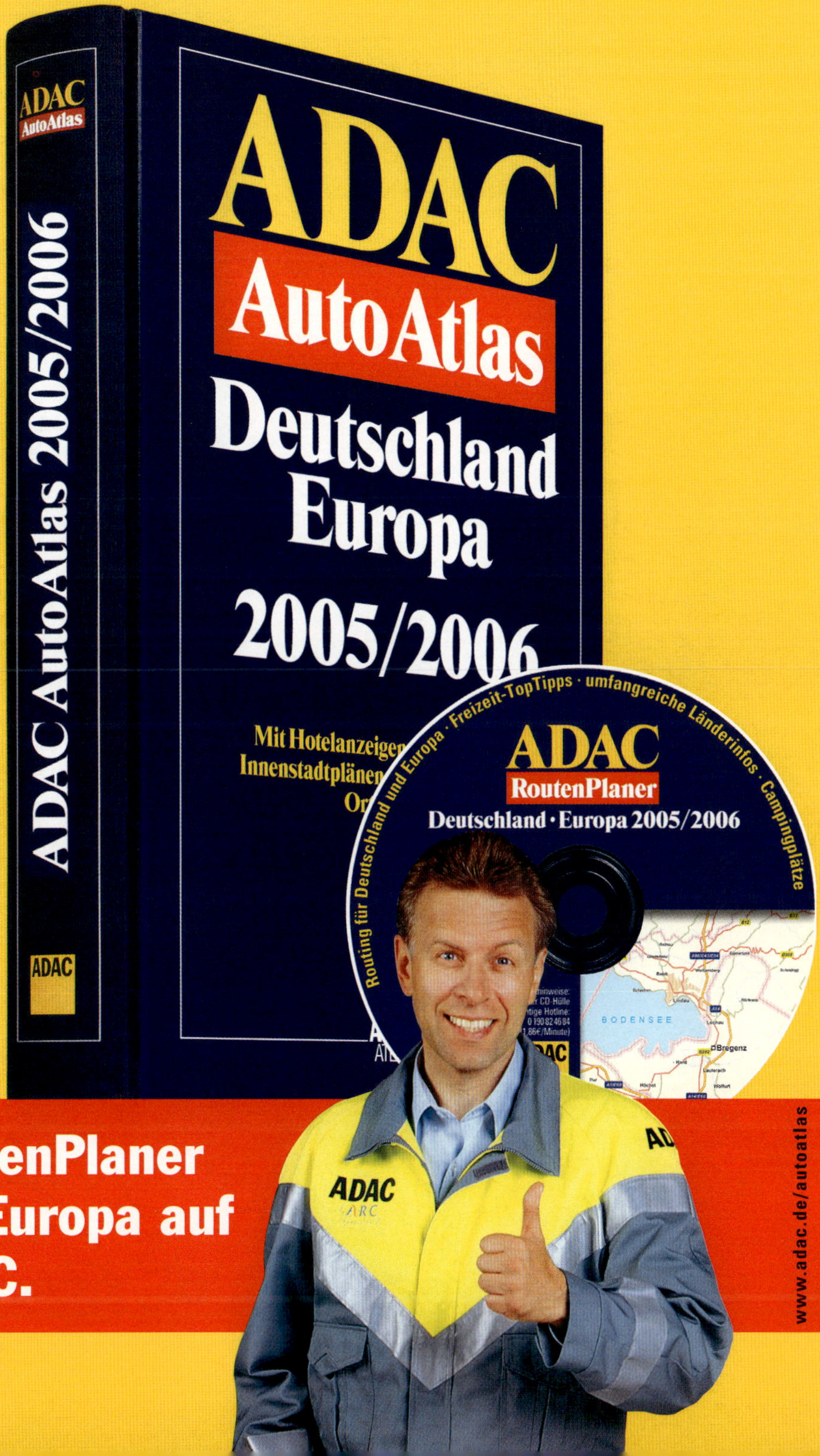

Mit ADAC RoutenPlaner Deutschland/Europa auf CD-ROM für PC.

www.adac.de/autoatlas

Von Gottes Gnaden

Kleinster Staat ganz groß: alles über Petersplatz, Dom, Museen und die Papstaudienz

Der Petersplatz ist ein Ort zum Ankommen, ein Ort, um sich vertraut zu machen – mit Rom und mit der Allmacht des Glaubens. Und der prächtige Platz vor dem Zentrum des katholisch-religiösen Imperiums ist auch eine kostenlose Sehenswürdigkeit. Kurz vor den Treppen des Doms liegt linker Hand, am Ende der Kolonnaden mit ihren 140 Heiligen, das Informationsbüro, wo man Auskunft über Führungen erhält; zum Beispiel für die Vatikanischen Gärten, die man nicht auf eigene Faust besichtigen kann. Am schnellsten erreicht man den Vatikan mit der Metro-Linie A (bis Ottaviano S. Pietro). Zwischen der Peterskirche und den Vatikanischen Museen ist ein Pendelbus-Verkehr eingerichtet.

PETERSKIRCHE
Raum für rund 60 000 Besucher bietet die größte Kirche des Abendlandes: 186 Meter langer Innenraum, 137,5 Meter breites Querschiff und eine 136,5 Meter hohe Kuppel. Für Besucher wird die Basilika täglich geöffnet, und es lohnt, sich dem obligaten Sicherheitscheck wie beim Flughafen zu stellen. An der Stelle der alten, fünfschiffigen Peterskirche wurde 1506 mit dem Bau der heutigen Kirche begonnen. Zu den Bauleitern gehörten u.a. Raffael und Michelangelo (er entwarf die unvergleichliche Kuppel). 120 Jahre nach Baubeginn weihte 1626 Papst Urban VIII. die Peterskirche ein. 250 Marmorsäulen, mehr als 300 Statuen, 44 Altäre und 23 Papst-Grabmäler zählen zu ihrem künstlerischen Reichtum. Besonderes Zentrum der Basilika ist der Papstaltar mit seinem 29 Meter hohen Bronzebaldachin, den Gian Lorenzo Bernini zwischen 1624 und 1633 schuf.
■ Geöffnet 7–19, im Winter bis 18 Uhr. Kuppel (mit einem sagenhaften Ausblick) 8–17, Domgrotten 7–17 Uhr zu besuchen. Eintritt: Dom kostenlos, Kuppel inkl. Aufzug 5 €, zu Fuß 4 €, Grotten 9 €.

Touristen auf dem Petersplatz, im Hintergrund der Dom

VATIKANISCHE MUSEEN
Eine der größten Kunstsammlungen der Welt – und nicht nur Rahmen für die berühmte Sixtinische Kapelle. Eine Schlange vor dem Eingang ist praktisch zu keiner Zeit des Jahres zu vermeiden. Es hilft nur eines: möglichst an einem Wochentag rechtzeitig dort zu sein. Die Museen nehmen einen großen Teil des Vatikanpalastes ein und bestehen aus mehreren Sammlungen und Sehenswürdigkeiten des Palastes selbst. Insgesamt 14 Museen zeigen etwa „sieben Kilometer Kunst". Für diesen Kultur-Marathon kann man drei volle Tage einplanen. Wer weniger Zeit hat, sollte jedoch unbedingt die Sixtinische Kapelle (Deckenfresko von Michelangelo) anschauen, das Museo Pio-Clementino (Laokoon-Gruppe), die Pinakothek (Gemälde u.a. von Leonardo da Vinci, Raffael, Tizian, Caravaggio) und das Museo Gregoriano Egizio (Mumien, Statuen, Reliefs).
■ Eingang Viale Vaticano, allgemeine Auskünfte unter Tel. 06 69 88 49 47. Geöffnet Nov.–Febr. Mo.–Sa. 8.45–13.45, März–Okt. Mo.–Sa. 8.45–16.45 Uhr (letzter Einlass: 1 Stunde vor Schließung). Eintritt: letzten Sonntag des Monats frei (nicht empfehlenswert, da völlig überlaufen), sonst 12 €. Mehr Details ab S. 96.
www.vatican.va

Deckenfresko von Michelangelo in der Sixtinischen Kapelle

Laokoon-Gruppe, eine antike Skulptur, etwa 50 v. Chr.

VATIKANISCHE GÄRTEN
In der prachtvollen Gartenanlage sind einige interessante Bauten wie die Casina (ein Sommerhaus) von Papst Pius IV. und Denkmäler zu sehen. Hier befindet sich auch die Kopie der Wundergrotte von Lourdes.
■ Besuch nur mit Führung: Di., Do. und Sa. um 10 Uhr. Sie dauert ca. 2 Stunden und kostet pro Person 9 €. Anmeldung erforderlich: für Einzelpersonen Tel. 06 69 88 46 76, Fax: 06 69 88 51 00; für Gruppen: Tel. 06 69 88 31 45, Fax: 06 69 88 35 78; E-Mail: visiteguidate.musei@scv.va.

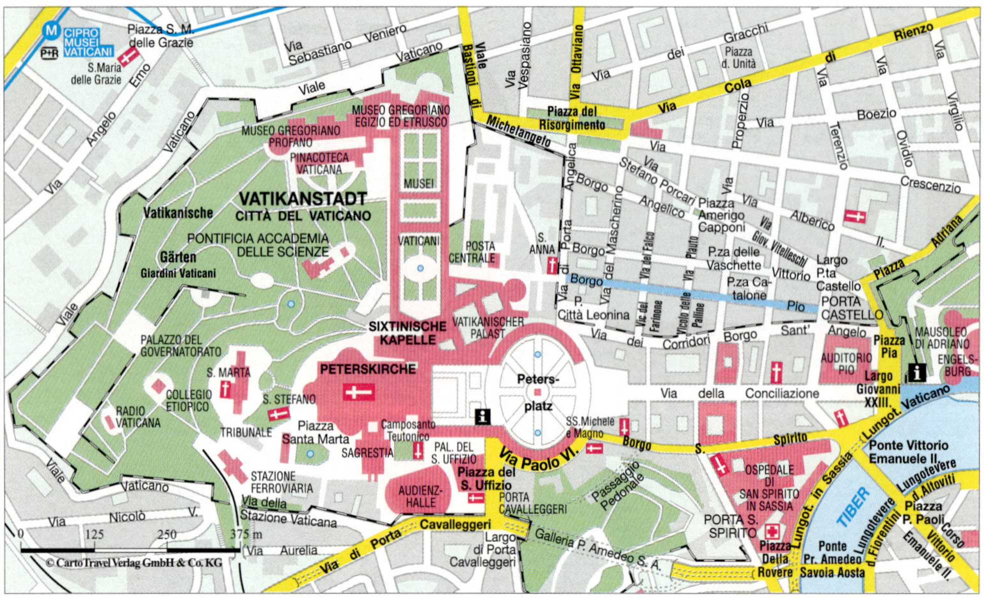

Fotos: Udo Bernhart (2); bridgemanart.com; Pirozzi/akg-images/picture-alliance; Promnitz/Ullstein; Thomas Koehler/phototek.net/mecom

Vatikanische Gärten mit Blumen, Buchsbaumhecken, Brunnen und unendlich viel Ruhe

CAMPOSANTO TEUTONICO
Seit dem 15. Jahrhundert wurden Pilger auf diesem Friedhof beerdigt. Ursprünglich stand hier eine deutsche Priesterschule (799 erstmals urkundlich erwähnt), die Karl der Große ins Leben gerufen hatte, heute ist der Ort ein Ziel zahlreicher Pilger aus Deutschland. Der Zugang liegt links der Peterskirche, an der Außenseite der Kolonnaden und der Schweizergarde vorbei. Bis zum heutigen Tag wird besonders frommen Romliebhabern das Privileg der letzten Ruhestätte gewährt – wie zum Beispiel dem deutschen Schriftsteller Stefan Andres (1906–1970).
■ Geöffnet tgl. 7–12 Uhr. Führungen nach Vereinbarung, auch am Nachmittag: Tel. 06 69 88 30 63. Mitte Juli bis Ende Aug. geschlossen.

MEIN TIPP

CHRISTINA WEISS „Wenn ich an Rom denke, kommt mir sofort das Kloster der Suore dell'Addolorata mit seinem wunderschönen, üppig in Blüte stehenden Garten in den Sinn. Die Forschung über Visuelle Poesie trieb mich einst dorthin. Noch heute ist Suore dell'Addolorata in der Borgo Santo Spirito eine beliebte, weil preisgünstige Herberge für Touristen (Borgo Santo Spirito 41, Tel. 066 86 10 76)."

■ Christina Weiss, Staatsministerin für Kultur und Medien, hat seit dem Studium eine enge Beziehung zu Rom. Die promovierte Literaturwissenschaftlerin stammt aus dem Saarland.

PAPSTAUDIENZ
Wer den Heiligen Vater live erleben möchte, kann mittwochs um 10 Uhr an einer Generalaudienz teilnehmen (je nach Wetterlage auf dem Petersplatz oder in der Audienzhalle Paolo VI.). Die kostenlosen Tickets sind im Pilgerzentrum zu bekommen, die Anzahl ist begrenzt. Eine schriftliche Reservierung sollte mindestens zwei Wochen vor dem Audienztermin an das Pilgerzentrum geschickt werden (unter www.pilgerzentrum.de Online-Formular im pdf-Format). Die Audienzkarten können Di. 15 bis 17.30 oder Mi. ab 8.30 Uhr abgeholt werden. Bei der Audienz wird korrekte Kleidung erwartet.

ANGELUS-GEBET UND PAPSTSEGEN
Wenn der Papst in Rom weilt, findet jeden Sonntag um 12 Uhr auf dem Petersplatz das traditionelle Angelus-Gebet (Ansprache, Kurzform des Glaubens) statt. Zur Sommerzeit, wenn das Kirchenoberhaupt nach Castel Gandolfo reist, wird dort gebetet.

DEUTSCHES PILGERZENTRUM
■ 00193 Rom, Via della Conciliazione 51, Tel. 066 89 71 97, Fax: 066 86 94 90.
www.pilgerzentrum.de

INFORMATIONSBÜRO
■ 00120 Città del Vaticano, Braccio Carlo Magno, Tel. 06 69 88 16 62. Geöffnet außer an Feiertagen tgl. 8.30–18.15 Uhr. Telefonzentrale Vatikan: Tel. 06 69 82.

STICHPUNKT

ABWEICHLER „Ihr verhängt das Urteil vielleicht mit größerer Furcht, als ich es annehme", erwiderte der italienische Philosoph und abtrünnige Dominikanermönch Giordano Bruno, als ihm die Inquisitoren am 8. Februar 1600 das Todesurteil verkündeten. Bruno hatte unter anderem gewagt, die Dreifaltigkeit Gottes zu bezweifeln und zu behaupten, dass die Erde nicht einzigartig sei, sondern ein Planet von unzählig vielen im unendlichen Weltall. Mit seiner vom katholischen Glauben abweichenden Weltsicht war er für die 1231 von Papst Gregor IX. eingerichtete Inquisition ein Ketzer. Auf dem Campo de' Fiori, wo Bruno im Februar 1600 auf dem Scheiterhaufen starb, ehrt eine Statue diesen Märtyrer für die Geistesfreiheit. **D.E.**

Tempel der Kunst

Eine der größten Kunstsammlungen der Welt zeigt 50000 Objekte in 1400 Räumen

Seit mehr als 500 Jahren sammeln prunk- und prachtliebende Päpste Kunstgegenstände. Der gesamte Kunstschatz des Vatikans entstand einst relativ planlos und wurde auch später nie systematisch ergänzt oder erweitert.
Mit einer Ausstellungsfläche von etwa 42 000 Quadratmetern und ca. 50 000 Objekten zählen die Vatikanischen Museen zu den reichsten und bedeutendsten Sammlungen der Welt. Mehr als 300 Mitarbeiter sorgen für die Präsentation, Sicherheit und Erhaltung der unschätzbaren Kulturgüter. In den Sommermonaten besuchen täglich bis zu 20 000 Gäste die Ausstellungen. Besonders groß ist der Andrang am letzten (eintrittsfreien) Sonntag im Monat. Besuchermagnet sind in erster Linie die Sixtinische Kapelle mit den Fresken Michelangelos und die Stanzen Raffaels. Wir stellen in der Übersicht nur einige ausgewählte Exponate vor und zeigen Ihnen, wo man sie findet.

DIE VERKLÄRUNG CHRISTI, TRANSFIGURATION
Das letzte Werk Raffaels (gest. 1520) bildet zwei aufeinander folgende Episoden aus dem Matthäus-Evangelium ab: die Verklärung Christi in der Höhe zwischen den Propheten Moses und Elias sowie, im Vordergrund, die Begegnung der Apostel mit dem besessenen Kind, das nach Christus' Rückkehr vom Berg Tabor geheilt wird. Das Altarbild befindet sich in der **Pinakothek** der Vatikanischen Museen.

GÖTTLICHE KOMÖDIE VON DANTE
Dante Alighieris episches Gedicht „Die Göttliche Komödie", entstanden wahrscheinlich 1306/08–1321, ist bis heute ein Hauptwerk der italienischen Literatur und hat über Jahrhunderte Maler, Schriftsteller und Musiker inspiriert. In 99 Versen beschreibt der Dichter eine imaginäre Reise in die Hölle, das Fegefeuer und ins Paradies. Die Handschrift der **Vatikanischen Bibliothek** zeigt den 23. Gesang, Inferno.

DIE ERSCHAFFUNG DER GESTIRNE UND PFLANZEN
Zwischen 1508 und 1512 schuf Michelangelo das Deckenfresko in der **Sixtinischen Kapelle.** Die mittleren Bildfelder zeigen Szenen der Schöpfungsgeschichte und des Sündenfalls, eingerahmt werden sie von Motiven aus dem Alten und dem Neuen Testament. Unser Ausschnitt zeigt den dritten und vierten Tag der Schöpfung. Links streckt Gott seinen Arm zu einem Busch, der für die Pflanzenwelt steht, rechts weist er gebieterisch zum Himmel und trennt Sonne und Mond.

DIE STANZEN DES RAFFAEL
Im Auftrag von Papst Julius II. arbeitete Raffael an der Ausmalung der vier **Privaträume** (Stanzen) **über dem Appartamento Borgia.** 1508 begannen er und seine Schüler mit der Arbeit. Die Fertigstellung der Fresken nach 16 Jahren erlebte Raffael jedoch nicht mehr. Das Fresko zeigt die „Schule von Athen" mit den berühmtesten Philosophen der Antike.

Die meisten Gebäude, in denen sich heute die Kunstsammlungen befinden, entstanden unter den Renaissance-Päpsten Sixtus IV., Innozenz VIII. und Julius II. Im 18. Jahrhundert, als die Sammlungen öffentlich zugänglich gemacht wurden, folgten viele Anbauten. **Weitere Infos S. 94.**

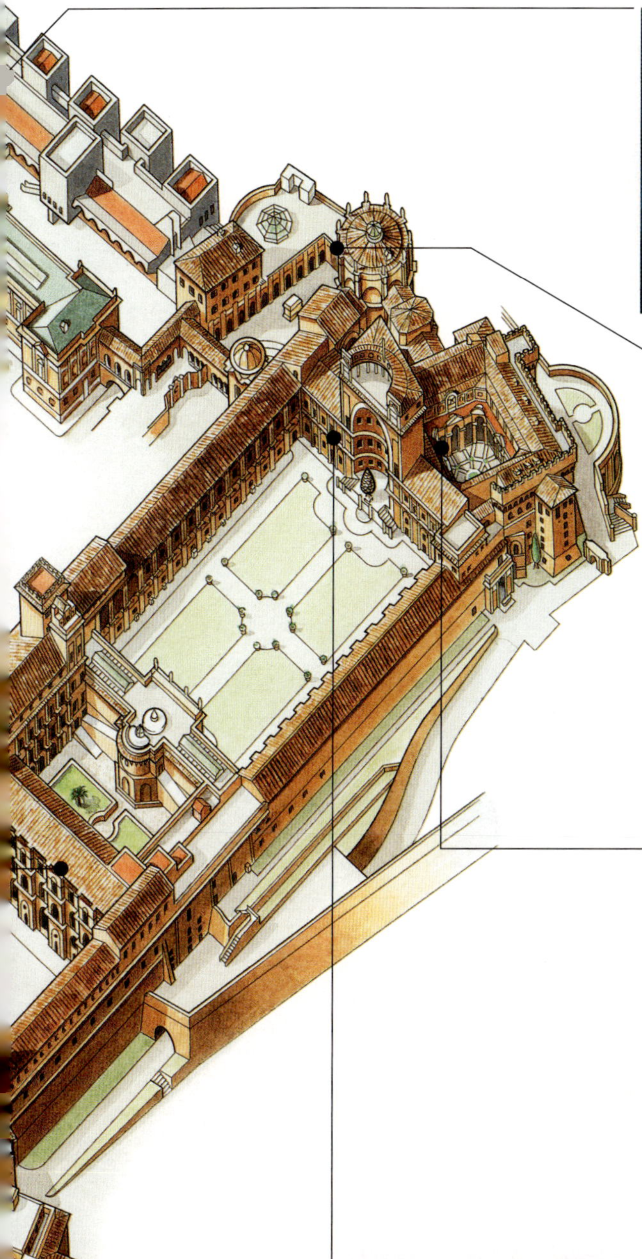

SKULPTUR DES QUETZALCÓATL

Die von der mexikanischen Hochebene stammende Skulptur aus der klassischen Periode der aztekischen Kunst (15. Jahrhundert) kam als Schenkung in den Besitz des Papstes Pius XI. Abgebildet wird Quetzalcóatl, der Gott des Tages, Schöpfer des Maises und Schutzpatron der Priester, eine der wichtigsten Gottheiten Mittelamerikas. Die Steinskulptur ist im **Museo Missionario Etnologico** zu sehen.

ATTISCHE AMPHORE

Die Amphore (um 540–530 v. Chr.), ein Werk des Töpfers und Malers Exekias, zeigt eine besonders sorgfältige Ausführung in schwarzfiguriger Maltechnik. Ausgesprochen fein und detailgetreu bildet der Keramikmaler Achilles und Ajax beim Spiel ab. Das besonders schöne Exponat befindet sich im **Museo Gregoriano Etrusco.**

APOLLON VON BELVEDERE

Die römische Marmorkopie (ca. 130 n. Chr.) eines griechischen Bronzeoriginals (ca. 300 v. Chr.) des Sonnengottes Apollon steht im **Cortile Ottagono** (Innenhof) des **Museo Pio-Clementino.** Ursprünglich hielt Apollon einen Lorbeerkranz als Symbol der Heilkunst in der rechten Hand. In seiner linken befand sich ein Bogen als Zeichen der Vergeltung.

MUMIE AUS THEBEN

Die Mumie wurde in der Nekropole Deir el-Bahri in Theben gefunden. Es handelt sich um eine männliche Mumie aus der 21. Dynastie (ca. 1000 v. Chr.), die noch in ein Schweißtuch aus Leinen gewickelt ist. Auf dem Tuch sind Schmuck-Ornamente befestigt, und der Brustriemen ist mit blauen Glasperlen verziert. Diese und weitere Mumien sind im **Museo Gregoriano Egizio** ausgestellt.

Fotos: akg-images (2); Vatican Library, Vatican City, Rome/bridgemanart.com; Erich Lessing/akg-images; Vatican Museums and Galleries, Vatican City, Rome/bridgemanart. com (2); bpk/Staatliche Museen zu Berlin – Preußischer Kulturbesitz, Ethnologisches Museum; National Museum of Antiques, Leiden, Niederlande; Illustration: DK Images/ Eyewitness Guide: Rome

KULT(UR)-ORTE

Rom im Laufe

Hier hat jeder Ort seine Geschichte. Folgen Sie uns über neun Stationen durch die Historie der Stadt – auf einen architektonischen Rundgang vom Zentrum des antiken Weltreichs zur modernen Metropole Text von Markus Nikel, Fotos von Engel & Gielen

Der Stolz des geeinten Italien: Pompös überragt das Nationaldenkmal Vittorio Emanuele II. die Piazza Venezia

der Zeit

Wie ein großes Schiff liegt die Tiberinsel im Strom

Tiberinsel, 200 vor Christus

Schon vor 2200 Jahren war die Tiberinsel ein Ort der Heilung: Die Jünger des Gottes Äskulap bauten hier einen Tempel zu Ehren ihres himmlischen Meisters und seiner heiligen Schlangen und behandelten dort auch die Kranken Roms. Die Isola Tiberina ist ihrer Tradition treu geblieben: Man baute ein modernes Krankenhaus mit der renommiertesten Geburtsstation Roms. Und wo einst die Quelle des Äskulap-Tempels sprudelte, steht ein Marmorbrunnen – am Aufgang zur Apsis der Kirche San Bartolomeo.

■ Die Tiberinsel liegt zwischen Trastevere und dem Kapitolinischen Hügel.

Ewigkeit ist in Rom Gegenwart, die sich ständig neu erfindet – je nach den Erfordernissen, den Möglichkeiten, der Epoche. So wird aus einem Tempel eine christliche Kirche, aus einem Grabmal eine Wehranlage, und ein E-Werk ist heute Antikenmuseum

Pantheon, 27 vor/125 nach Christus

Als heidnische Kultstätte begann das Pantheon sein Leben: Marcus Agrippa, Schwiegersohn Kaiser Augustus', ließ den Bau 27 v. Chr. zum Tempel weihen, zum „Pantheon", Allgötterhaus. Heute stehen wir vor dem einzigen vollständig erhaltenen Kuppelbau der Antike; doch ist dies nicht mehr Agrippas Werk, sondern Hadrians: Der Kaiser ließ das durch einen Brand zerstörte Pantheon 125 n. Chr. neu bauen. Später glaubte man nur noch an einen Gott, und nachdem Ende des 4. Jahrhunderts das Christentum zur Staatsreligion erklärt worden war, wurde das Pantheon 609 zum Gedenken an die christlichen Märtyrer zur Kirche Santa Maria ad Martyres. Um die alten Götter aus den Mauern zu vertreiben, ließ Papst Bonifatius IV. Märtyrerknochen aus den Katakomben Roms in die Kirche bringen.

■ Piazza della Rotonda.
Geöffnet Mo.–Sa. 8.30–19.30, So. 9–18 Uhr.

Das Pantheon wurde vor rund 2000 Jahren als heidnische Kultstätte erbaut

Engelsburg, 139 nach Christus

Grabmal, Festung, Gefängnis, Museum, – vielleicht hätte Kaiser Hadrian die „Karriere" seiner letzten Ruhestätte gefallen. Drei Jahre vor seinem Tod ließ

Engelsburg hinter Ponte V. Emanuele

er sich dieses Mausoleum bauen; ein Jahr danach war es fertig. Im 3. Jahrhundert war das Hadreaneum die massivste Festung Roms. Durch einen überdachten Fluchtweg vom Vatikan wurde die Burg später für so manchen Papst zum Lebensretter. Ihren Namen verdankt sie einer Legende: Im Jahr 590 soll über ihr der Erzengel Michael erschienen sein; er steckte sein Schwert in die Scheide, um das Ende der Pest zu verkünden.

■ Lungotevere Castello.
Geöffnet Di.–So. 9–20 Uhr. Eintritt 5 €.

Palazzo del Quirinale (l.) und Palazzo della Consultà (Verfassungsgericht)

Quirinalspalast, 1574 bis 1730er Jahre

Als Papst Gregor XIII. aus der vornehmen Familie der Boncompagni 1574 beschloss, sich auf dem höchsten Hügel Roms einen Sommersitz bauen zu lassen, wusste er natürlich nicht, welche Dimensionen der Palast im Laufe der 160 Jahre seiner Bauzeit annehmen würde. Unter Architekten wie Maderno und Bernini ist die Anlage mit diversen Kirchen und Gärten auf die Größe eines Stadtviertels angewachsen. Und Gregor ahnte schon gar nicht, wem er künftig ein neues Zuhause verschaffen würde. Nachdem einige Päpste dort residiert hatten, übernahmen ab 1870 die weltlichen Regenten den Quirinalspalast: Bis zum Ende der Monarchie im Jahre 1946 war er der Sitz des Königs. Heute regiert auf dem Quirinalshügel der italienische Staatsprädident.

■ Via del Quirinale. Geöffnet So. 8.30–12 Uhr, Juli bis Aug. geschlossen. Eintritt 5 €.
www.quirinale.it

Gianicolo, 1849

Dem imposantesten Hügel Roms (er gehört nicht zu den klassischen sieben) eine Jahreszahl zuzuordnen ist schwierig. Seinen Namen verdankt er einer Kultstätte des Gottes Janus (Giano). In die Geschichte ging der Gianicolo jedoch ein durch die Schlacht zwischen den Gefährten des Freiheitskämpfers Garibaldi und den französischen Schutztruppen des Papstes im Jahr 1849. Zahlreiche Büsten von Patrioten wie Luigi Miceli säumen die Passeggiata del Gianicolo, die sich über den Hügel zieht. Sie mündet in den Piazzale G. Garibaldi mit dem Reiterdenkmal von Garibaldi; wenige Schritte weiter steht das Denkmal für seine Frau Anita. Es gibt keinen schöneren Ort für einen Blick auf Rom.

■ Den Gianicolo erreicht man am besten vom Vatikan oder von Trastevere aus. Buslinie 870.

Der Gianicolo, hier mit Büste des Patrioten Miceli, bietet Traumblicke über Rom

Blick vom Nationaldenkmal auf die immer belebte Piazza Venezia

Vittoriano, 1885–1911

„Schreibmaschine" nennt der Volksmund das Nationaldenkmal für Italiens ersten König, Vittorio Emanuele II., wegen seiner Form. Als Bauwerk ist das monströse Marmor-Monument umstritten – als Monumento Nazionale steht es für die „Auferstehung" Roms und Italiens zu alter Pracht und Größe. Risorgimento, Auferstehung, wurde zum Begriff einer ganzen Epoche nach langer Fremdherrschaft von Franzosen, Spaniern und Österreichern. Inzwischen steht das Denkmal nicht nur für den König und die unter ihm 1860 gewonnene Einheit Italiens, die zum Ende des jahrhundertelang vom Papst regierten Kirchenstaats führte; auf halber Höhe finden Besucher den Altar des Vaterlandes und das Grabmal des Unbekannten Soldaten aus dem Ersten Weltkrieg. Von oben haben sie einen großartigen Rundblick über die Piazza Venezia. Im Ostflügel des Vittoriano zeigt das Museo del Risorgimento den Einigungskampf im 19. Jahrhundert.

■ Piazza Venezia. Geöff. 9.30–17.30 (Sommer), bis 16.30 (Winter). Museum: Via San Pietro in Carcere. Geöffnet 9.30–17.30 Uhr.
www.risorgimento.it

Via della Conciliazione, ab 1936

Die Straße der Versöhnung ist 850 Meter lang und 100 Meter breit; vom Petersplatz bis zum Tiber schlägt sie eine Schneise durch das Gassengeflecht der Altstadt. Diese Prachtstraße ist das äußere Symbol der Aussöhnung zwischen Papst und italienischem Staat; ausgerechnet der wenig fromme Benito Mussolini hatte 1929 mit den Lateranverträgen Frieden gestiftet – fast 60 Jahre nach der gewaltsamen Auflösung des Kirchenstaats. Ein schlauer Deal im gegenseitigen Interesse: Der Vatikan wird souveränes Hoheitsgebiet des Papstes, das katholische Christentum zur Staatsreligion. Der Duce machte sich damit zum lang ersehnten Friedensstifter in der Hoffnung, die konservativ-gläubigen Kreise zu gewinnen und den liberalen Strömungen zu schaden. Ab 1936 ließ Mussolini die Via della Conciliazione anlegen; zu Gunsten der faschistischen Prachtbauten wurde fast ein ganzes Viertel abgerissen.

Ein schnurgerader Weg: Die Straße der Versöhnung mündet in den Petersplatz

Museum für Volkskunst und Tradition

E.U.R., ab 1937

Dieses unter Mussolini komplett neu konzipierte Viertel ist der steingewordene Traum des Duce von Macht und Größe. Zur Weltausstellung, geplant für 1942 in Rom, ließ er vor den südlichen Toren die E.U.R. bauen: Esposizione Universale di Roma. Der Rückgriff auf die Antike sollte die Ideologie des Regimes ausdrücken, Chefarchitekt Marcello Piacentini hatte als Vorbild das Forum Romanum im Kopf: „Sie werden sich wie auf dem Forum fühlen, rechts ein Kolosseum, links ein Kapitol." Der Krieg vereitelte die Pläne, die Ausstellung fand nicht statt. Viele Bauten wurden nie realisiert, einige erst in den fünfziger Jahren fertig gestellt. Breite Straßen, Paläste und Museen prägen das Bild heute, wie das Museo della Civiltà Romana (S. 56).

Centrale Montemartini, 1912/1997

Fast ein ganzes Jahrhundert lang war den Römern eine uralte Tradition abhanden gekommen: Gebäude nach neuen Bedürfnissen umzufunktionieren, anstatt sie abzureißen. Besonders unter Mussolini wurden Relikte anderer Epochen zu Gunsten von Prunk und Protz zerstört. In Rom lernte man erst wieder in den Neunzigern, Neues im Alten zu schaffen, nach dem Vorbild von London und Paris. Ein gelungenes Beispiel ist das Antikenmuseum im einstigen Elektrizitätswerk Montemartini. Mitte der sechziger Jahre war die Stromproduktion mit Gasturbinen unrentabel geworden. Auch wenn die Entscheidung lange gedauert hat: Seit 1997 finden sich inmitten des klassischen Industrie-„Designs" 400 antike Skulpturen. Ein ansehnlicher Brückenschlag über die Zeit.

■ Via Ostiense 106.
Geöffnet Di.–So. 9.30–19 Uhr. Eintritt 4,20 €.
www.centralemontemartini.org

Antike Skulpturen konkurrieren mit alten Turbinen

Das neue Rom: Auditorium

Auditorium, 2002

1975 erschien unter dem Titel „Contro Roma", „Gegen Rom", eine Sammlung von Aufsätzen, in denen sich eine Reihe von Intellektuellen darüber beklagte, dass die Kapitale als Hauptstadt kulturell noch immer nicht auf europäischem Niveau angekommen sei. Diesen elitären Minderwertigkeitskomplex pflegte man bis in die achtziger Jahre, erst dann wandelten sich Ruinen und Ausgrabungsstätten zu Konzert- und Theater-Arenen. Der vorläufig letzte Höhepunkt dieser Entwicklung wurde 2002 mit der Einweihung des Auditoriums erreicht. Nicht nur, weil Rom jetzt über eines der modernsten Konzerthäuser der Welt verfügt. Der „Musikpark" hat auch historische Bedeutung: Renzo Pianos Musentempel macht es den Römern wieder leichter, architektonische Größe und Schönheit nicht nur in der glanzvollen Vergangenheit zu suchen. ■

■ Via P. De Coubertin 15. Ausstellungen 1 €, Führungen 8 €. Geöffnet 11–18 Uhr.
www.auditoriumroma.com

MARKUS NIKEL lebt seit 1995 in Rom – als freier Autor und Redakteur des staatlichen Fernsehens RAI. Der 37-Jährige hat zwar Philosophie studiert, doch Geschichte und Geschichten sind ihm mindestens genauso vertraut. Zumal wenn sie in Rom spielen. Mit seinem Wissen und Organisationstalent hat Markus Nikel uns so manche Tür geöffnet – und bürokratische Hürden geschickt umschifft.

Die Fotografen **CHRISTOPH ENGEL & KNUT GIELEN** werden im Editorial vorgestellt.

Kolossale Kulisse

Wichtige Sehenswürdigkeiten, was es kostet, wie man rumkommt und weitere Tipps

DAS DÜRFEN SIE NICHT VERPASSEN!

Die Stadt verzaubert Jahr für Jahr Millionen von Besuchern aus aller Welt. Die meisten von ihnen kommen natürlich wegen der Kunstschätze, deren Fülle verschwenderisch ist – ein Spaziergang durchs goldene Zeitalter Roms ist stets eine faszinierende Sache. Wir stellen Ihnen neben berühmten antiken Stätten und prachtvollen Kirchen aber auch Gärten, Parks, Paläste und Plätze mit Brunnen vor, Orte mitten im Chaos der Stadt, an denen Sie entspannen und aufatmen können.

ANTIKE STÄTTEN

ENGELSBURG

Seite 101 (C/D 3)

PANTHEON

Seite 100 (E/F 4)

FORUM ROMANUM UND PALATIN

Einst Mittelpunkt des politischen, kulturellen und wirtschaftlichen Lebens in Rom. Im ehemaligen Regierungs- und Geschäftsviertel der antiken Stadt tagte der Senat, fanden Gerichtsprozesse statt, opferte man den Göttern und organisierte Prozessionen. Heute ist das Gelände ein archäologischer Park mit Ruinen aus verschiedenen Epochen des römischen Imperiums. Auf dem Palatin, dem einstigen Wohnviertel der höchsten Staatsträger, wurde der Legende nach 753 v. Chr. die Stadt Rom gegründet.
■ Largo Romolo e Remo, Tel. 06 39 96 77 00. Geöffnet tgl. 9–19 Uhr. Palatin: Eingang Via di San Gregorio 30. Sammelkarte mit Kolosseum 8 €, Eintritt zum Forum Romanum frei. (G 6)

CESTIUS-PYRAMIDE

Niemand würde wohl heute den Namen des Gaius Cestius kennen, hätte er sich nicht ein monumentales Grabmal errichten lassen: Inspiriert von seiner Ägyptenreise, wählte der Volkstribun eine Pyramide aus Marmor. Sie wurde 12 v. Chr. in nur 330 Tagen südwestlich des Palatin erbaut, 27 Meter hoch und 22 Meter breit an jeder Seite.
■ Piazza Ostiense.

Erbaut nach ägyptischen Vorbildern: Cestius-Pyramide

CARACALLA-THERMEN

Nur Fragmente zeugen heute von der einstigen Luxus-Badeanlage, die mehr als 1500 Besuchern die Möglichkeit bot, fit zu bleiben: Warm- und Kaltwasserbecken, Schwitz- und Sonnenbäder, Kosmetik, Massagen, Sporthallen und Bibliotheken sorgten in der 216 n. Chr. eröffneten Freizeitanlage für antikes Badevergnügen und Sinnesfreuden.
■ Viale delle Terme di Caracalla (südl. des Kolosseums), Tel. 06 39 96 77 00. Geöff. Di.–So. 9–15.30 Uhr. Eintritt 5 €.

KOLOSSEUM

Das einst größte Theater der römischen Welt wurde im Jahre 80 n. Chr. von Kaiser Titus mit 100 Tage währenden Festspielen eingeweiht. Das gewaltige Amphitheater (Höhe 50 Meter, Durchmesser der großen Ellipse 188 Meter, Platz für 70 000 Menschen) war jahrhundertelang Stätte von grausamen Gladiatorenkämpfen und Volksbelustigungen. Die letzte Aufführung fand im Jahr 523 statt. Danach diente das Gebäude als Steinbruch für Bauten des Mittelalters.
■ Piazza del Colosseo, Tel. 06 39 96 77 00. Geöffnet meist 9–17 Uhr. Eintritt 8 €. (H 6)

VIA APPIA ANTICA

Die bekannteste der altrömischen Staatsstraßen wurde 312 v. Chr. angelegt und führte anfangs von der Porta Capena (Südhang des Palatin) durch die Porta Appia bis Capua. 190 v. Chr. wurde sie bis ins süditalienische Brindisi verlängert. Entlang der Straße befinden sich Gräber und Katakomben, wie das Grabmal der Cecilia Metella, wo der interessanteste und schönste Teil der Via Appia beginnt.

DOMUS AUREA

Tonnen von Gold und Edelsteinen, Fresken und zahllose Statuen schmückten einst den Palast des größenwahnsinnigen Herrschers Nero. Für das Bauprojekt wurden Grundbesitzer enteignet, die Staatskasse auf Jahre belastet sowie Kunstwerke für die prunkvolle Ausstattung geraubt. Erhalten blieb lediglich der beeindruckende Speisesaal des „Goldenen Hauses“ .
■ Viale Domus Aurea im Parco Oppio neben dem Kolosseum. Anmeldung erforderlich: Tel. 06 39 96 77 00. Geöffnet Mi.–Mo. 9–19.45 Uhr. Eintritt 5 €. (J 6)

CIRCUS MAXIMUS

Das von Gras bedeckte Areal in der Senke zwischen Palatin und Aventin beherbergte die größte Vergnügungsanlage Roms. Der Zirkus wurde hauptsächlich für Wagenrennen genutzt, auf den Tribünen fanden bis zu 380 000 Menschen Platz. Von den Bauten um die 600 Meter lange Arena sind nur noch ein paar Reste an der Südostkurve erhalten.
■ Via del Circo Massimo.

Im Herzen der Alten Welt: das Forum Romanum. Im Vordergrund der Rundtempel der Vesta nahe den Hängen des Palatin

i Die Koordinaten beziehen sich auf den City-Plan Seite 196

Symbol des ewigen Rom: Kolosseum, erbaut um 80 n. Chr., einst Ort für Tierhatzen, Schauspiel und Kämpfe, heute Wahrzeichen der Stadt

TRAJANSMÄRKTE
Diese imposante Marktanlage mit Ladenbauten wurde zu Beginn des 2. Jahrhunderts nach Plänen des Architekten Apollodoros errichtet. Sie vermittelt noch heute einen Eindruck von der einstigen Größe und Pracht des Trajansforums. Der mehrgeschossige Ziegelbau beherbergte viele kleine Läden und Werkstätten.
■ Eingang: Via IV. Novembre. (G 5)

GRÜNE OASEN

VILLA DORIA PAMPHILJ
Mit etwa neun Kilometern Umfang der größte Park Roms südwestlich des Monte Gianicolo. Auf dem Gelände finden sich ein Pinienwald und Wiesen, Wasserfälle, Triumphbögen und Statuen. Die klassische Barockanlage spiegelt das Miteinander künstlerischer und natürlicher Elemente wider.
■ Bus ab Piazza Venezia bis Porta San Pancrazio.

VILLA ADA
Große Anlage mit See und Reitschule im Norden der Stadt. In diesem Park mit waldähnlicher Bepflanzung hatte König Vittorio Emanuele seine Residenz.
■ Haupteingang Via Salaria.

VILLA BORGHESE
Der von Straßen durchzogene, öffentliche Park mit See und Bootsverleih wurde Anfang des

Ruhe im Grünen: Äskulap-Tempel im Park der Villa Borghese

17. Jahrhunderts angelegt, mit schönen Brunnen und einer Pferderennbahn, dem Galoppatoio. Außerdem befinden sich in dem Park namhafte Museen und Sammlungen, wie zum Beispiel die Galleria Borghese (S. 58).
■ Verschiedene Eingänge, u.a. Piazzale Brasile. (H 2)
www.villaborghese.it

VILLA CELIMONTANA
Stille und sehr gepflegte, kleine Parkanlage um die Villa der Adelsfamilie Mattei. Etwa 9000 Pflanzen, darunter Zedern, Zypressen und Rosen, bilden eine duftende, prächtige Kulisse, die viele Brautpaare für das Erinnerungsfoto wählen.
■ Haupteingang Piazza Celimontana (südöstlich des Kolosseums).

VILLA SCIARRA
Verträumter, kleiner Garten (nur 7 Hektar) an der Villa der Adelsfamilie Sciarra südich des Monte Gianicolo. Ende des 19. Jahrhunderts wurde der Garten mit Springbrunnen und Statuen vom amerikanischen Diplomaten George Wurts angelegt.
■ Eingang Piazzale Wurts.

PLÄTZE, BRUNNEN

TREVI-BRUNNEN
Seite 26 (G 4)

PIAZZA NAVONA, VIER-STRÖME-BRUNNEN
Der lang gestreckte Platz ist ein anregender Ort für die morgendliche Zeitungslektüre, ein Tummelplatz für Kinder und ein abendliches Freiluftlokal. Die Kirche S. Agnese in Agone bildet mit dem Vier-Ströme-Brunnen (Fontana dei Fiumi) ein schönes barockes Ensemble. Das Meisterwerk von Bernini (1651) stellt die vier größten Flüsse der damals bekannten Erdteile dar: Nil (Afrika), Donau (Europa), Rio de la Plata (Amerika), Ganges (Asien). (E 4)

PIAZZA DELLA REPUBBLICA, FONTANA DEI NAIADI
Bis zum Jahre 1947 hieß dieser Platz noch Piazza dell'Esedra. In seiner Mitte befindet sich der jüngste der großen römischen Brunnen. Die nackten Bronzenymphen (Naiadi) und Fabeltiere in erotischen Posen von Mario Rutelli sorgten bei der Enthüllung im Jahre 1901 für einen deftigen Skandal. (J 3)

PIAZZA BARBERINI, TRITONEN-BRUNNEN UND BIENEN-BRUNNEN
Berninis Tritonen-Brunnen (Fontana del Tritone) entstand 1642 für Papst Urban VIII. (vorher Maffeo Barberini). Delfine tragen eine Muschelschale, in der der Meeresgott kniet. Der kleinere Brunnen an der Ecke zur Via Veneto, ebenfalls von Bernini, wurde 1644 fertig gestellt. Die Bienen waren das Wappentier der Familie Barberini. Der Bienen-Brunnen (Fontana delle Api) zeigt Bienen, die scheinbar vom Wasser trinken, das in den

Sparmarkt der Antike: Im Halbrund des Trajansforums befanden sich Läden, in denen Nahrungsmittel billig verkauft wurden

Fotos: Udo Bernhart; Engel & Gielen (3); Mareike Krause

Gleich drei Wasserspiele schmücken die Piazza Navona – hier der Vier-Ströme-Brunnen (1651), eines der Hauptwerke des Bildhauers Bernini

Die streng gegliederte Kirche Santa Maria in Cosmedin wird durch einen besonders feinen Mosaiksteinboden geziert

Brunnen fließt und das für alle bestimmt ist. (H 3)

PIAZZA MATTEI, SCHILDKRÖTEN-BRUNNEN
Die Fontana delle Tartarughe (Schildkröten-Brunnen) ließ die wohlhabende Familie Mattei zwischen 1581 und 1584 errichten. Der Brunnen auf der dreieckigen Piazza Mattei unweit des einstigen jüdischen Gettos (s.u.) gehört zu den schönsten Anlagen der Stadt. Ursprünglich tanzten nur die Bronzejünglinge des Bildhauers Taddeo Landini einen Reigen um die Fontäne, die Schildkröten kamen ein knappes Jahrhundert später hinzu. (F 5)

KIRCHEN

PETERSKIRCHE
Seite 84 (A 3)

SANTA MARIA IN COSMEDIN
Der erste Kirchenbau datiert aus dem 6. Jahrhundert, im 8. und 9. Jahrhundert erfolgte der Umbau, und erst 300 Jahre später erhielt die Kirche (westlich des Palatin) ihre heutige Gestalt. Besonders sehenswert ist der siebenstöckige, feingliedrige Campanile, der wohl schönste romanische Glockenturm Roms. Berühmt ist die antike Tritonenmaske, die Bocca della Verità („Mund der Wahrheit", S. 25).
■ Piazza della Bocca della Verità 18. Geöffnet tgl. 9–19 Uhr.

SAN GIOVANNI IN LATERANO
Die so genannte Lateranbasilika gilt als die älteste christliche Großkirche Roms. Als eine der sieben Hauptkirchen ist sie zugleich die wichtigste der vier Papstkirchen. Die Basilika und der Lateranpalast (bis 1308 residierte hier der Papst) sind Teil des Vatikanstaates. Über dem Hauptaltar befinden sich Kopfreliquiare, die die Schädel der Apostel Petrus und Paulus enthalten sollen. Die vergoldete Kassettendecke stammt aus dem 16. Jahrhundert.
■ Piazza di S. Giovanni in Laterano (südöstlich des Kolosseums). Geöffnet tgl. 7–19 Uhr.

SAN CLEMENTE
Das dreistöckige, sehr schmuckreiche Bauwerk besteht aus dem Mithräum (Andachtsraum bzw. Opferstätte für den Lichtgott Mithras), der Unterkirche (mit Fresken über das Leben des Papstes Clemens I.; der dritte Papst nach Petrus starb den Märtyrertod auf der Krim) und Oberkirche (mit Mosaiken aus dem 12. Jahrhundert zum Thema „Triumph des Kreuzes").
■ Piazza San Clemente, Eingang Via S. Giovanni in Laterano (in der Nähe des Kolosseums). Geöffnet Mo.–Sa. 9 bis 12.30 u. 15–18, So. 10 bis 12.30 und 15–18 Uhr. Eintritt für die Unterkirche 3 €.

IL GESÙ
Die Hauptkirche des Jesuitenordens, in den Jahren 1568 bis 1575 nach den Prinzipien der Gegenreformation gebaut, wurde richtungsweisend für den so genannten Jesuitenstil, eine Sonderform barocken Kirchenbaus. Der einschiffig gewölbte Saalbau sollte die Gemeinde stärker ins liturgische Geschehen einbinden, und durch die prachtvolle Ausstattung (Altar, Deckenfresko) sollte die Seele der Gläubigen in den Himmel erhoben werden.
■ Piazza del Gesù. Geöffnet tgl. 6.30–12 und 16–19 Uhr. (F 5)

SANTA MARIA MAGGIORE
Besitzt den höchsten Glockenturm der Stadt (erbaut im 13. Jahrhundert, 75 Meter hoch) und ist eine der Papstkirchen Roms. Im Innern befinden sich u.a. eine Reliquie der Krippe Jesu aus Bethlehem, Mosaikbilder mit Szenen aus dem Alten Testament (5. Jahrhundert) sowie eine prächtige, vergoldete Kassettendecke.
■ Piazza S. Maria Maggiore. Geöffnet tgl. 7–19 Uhr. (K 5)

SAN LUIGI DEI FRANCESI
Die französische Nationalkirche, erbaut 1518–1589, ist bemerkenswert wegen der Fresken und Gemälde. Ein Freskenzyklus (1611–14) Domenichinos stellt die Vita der heiligen Cäcilia dar, und in der Contarelli-Kapelle hängen drei Frühwerke von Caravaggio mit Szenen aus dem Leben des Evangelisten Matthäus.
■ Piazza de S. Luigi dei Francesi 5. Geöffnet tgl. 8.30–12.30, Fr.–Mi. 15.30–19 Uhr. (E 4)

SAN PIETRO IN VINCOLI
Die dreischiffige Kirche birgt neben Kunstschätzen (u.a. Michelangelos Moses-Grabdenkmal für Papst Julius II., 1513 bis 1516, Bilder von Domenichino, ein byzantinisches Mosaik) eine bedeutende Reliquie: die Ketten (Vincoli) des Apostels Petrus, mit denen er im Mamertinischen Kerker, einem feuchten Verlies unter der Kirche San Giuseppe dei Falegnami, gefesselt war.
■ Piazza San Pietro in Vincoli. Geöffnet tgl. 7.30–12.30 u. 15.30–19 Uhr. (J 5)

STICHPUNKT

JÜDISCHES LEBEN IN ROM Bereits während der Zeit der römischen Republik lebten Juden in Rom. 71 n. Chr. (nach der Zerstörung des Jerusalemer Tempels) kamen viele als Sklaven, Handwerker und Händler aus Judäa in die Stadt. Ab dem Mittelalter wurden die Rechte und Freiheiten der jüdischen Gemeinden stark eingeschränkt, sie wurden Opfer der päpstlichen Willkürherrschaft. Für Papst und Kurie, als allein selig machende Heilsperson, gab es nur die radikal praktizierte Judenmission. Ein fanatischer Judenhasser war Papst Paul IV., der 1555 das Getto am Lungotevere dei Cenci nördlich der Tiberinsel einrichtete. Das etwa drei Hektar große Gebiet, umschlossen von einer hohen Mauer, durften die Juden nur am Tage verlassen. Erst mit der Einigung Italiens und der Auflösung des Kirchenstaates 1870 fielen die Mauern. Die Juden erhielten das Bürgerrecht, und als Ausdruck ihrer neuen Freiheit errichteten sie 1899 bis 1904 eine Synagoge. Unter Mussolini waren sie abermals Repressalien ausgesetzt, und nach der Deportation von mehr als 2000 Juden durch die Gestapo in die Gaskammern von Auschwitz war das jüdische Leben in Rom fast erloschen. Im ehemaligen Getto leben heute wieder etwa 500 Juden von insgesamt rund 16 000 in Rom. Auch das Verhältnis zwischen Katholiken und Juden hat sich in den letzten Jahrzehnten deutlich entspannt, nicht zuletzt durch den Besuch des Papstes Johannes Paul II. in der Synagoge 1986.

Die Spur der Steine: Der Archeobus steuert die wichtigsten archäologischen Stätten an, hier vor einem Aquädukt in der Nähe der Via Appia

GEFÜHRTE TOUREN

Es führen viele Wege durch Rom. Wer sie nicht allein beschreiten will, der findet abwechslungsreiche Angebote. Man kann sich zum Beispiel entspannt mit Bus und Boot auf City-Tour begeben, in die Luft gehen, eine Radtour machen oder sich zu Fuß einem Stadtführer anvertrauen. Für alle, die große Kulturereignisse lieben: Auf Seite 108 stellen wir die wichtigsten römischen Feste im Zyklus der Jahreszeiten vor.

BUS & BOOT

BUS-LINIE 110

Die Linie fährt zu den touristischen Hauptattraktionen, wobei man an zehn verschiedenen Punkten ganztägig ein- und aussteigen kann. Haltestellen: Termini, Via Nazionale, Kolosseum,

Liefert Highlights am laufenden Meter: Bus-Linie 110

Bocca della Verità, Piazza Venezia, Pantheon, Petersdom, Piazza Cavour, Piazza Augusto Imperatore, Via del Tritone, Via Veneto.
■ Abfahrt: Termini, Piazza Cinquecento (Bahnhofsvorplatz) alle 30 Minuten von 9 bis 20.30 Uhr, Tel. 06 46 95 22 52. Tickets sind an verschiedenen Info-Stellen von Trambus für 13 € erhältlich.

ARCHEOBUS

Entlang einer festen Route zu den archäologischen Stätten kann man ein- und aussteigen, sooft man möchte. Die Nonstop-Tour mit dem Kleinbus (15 Plätze) dauert gut 1,5 Stunden und führt u.a. am Circus Maximus, den Caracalla-Thermen und Katakomben von San Sebastiano vorbei.
■ Start: stündlich ab 9 Uhr an der Piazza dei Cinquecento (Bahnhof Termini), im Winter bis 16, im Sommer bis 18 Uhr. Preis 8 €. Tickets im Bus erhältlich, Vorbestellung möglich unter Tel. 06 46 95 22 52. Der Eintritt für die Sehenswürdigkeiten muss separat bezahlt werden. Ein Sammelticket für Archeobus plus Linie 110 ist für 20 € erhältlich und gilt zwei Tage.

STOP-'N'-GO CITY TOURS

Mit den Sightseeing-Bussen können Sie an 14 Haltepunkten die Attraktionen der Stadt erleben oder von Rom Ausflüge ins Umland (Ostia, Tivoli, Castelli Romani u.a.) unternehmen.
■ Ticket im Bus oder an Haltestellen. Der Preis beträgt 12 €/Tag, 18 €/2 Tage, 24 €/3 Tage. Täglich 9 Abfahrten ab Piazza dei Cinquecento/Ecke Via Cavour. Zu- und Aussteigen an verschiedenen Stationen möglich. Routen und Preise im Internet.
www.romecitytours.com

BOOTSTOUR AUF DEM TIBER

Bootsfahrten werden von verschiedenen Stationen und mit unterschiedlichen Inhalten angeboten, zum Beispiel die Touristentour mit Informationen und Abendessen an Bord (Abfahrt und Ankunft an der Mole Sant'Angelo bei der Engelsburg) sowie die Tour vom Ponte Marconi nach Ostia Antica mit Besuch der archäologischen Stätten. Die preiswerteste Variante ist das Linienboot: Linie 1 fährt von der Tiberinsel zum Ponte Duca d'Aosta über Ponte Sisto, Ponte Sant'Angelo, Ponte Cavour und Ponte del Risorgimento. Die Linie 2 fährt vom Ponte Duca d'Aosta zur Tiberinsel über Ponte del Risorgimento, Ponte Cavour, Ponte Sant'Angelo und Ponte Sisto.
■ Informationen für die Touren unter Tel. 066 78 93 61.
Die Tickets für die Linienboote (1 €) gibt es z.B. an den Vorverkaufsstellen der Touristen-Info.
www.battellidiroma.it

BALLON & FLIEGER

BALLONFAHRT

In 150 Meter Höhe sanft über die Stadt schweben und das hektische Treiben einmal aus der Entfernung betrachten – 360-Grad-Blick garantiert. Das ist vielleicht die geruhsamste Art, die fasf 3000-jährige Geschichte der

Gute Übersicht garantiert: Ballonfahrt über Villa Borghese

Fotos: Steffen Jänicke; Thomas Ernsting/Bilderberg; Engel & Gielen; Udo Bernhart (2)

RÖMISCHE KULTUR-EVENTS

FRÜHJAHR: KONZERT ZUM 1. MAI

Während die Gewerkschaften anderswo auf der Welt am 1. Mai lustlose Demonstrationen veranstalten, organisieren sie in Rom ein Konzert. Und was für eins! Mindestens 500000 Zuschauer quetschen sich unter freiem Himmel auf der großen Piazza San Giovanni in Laterano zusammen, wo eine Mega-Bühne aufgebaut ist. Um 15 Uhr geht's dann los. Italienische und Weltstars geben sich gegenseitig das Mikro in die Hand, und Live-Musik tönt bis um Mitternacht. Die Menschen auf der Piazza singen begeistert mit – Millionen andere sitzen zu Hause vor dem TV, wo die RAI live überträgt.

■ Romaturismo, Tel. 06 48 89 91 bzw. im Internet. **www.romaturismo.it**

Musik und Demonstration auf dem 1.-Mai-Konzert

SOMMER: ESTATE ROMANA (JUNI BIS SEPTEMBER)

Der „Römische Sommer" ist lang, bunt und vielfältig: Über drei Monate zieht sich das von der Stadt finanzierte Festivalprogramm hin, das u.a. mit Konzerten, Literatur-Events, Theater, Kino und Tanz kulturelles Leben auf die Piazza bringt. Die meisten Veranstaltungen, z.B. das Jazzfest im schönen Garten der Villa Celimontana und die Aufführungen der römischen Oper, die zwischen 3. Juli und 12. August in den antiken Caracalla-Thermen stattfinden, sind optisch und akustisch ein Hochgenuss!

■ Buchung bei Romaturismo, Tel. 06 48 89 91. **www.romaturismo.it** **www.opera.roma.it**

HERBST: ROMAEUROPA-FESTIVAL (MITTE SEPTEMBER BIS ENDE NOVEMBER)

Die Bühnenbretter beben, wenn sich im Herbst nationale und internationale Theater- und Tanztruppen in Rom die Ehre geben und gemeinsam das wichtigste Tanz-Theater-Festival Italiens bestreiten. Das Programm ist teils klassisch, teils zeitgenössisch und immer ausgesucht gut – Tanz-Kompagnien wie „Ballets C. de la B." treten ebenso auf wie Bill T. Jones und osteuropäische Sinti-Gruppen. Gespielt wird in verschiedenen Theatern, der Eintritt kostet zwischen 5 und 30 Euro.

Tanzaufführung während des Romaeuropa-Festivals

■ Fondazione Romaeuropa, 00187 Rom, Via XX. Settembre 3, Tel. 06 42 29 61. **www.romaeuropa.net**

■ Kartenverkauf per Kreditkarte auch über Tel. 800-79 55 25 (nur in Italien).

WINTER: URBI ET ORBI: (1. WEIHNACHTSTAG)

Nach dem Weihnachts-Hochamt, das er im Petersdom zelebriert, begibt sich der Papst in die Loggia und erteilt den Gläubigen, die sich auf dem Petersplatz versammelt haben, den Segen „Urbi et Orbi" – in ungefähr 60 Sprachen.

KARNEVAL IN ROM:

Nicht nur der Titel einer Strauß-Operette, sondern eine Tatsache! In der Faschingswoche finden in Rom zahlreiche Veranstaltungen statt. Besonders schön: der Karneval in der Via Nazionale und der multiethnische Karneval auf der Piazza Vittorio mit Maskenball. **A.R.**

Stadt zu überschauen.

■ Abfahrt: Galoppatoio (Pferderennbahn) in der Villa Borghese, alle 20 Minuten von 9.30 Uhr bis Sonnenuntergang. Bis zu 30 Personen finden Platz im größten Heißluftballon der Welt (Tel. 06 32 11 15 11; Preise: 15 €, Gruppen von 10 bis 30 Personen 11 € pro Person, Kinder 6 €, Behinderte fahren gratis). **www.aerophile.it**

CHARTER-FLUGZEUG

Wer die Stadt aus der Luft kennen lernen möchte, kann am Aeroporto dell'Urbe in ein Flugzeug (bis zu acht Personen) steigen. Der Flug dauert ca. 20 Minuten und führt – in einer Höhe von etwa 450 Metern – vom Ponte Milvio und dem Olympiastadion über die historische Altstadt mit ihren Sehenswürdigkeiten.

■ Aeroporto dell'Urbe, Via Salaria 825. Verbindung: Von der Metro-Station Tiburtina fährt ein Stadtzug nach Monterotondo-Mentana, Haltestelle Salaria Urbe. Preis pro Flug und Passagier 100 €, Kinder unter 10 Jahren bekommen 30 Prozent Ermäßigung, 2 Tage vorher reservieren unter Tel. 068 83 33. **www.cityfly.com**

STADTFÜHRUNGEN

Kultur- und Stadtführungen sowie interessante Ausflüge ins römische Umland werden von verschiedenen lokalen Veranstaltern auch in deutscher Sprache angeboten, etwa von:

■ Roma Culta c/o DM Destinazione Mondo – Tour Operator, 00174 Rom, Via Caio Canuleio 95, Mobil 338-760 74 70, Fax: 06 21 80 32 22. **www.romaculta.it/menudt.html**

■ Cooperativa „Il Sogno", 00198 Rom, Viale Regina Margherita 192, Tel. 06 85 30 17 58, Fax: 06 85 30 17 56. **www.romeguide.it** (auch in Englisch, Stichwort City-Tours)

Im Lichtermeer: Eine Bootsfahrt auf dem Tiber, gern auch mit Menü an Bord, zählt zu den schönsten Erlebnissen in den Abendstunden

Fotos: Max Rossi/Reuters/Corbis; Galli/laif; Engel & Gielen

Mit Schirm und Charme: Früher kämpften im Kolosseum Gladiatoren auf Leben und Tod, heute verkaufen Händler bildhafte Andenken

AUDIO-GUIDE
Möchte man sich nicht einem Führer anvertrauen und lieber allein unterwegs sein, könnte man es mit einem Kompromiss versuchen: Das römische Fremdenverkehrsamt bietet Audio-Guide-Touren an, bei denen man sozusagen an die Hand genommen wird und dennoch auf eigene Faust unterwegs ist. Ausgerüstet mit Stadtplan und CD-Player, kann man die Stadt im eigenen Tempo entdecken. Roms Geschichte, seine Gebäude und Kirchen werden auf unterhaltsame Weise anhand einer CD (60 Min. Laufzeit) erklärt.
■ Associazione Culturale Conosci Roma, Vicolo delle Palle 25 a, Tel. 066 87 11 54. Die Leihgebühr beträgt 10 €, das Gerät sollte am Ende des jeweiligen Tages zurückgebracht werden. Eine Reservierung ist erforderlich.
www.conosciroma.it
(auch auf Deutsch)

AKTIV-TOUREN

PER FAHRRAD
Wer Rom etwas sportlicher entdecken möchte, kann das Fahrrad nehmen – das Streckennetz umfasst 15 Kilometer. Ausgebaute Wege gibt es vom Ponte del Risorgimento zur Villa Borghese, von dort zur Villa Ada sowie vom Ponte Sublicio zum Ponte della Magliana und von dort zum Ponte di Mezzocammino. Außerdem von der Via Giulio Agricola hinab zur Via Nobiliore. Sonntags und in den Ferien dürfen Fahrräder mit dem Zug nach Ostia mitgenommen werden, Preis 1 Euro pro Person plus 1 Euro fürs Fahrrad. Gruppen müssen vorher im Cotral Call-Center unter Tel. 800-15 00 08 (nur in Italien möglich!) anrufen.
■ Fahrradverleih Collalt, Via del Pellegrino 82, Mo. geschlossen. An den meisten Vespa-Verleihstationen können auch Fahrräder geliehen werden, z.B. bei Roma in Scooter, Corso Vittorio Emanuele II. 204, Tel. 066 87 69 22; Treno e scooter, Termini, Bahnsteig 1, Via Marsala, Tel. 06 48 90 58 23; Scoot-a-long, Via Cavour 302, Tel. 066 78 02 06. Fahrradmiete ca. 10 € pro Tag.

ROM-MARATHON
Der Rom-Lauf ist zwar nicht so bekannt wie der New-York-Marathon, findet aber immerhin schon seit zehn Jahren (meist im März) statt. Etwa 10 000 Teilnehmer und noch einmal 40 000 Sportler beim Mini-Marathon laufen die Strecke am Tiber entlang und damit auch an vielen Sehenswürdigkeiten vorbei. Natürlich überwiegen das sportliche Interesse und der Kampf gegen die Stoppuhr, dennoch gilt vielleicht für den einen oder anderen, der sich keine großen Siegeschancen ausrechnet, das Motto: Rom im ruhigen Lauf erobern und kennen lernen.
■ Info: Tel. 064 06 50 64. Das Anmeldeformblatt kann von der Internetseite heruntergeladen werden.
www.maratonadiroma.it A.W.

TESTACCIO

Scherben bringen Glück

Dieser Stadtteil hat keine antiken Schätze, nur einen seltsamen Berg aus der Römerzeit. Dafür eint die Testaccini etwas ganz Besonderes: die Verbundenheit mit ihren Nachbarn, mit ihrem Viertel. Bericht über ein beinahe dörfliches Idyll mitten im Chaos der City

Text von Christiane Zander, Fotos von Hardy Müller

50 Meter über dem Boden: Vogelperspektive vom Gipfel des Monte Testaccio, des Scherbenbergs

Die Piazza S. M. Liberatrice ist mehr als ein Kirchplatz, sie ist die Bühne des Viertels. Auftritt: Marco Nicoletti, Jongleurin Claudia

Reiz des Alltäglichen: ein Caffè bei Linari; der Gang durch einen schönen Innenhof am Kirchplatz

Poesie des Meeres: Lina und Luciano Pierluigi betreiben ihren Marktstand fast schon ein Leben lang

Verklärung einer harten Zunft: Engel bändigt Stier – Symbol auf dem alten Schlachthof

„Jedes Jahr kommt der Professor aus Spanien, um ein Loch in unseren Berg zu graben." Daniele Bielli blickt über den zerzausten Buckel, als handle es sich um einen Zauberberg. Nur für ein Loch in immer denselben Berg? Wonach sucht er? „Scherben", sagt der Assistente von der römischen Kulturdenkmalbehörde. Wir stehen auf dem Monte Testaccio, dem Scherbenberg, und folgen Biellis Blick, der sich nun vom Hügelgrund löst und Rom zuwendet. In der Ferne verschlingt der Morgennebel das Panorama; doch wir interessieren uns ohnehin viel mehr für das, was nahe liegt – das Viertel Testaccio am Fuße des Berges, dessen Namen es trägt.

Großspurige, blättrige Bauten liegen dort unten verstreut – die Zeugen des ehemaligen Schlachthofes. Und ein grüner Sportplatz, dem niemand ansieht, dass es ihn schon vor 70 Jahren gab. Weiß wie neu gestrichen ragt die 2000-jährige Cestius-Pyramide auf, daneben liegt der protestantische Friedhof, von Zypressen beschattet; auf der anderen Seite fünfstöckige Mietshäuser und Platanen an linealgeraden Straßen. Das ist Testaccio von oben. Und drüben, am Tiber, der geräumige Piazzale dell'Emporio, der gewissermaßen Schuld daran trägt, dass der spanische Professor jedes Jahr in den Berg hineinspäht.

Seine Neugier gilt den Zeichen der Vergangenheit; Inschriften, die Aufschluss geben über die Herkunft der Scherben, als sie noch heile Amphoren waren. Etwa 600 Jahre rund um die Zeitenwende war das Emporium Umschlagplatz für Waren, die per Schiff aus aller Welt über den Hafen von Ostia kamen; kostbare Öle und Weine gehörten dazu. Und weil längst nicht alle Tongefäße das Verladen unversehrt überstanden, fielen so viele Scherben an, dass der Berg zu 50 Meter Höhe und 1490 Meter Umfang anwuchs. 53 Millionen Amphoren sollen hier liegen, in Bruchstücken aufgeschichtet und gehalten von jeweils einer Lage Erde. Der Mons Testaceus (Testae: Tonscherben) ist also nichts anderes als ein Abfallhaufen der Antike. So wird er heute noch behandelt: Das Wahrzeichen des Viertels ist komplett ungepflegt, zerrauftes Gras und ungezähmtes Buschwerk wachsen aus seinem Innern.

„Schau dir das an: Das ist die Poesie des Meeres!" Luciano Pierluigi lacht, und sein weißer Schnurrbart lacht mit; er meint den Schwertfisch, der seinen Stand dominiert. Doch leider fehlt dem Tier die zweite Hälfte, um wirklich poetisch zu sein, und, ehrlich gesagt, vor allem das Leben. Solche Gedanken allerdings bewegen einen Fischhändler nicht.

Aber der Markt hat Poesie. Als eines der beiden Herzen dieses Viertels ist er ein Handelsplatz mit Charakter, denn er ist wie die Menschen von Testaccio: vielschichtig, ohne Lametta, persönlich – und sehr direkt. „Leute, kauft die Calamari, bei uns zu Hause isst sie keiner!", ruft Roberto Frollani und stürzt hinter seinem Verkaufstisch hervor. Fischhändler gehen hier gern auf Tuchfühlung mit der Kundschaft.

Jeden Tag kommen entschlossene Damen mit sorgfältiger Frisur, junge, abgelenkte Mütter und Großväter, die Unterhaltung suchen, denn der Markt bietet alles, was man von morgens bis in die Nacht braucht. Er riecht nach Meer und würzigen Tomaten, nach Erdbeeren, Seife und Schafskäse, und könnten Negligees von sich aus duften, würden sie den Lilien die Schau stehlen. In der Außenreihe, wo das Dach der offenen Halle endet, funkeln Schuhe über Schuhe. „Designermodelle zu Großhandelspreisen", wispert eine Kundin der anderen zu, „da kommen sogar die Reichen vom Aventin."

Der gehört zu den berühmten sieben Hügeln Roms und schaut auf Testaccio herab, ein baumgrüner, großer Garten mit feinen Villen und Palazzi. Und sieben Kirchen, in denen wohlhabende Römer ihre Hochzeit feiern, und eine Orangerie mit einem Aussichtsplatz mit Blick auf Rom. Liebespaare sieht man dort auf der Mauer sitzen, weil ihnen die ganze Stadt zu Füßen liegt und, in der ersten Reihe, ihr Viertel am Tiber. Fast sein ganzes Leben lang war Testaccio durch und durch ein Arbeiterrevier. Vor fünf, sechs Jahren kündigte sich der Wandel an, und keiner der wahren Testaccini ist glücklich darüber.

„Früher war das hier die Peripherie von Rom. Ein Ort, wo die Menschen gezwungen waren, mit dem Wenigsten das Beste aus ihrem Leben zu machen." Umberto Lucchi lehnt mit feiner Krawatte und Sonntagszeitung am Kirchengitter. Zwei Jahre war er alt, als seine Eltern 1927 ins Scherbenviertel zogen, das schon Anfang des letzten Jahrhunderts die ersten Sozialwohnungen der jungen Hauptstadt erhielt: wuchtige, fünfstöckige Häuser im römischen Ocker, mit Verzierungen an den Balkonen und Bogenfenstern und mit ungeheuer großen Innenhöfen, von denen mehrere Treppenhäuser emporsteigen.

Aber Signor Lucchi spricht von der Zeit davor, von 1883, als das Quartier bebaut wurde. Wie mit dem Lineal zog man breite Straßen durch Wiesen, die damals den Berg umgaben.

Gesichter eines Viertels: Armando holt Fulvio aus dem Stall …

… und Alessia trifft Roberto für einen glücklichen Moment in der kleinen Open-Air-Bar auf dem Kirchplatz

„I Prati del Popolo Romano" wurden sie genannt, Wiesen des römischen Volkes mit Vergnügungslokalen für die arbeitende Bevölkerung. Um das Viertel zu besiedeln, verpflanzte man zunächst Bewohner vom äußersten Stadtsaum nach Testaccio, Menschen ohne Dach und Brot, Tagelöhner und auch Tagediebe. Erklärtes Ziel von Politik und der Kirche im Viertel: aus ihnen brave Christen und ehrenwerte Bürger zu machen.

Heftiges Geläut bringt Umberto Lucchi in den Sonntagmorgen zurück. „Ich lebe gern hier – mit dem Berg, dem Markt und dem Kirchplatz. Und mit den breiten, lichten Straßen." Aber inzwischen, und das bedauert nicht nur Signor Lucchi, kommen Leute von überall und kaufen die Arbeiterwohnungen, und die Preise steigen. Wer sind diese Käufer? Römer?

„Was heißt schon Römer. Ich bin Römer. Die anderen sind zugezogen", sagt Signor Lucchi und muss in die Messe.

Santa Maria Liberatrice ist die einzige Kirche im Viertel geblieben; sie gehört dem Salesianer-Orden, der schon immer gern an sozialen Brennpunkten behilflich war.

Groß und stolz beherrscht ihr Schiff den Platz, der so heißt wie sie und der den Testaccini viel mehr bedeutet als ein allgemeiner Kirchplatz. Er ist ein Park, ein Spielplatz, ein Treffpunkt, der Ort für einen Caffè oder ein Gelato (Eis) – er ist die Bühne von Testaccio. Und sein zweites Herz.

Den Tagesreigen eröffnen früh am Morgen die Arbeiter der Stadtreinigung; Rentner führen ihre Hunde aus und Großmütter ihre Enkel. Um halb zehn stellt der Barista der Bar Danese fünf Tische auf den Platz – oder ist er der Padrone? Wer weiß, Schlabberhemd- und -hose sprechen dagegen, und nie trägt er etwas anderes. Aber er hat offensichtlich den alleinigen Anspruch, den Kirchplatz zu bewirtschaften.

Der ist umringt von den mächtigen Häusern aus der Zeit um 1900, in denen kleine Läden ihre Nische fanden. Feines Papier und Autoreifen, Eis und Antiquitäten, Pizza und Haushaltswaren; man müsste niemals dieses Viertel verlassen. Selbst ein Theater wächst tief in ein Wohnhaus hinein: Das Vittoria, das bis vor 20 Jahren zugleich ein Kino war, wurde gerade durch die massiven Proteste der Testaccini gerettet – steigende Mieten kostete es beinahe seine Existenz.

Hochzeit auf dem feinen Aventin – hoch über Testaccio

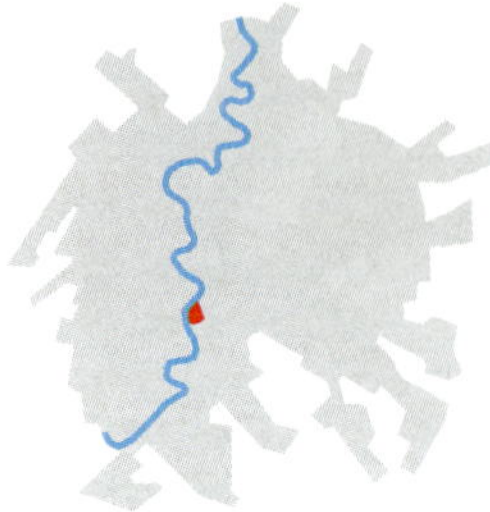

Testaccio ist das Rom der Römer. Nur wenige Reisende besuchen dieses unverfälschte Viertel am östlichen Tiberufer

Marco Nicoletti ist Reifenhändler und trägt ein T-Shirt mit neun Buchstaben auf dem Rücken: „TESTACCIO". Ein Fan?

„Was heißt Fan? Ich lebe hier. Fans sind die von außerhalb."

Ein Testaccino ist ein stolzer Römer. Vielleicht, weil er mit Stolz am besten die Abwesenheit von Preziosen in seinem Viertel kompensieren kann. Dafür prägt dieses Stück Rom etwas ganz Besonderes: die Liebe der Menschen zu ihrem Viertel, ihr starker Zusammenhalt. Immerhin haben sie mehr als 100 Jahre an ihrem Beziehungsnetz geknüpft. „Wir kennen uns alle seit Generationen", sagt Marcos Mutter Gina Nicoletti und macht ein Gesicht, dass man glauben möchte, in Testaccio lebe eine Großfamilie mit rund 9000 Mitgliedern. Wo jeder jeden kennt und darum auch jeden grüßt. Und niemand zieht weg, wenn er nicht unbedingt muss.

Ermes Borsetti musste. Seine Frau hat ihn gezwungen, in das E.U.R.-Viertel zu ziehen, nur wegen einer größeren Wohnung. Doch wann immer er kann, kommt er zurück.

Mit strahlendem Blick steht er an diesem Morgen im Fanclub des AS Roma, der über und über tapeziert ist mit Bildern; auch Rudi Völler fehlt nicht. Borsetti weist stolz auf das größte Foto im Raum – man sieht die komplette Mannschaft kurz nach der italienischen Fußballmeisterschaft. „Wir haben sie gewonnen", sagt er und zeigt auf den zweiten Spieler von rechts. „Und das bin ich." Die Ähnlichkeit haben 63 Jahre verwischt; Ermes Borsetti ist 91, doch die Freude über den Sieg von 1942 (vor allem über den Stadtrivalen Lazio) steht auch heute in seinen Augen. Testaccio ist für den Alten das schönste Viertel Roms, ja ganz Italiens. Wieso auch nicht – sein Club und das Viertel sind eins. 1927 wurde AS Roma mit dem Symbol der Wölfin hier gegründet, und seine Farben Rot und Gelb findet man überall dort, wo die Fans ihrem Fieber Ausdruck verleihen: hinter Fleischtheken und Tomatenständen, an Hauswänden und Hydranten. Rot und Gelb sind im Quartier eine innere Haltung wie die Regenbogenfarben der ungezählten „Pace"-Fahnen, Symbole für den Frieden.

„Unser Fußball ist wie das Viertel", sagt Ermes Borsetti: „sentimental, selbstbewusst, mit Arbeiterseele – und ziemlich deftig." In den Osterie von Testaccio bekommt man noch einen gesottenen Ochsenschwanz und römische Trippa (Pansen). Der alte Sportplatz, auf dem die Vereinsgeschichte begann, liegt ganz nah am ehemaligen Schlachthof, L'Ex-Mattatoio nennen ihn die Einheimischen.

Dort läuft Armando gerade mit einer aufgeregten Gans im Arm über den winkligen Hof. Er hat es eilig, er will zur Wohnwagen-Kolonie. Sie werden dort doch nicht die arme Gans …?

Ach nein. Armando liebt lebendige Tiere. Gestern haben wir ihn mit Pferd Fulvio vor den Ställen getroffen, direkt am „Giardino della Resistenza". Der besteht aus einem Tisch, ein paar Steinen als Bänke, einem Basketballkorb, Olivenbäumchen. Armando weiß auch nicht, warum man ihn Garten des Widerstandes nennt, aber er weiß, dass ihm die Inschrift gefällt: „Wir sind die Farben, die sogar Steine zum Blühen bringen."

Im ehemaligen Schlachthof können viele Blumen wachsen. Anfang des 20. Jahrhunderts gehörte der Mattatoio zu den modernsten Einrichtungen seiner Art in Europa, doch vor 30 Jahren zogen die Metzger mit ihrem Handwerk vor die Tore der Stadt. Zurück blieb ein weit verzweigtes Gelände mit Gebäuden, Hallen und Ställen – und viel Platz für buntes Leben.

In den Ställen, wo früher Kühe, Schweine und Pferde auf ihren nahen Tod warteten, schlafen nun die Gespanne der 43 Kutscher Roms; Metzger sind heute Pferdepfleger. Der alte Schlachthof ist ein Ort für Menschen, die woanders niemals Nachbarn wären: Polizisten und Wohnwagen-Nomaden, Architekturstudenten und alte Heimbewohner. Es gibt ein Museum, Kulturveranstaltungen und Sommerfeste. „Testaccio ist ein Dorf", sagt Armando, und der frühere Schlachthof ist das Dorf im Dorf. „Aber am Abend beginnt hier das Inferno."

Antiker Abfallberg: Der Monte ist ein Scherbenhaufen

Das Inferno entzündet sich nebenan am Fuß des Scherbenberges, meistens kurz vor Mitternacht. Aus dem Bauch des Monte dröhnen dumpfe Bässe, und auf der Freilichtbühne im Gay Village greifen Lichtkaskaden in die Sterne. Und rund um den Berg kreist ein Ring aus Blech und Abgasen. Kein Zweifel: Die Testaccini sind nachts nicht mehr allein. Einst hatten sie Lagerhallen und Weinschänken in den Berg gebaut; vor ein paar Jahren haben diese sich in Jazzclubs, Discos und Schwulenbars verwandelt. In Schwärmen erscheinen nun die bunten Falter der Nacht und machen Testaccio zum Glamour- und Glitter- und Livemusik-Viertel Roms.

Wenn es Tag wird, macht der Monte Testaccio wieder sein Dorfgesicht. Wie Schachteln kleben an seinem Bauch Häuschen mit Blumen, in einem Vorgarten steht ein Pony, und zwischen den Scherben scharren Hühner. Eine Autowerkstatt und eine Musikschule öffnen ihre Tore, die Clubs dazwischen ruhen sich aus von der Nacht.

Rosa Carloni hat eine orangefarbene Hochfrisur, und manchmal trägt sie dazu ein Sträußchen Basilikum hinterm Ohr. Die letzten Nachtschwärmer trinken bei ihr den ersten starken, schwarzen Caffè, wenn sie um sechs ihre Bar Mattatoio öffnet. Die Bar ist ein autarkes Häuschen mit einem Tisch und acht Stühlen; stolz behauptet sie sich seit den aktiven Tagen des Schlachthofes auf dem Platz vor dem Tor. Rosa arbeitet seit 31 Jahren hier, und ihr Bar-Sortiment ist wohl immer dasselbe geblieben in all dieser Zeit: Pizza, Gelato und Süßigkeiten, Zigaretten, Shampoo, Zahnpasta und Kämme. Trotzdem liebt Rosa den Wandel, auch in ihrem Quartier: „Wenn die Welt sich nicht ändert, stimmt etwas nicht." Für Rosa Carloni ist Testaccio „la piccola Parigi".

Es kann sich nicht viel verändert haben: Klein-Paris nannten schon die ersten Bewohner ihr Viertel. ■

TOP-TIPPS TESTACCIO

DA BUCATINO
Eine der typischen Tavernen des Viertels: einfach, römisch, mit freundlichen Kellnern.
■ Via Luca della Robbia 84, Tel. 065 74 68 86. Hauptgerichte um 10 €. Mittags u. abends geöffnet, Mo. geschl.

FELICE
Familienbetrieb mit vielen Stammgästen. Allein für die Pasta möchte man jeden Tag wiederkommen.
■ Via Mastro Giorgio 29, Tel. 065 74 68 00. Hauptgerichte um 11 €. Mittags u. abends geöffnet, So. geschl.

BAR MATTATOIO
Diese Bar ist einzigartig, auch weil man hier das Leben am alten Schlachthof studieren kann. Das Angebot ist bar-typisch, also nichts Besonderes, die Wirtin und ihr Publikum sind es umso mehr.
■ Piazza O. Giustiniani 3, Tel. 065 74 60 17. Geöffnet 6–20.30 Uhr, So. geschl.

MONTE TESTACCIO
Am Tage versetzt ein Rundgang um den Scherbenberg (1490 Meter) den Spaziergänger in eine dörfliche Idylle; nachts trifft sich hier *die* Nightlife-Szene Roms. Führungen auf Wunsch.
■ Via Nicola Zabaglia/Via Galvani, Tel. 06 67 10 38 19.

MACRO AL MATTATOIO
Ein reizvoller Kontrast: Das Museum für zeitgenössische Kunst liegt in Räumen des alten Schlachthofes.
■ Piazza O. Giustiniani 4. Geöffnet Di.–So. 16–24 Uhr.
www.macro.roma.museum

Weitere Tipps S. 148, 158/59

Die Autorin **CHRISTIANE ZANDER** ist dem Scherbenviertel seit vielen Jahren verfallen. Dass die Testaccini derart stolz sind auf ihr unspektakuläres Quartier, ahnte sie nicht. Fotograf **HARDY MÜLLER** hatte in Rom knallharte Konkurrenz: Wie in jeder Touristenstadt waren auch hier die berühmten Akteure mit den Polaroid-Kameras im Einsatz. Einer von ihnen erwischte die beiden in der Taverna del Moro und drückte ab – für fünf Euro.

Lisa Ginzburg unter dem Turm, dessen Legende ihre Kindheit begleitete: „Jedes Mal, wenn wir an der Torre Frangipane vorbeikamen, haben mir meine Eltern die Affengeschichte erzählt.“ Die Torre Frangipane steht an der Ecke Via dei Portoghesi/Via dei Pianellari nördlich der Piazza Navona

RÖMISCHE PROSA

Stadt-Geschichten

Ein alter Turm, ein Aquädukt, eine Bar: Vier römische Schriftsteller entführen uns an besondere Kraft-Orte in ihrer Heimatstadt

Fotos von Kerstin zu Pan, aus dem Italienischen von Markus Nikel

Lisa Ginzburg
Die rote Leuchte

Im Herzen Roms liegt gleich hinter der Piazza Navona eine Ecke, die ich besonders gern mag. Dort, wo die Via dei Pianellari auf die Via dei Portoghesi trifft, steht die Torre Frangipane, ein alter Turm. Es mag an meiner besonderen Sensibilität für bestimmte Orte liegen, jedenfalls verspüre ich jedes Mal, wenn ich dort vorbeikomme, eine starke Energie. Vielleicht ist es die Erinnerung an eine uralte Legende, von der niemand weiß, wie viel an ihr Frucht der menschlichen Fantasie und wie viel wahr ist.

Auf der Spitze dieses Turms befindet sich eine Madonnenstatue. Auf dem Kopf trägt sie eine Art Heiligenschein, und darüber brennt immer ein rotes Licht. Wie erzählt wird, wurde die Statue vor etwa drei Jahrhunderten als Zeichen der Dankbarkeit von einem adligen Herrn errichtet.

In der Familie Frangipane, der dieser Turm gehörte, pulsierte das Leben. Den ganzen Tag lang liefen Diener, Kindermädchen und Köche durcheinander. Am Abend gab es Empfänge und Besuche von adligen Römern, Prälaten und Durchreisenden. Einer dieser Reisenden, ein aus Indien kommender Maharadscha, brachte der Hausherrin ein außergewöhnliches Gastgeschenk mit: einen Affen.

Es handelte sich dabei um eine junge, äußerst lebhafte Affendame mit fuchsrotem Fell. Sofort begann sie, den ganzen Tag lustig zwischen der Küche und den Zimmern hin und her zu springen. Die Hausherrin gab ihr den Namen Tempesta, Unwetter. Tempesta fasste eine besondere Neigung zu einem Kindermädchen namens Fabietta. Wo Fabietta sich aufhielt, war auch sie. Wenn Fabietta den jüngsten Spross der Herrschaft zum Stillen aus der Wiege holte, saß die Äffin daneben und schaute entzückt zu.

Mehr als ein Mal ertappte die Amme sie über die Wiege gebeugt, versunken in den Anblick des schlafenden Kindes. Sie verscheuchte das Tier, ohne sich viel dabei zu denken.

Es passierte kurze Zeit später. Ostern stand vor der Tür, und Rom war ein einziger Reigen von Festlichkeiten. Auch im Turm der Frangipane wurde gefeiert. Eines Tages, nachdem das Neugeborene sich endlich entschieden hatte zu schlafen, ging das Kindermädchen hinunter, um in der Küche mit anzupacken. Von den Fenstern her hörte man den Klang einer Mandoline und das Klappern von Pferdehufen beim Vorfahren der Kutschen. Fabietta wollte gerade wieder nach oben gehen, als die gellenden Schreie einer Frau alle anderen Straßengeräusche übertönten. Die Dienerschaft eilte zum Fenster.

Es war die Herrin. Sie schrie, den Blick in die Höhe gerichtet, während der Herr neben ihr stand und mit den Armen ruderte. Ganz oben auf dem Turm sah man die Äffin Tempesta und, zwischen ihre Pfoten gebettet, das ins weiße Linnen gewickelte Neugeborene.

In der Stille des leeren Zimmers hatte Tempesta das Kleine aus der Wiege genommen, wie sie es so oft vorher die Amme hatte machen sehen. Sie hatte es sich an den Busen gelegt, vielleicht in der Hoffnung, dass auch aus ihrem haarigen Rumpf auf wunderbare Weise Milch fließen würde. Dann war sie auf die Turmspitze gestiegen. Und nun schwenkte sie begeistert ihre Trophäe hin und her.

Von unten konnte sie die Schreie der Herrin hören, auch die windmühlenartigen Armbewegungen des Herrn konnte sie erkennen. Sie verstand nicht. Sie wäre gern zu ihnen hinuntergesprungen mit ihrem kleinen Schatz. Als sie sich umschaute, verspürte sie eine frische Brise des Ponentino, jenes angenehmen Windes, der im Frühjahr in Rom weht. Es wurde kühl. Sie stieg hinunter, um die Decke zu holen, mit der sie Fabietta die Kleine oft hatte zudecken sehen.

Drei kräftige und zornige Dienerinnen standen bereit, um die Affendame zu packen. Unter ihnen auch die wegen ihres schlechten Gewissens halb wahnsinnig gewordene Fabietta, die schon eine Kette bereithielt und Tempesta in einen Käfig sperren wollte, um sie nach Indien zum Maharadscha zurückzuschicken. Unterdessen nahmen die Ehegatten auf der Straße von allen Seiten Glückwünsche entgegen. Das kleine Mädchen war in Sicherheit!

Von der Kraft solchen Wunders erzählt die rote Leuchte, die seit Jahrhunderten ohne Unterbrechung auf der Spitze des Frangipane-Turms brennt. Und wohl aus diesem Grund erfasst mich jedes Mal, wenn ich vorbeikomme, eine seltsame Melancholie. Es siegt die Kraft des Lebens. Der Glanz der Happy Ends.

Die Autorin **LISA GINZBURG,** Ende 30 (ihr Geburtsjahr behält sie für sich), wuchs im historischen Zentrum Roms auf. 2003 erschien ihr erster Roman: „Desiderava la Bufera" („Sie wollte das Chaos"). Als Schriftstellerin steht Ginzburg in guter Familientradition: Großmutter Natalia gehört zu den bedeutendsten italienischen Autorinnen des 20. Jahrhunderts; Vater Carlo schrieb ebenfalls Romane.

»In der Stille des leeren, großen Zimmers hatte die Äffin das Kleine aus der Wiege genommen ...«

Alessandro Pera
Der Klassenausflug

Das Stück ohne Gehweg ist kurz, nicht länger als hundert Meter. Aber die Lehrerinnen sind einigermaßen besorgt, und vielleicht haben sie nicht Unrecht. Wie verrückt beschleunigen die Autos auf diesem Straßenabschnitt, um von den Wiesen schnell weg in bewohntere Gegenden zu kommen. Ohne sich um Gefahren zu scheren, rennt Manuel schon mal vorneweg, springt herum und stachelt seine Klassenkameraden mit Schlachtrufen an. Einen Augenblick später sind alle hinter ihm her und drängeln in einem ungeordneten Knäuel am Straßenrand. Unerhörte Slogans werden gerufen gegen Lazio, die römische Fußballmannschaft, und gegen Mirko, der sich verteidigt, so gut es eben geht. Nur Laura und das klein gewachsene Mädchen mit den blonden Haaren bleiben ruhig und zeigen ihr Schulheft.

„Immer schön hintereinander bleiben! Hintereinander bleiben!" Die Marchetti schreit mit zittriger Stimme, die übertönt wird von den Autos, vom Wind und vom Kindergeschrei. „Wenn ihr so weitermacht, gehen wir sofort zurück in die Schule!" Ich mache mich an die Arbeit, wenigstens um dem Rest der Predigt zu entgehen, laufe an die Spitze der Gruppe, stoppe Manuel und Daniele, rufe laut: „Schaut mal, hier ist es, wir sind da!", und zeige dann auf die Überreste des Alexandrinischen Aquädukts, die an dieser Stelle aus dem verdurstenden Grün des zur Torre Maura gehörenden Grabens ragen.

Und das Wunder, ein kleines Wunder wie das der fünf stehen gebliebenen Steinbögen, wiederholt sich: Einen Augenblick lang, eine halbe Sekunde, herrscht wirkliche Stille, ein Anflug von Aufmerksamkeit. Alle Augen blicken in die gleiche Richtung, und unerwartet huscht ein Blitz des Erstaunens über die Gesichter (obwohl diese Kinder alle in der Nähe wohnen, ist es, als sähen sie das Bauwerk zum ersten Mal).

Hier hat der Zement angehalten. Die Stadt öffnet sich urplötzlich, und im frei gewordenen Raum breitet sich die Campagna, das Land, aus, trocken und von gelber Farbe. Außer dem antiken Aquädukt ist nichts da, was es mit der flach daliegenden Landschaft aufnehmen könnte. Auf der Grünfläche in der Straßenkreuzung steht ein alter Mercedes, und sein auf voller Lautstärke

Der Autor **ALESSANDRO PERA,** 1957 in Rom geboren, zeichnet in seinen Erzählungen ironische Porträts der römischen Jugend mit ihren Beziehungs- und Kommunikationsschwierigkeiten. Pera hat 2001 unter dem Titel „Afa" („Schwüle Luft") einen Erzählband veröffentlicht, mit dem er zu den zehn Finalisten des Premio Strega gehörte, des wichtigsten italienischen Literaturpreises.

laufendes Radio macht das so kostbare Schweigen der Klasse II B zunichte. Ein paar Jugendliche trinken träge Bier, tanzen, rauchen. Dann zerstört Samantha den Zauber mit einem brüsken Hinweis auf die Notwendigkeiten des Lebens. „Menschenskind, Frau Marchetti, wann essen wir denn was? Is schon elf Uhr!“

Doch ein bisschen Unterricht muss schon sein. Die junge Archäologin scheint gleich in Schwierigkeiten zu sein, vielleicht hatte sie eine andere Klasse erwartet. Und doch war sie gewarnt worden, als sie zur Vorbesprechung ins Büro kam. Nun redet sie langatmig über Konstruktionstechniken und hält sich umständlich bei den Konsolen auf. Ihre fünf Minuten sind, wenigstens zum Teil, für die Katz.

In diesem Moment taucht aus dem Nichts ein Motorradfahrer auf und rast mit irrer Geschwindigkeit auf die Kreuzung. Mit diesem Helm, seinen tausend Farben, sieht er aus wie ein Comic-Held. Wie ein Pfeil schießt das Motorrad die Straße lang, dann verschlingt es die Torre Maura. „Die Thermen waren kostenlos ...“ Aber Roberto und Daniele kennen Geschichten von Motorrädern und wahnsinnigen Wettrennen. Sie bieten deshalb Parallel-Unterricht an, der trotz aller Blockadeversuche auf großes Interesse stößt. Der Zentaur kommt triumphierend zurück und rast, endlos lange nur auf dem Hinterrad, in entgegengesetzter Richtung vorbei. Damit macht er jedem Vortragen ein Ende.

„Pause!“ Die rebellische Meute applaudiert. Aus den Rucksäcken werden übertrieben große Proviantvorräte ausgepackt, während sich Sara weit weg von ihren Freundinnen niederlässt in der Hoffnung, Daniele möge der Pause doch noch eine andere Bedeutung geben. Die Archäologin schaut mich aus verängstigten Augen an. Sie ist noch sehr jung und knabbert an einem Päckchen Crackers, um sich nicht so anders zu fühlen. Müde von so viel Aufmerksamkeit, scheint sich der Aquädukt auf dem Gras auszuruhen. Mittlerweile schaut niemand mehr nach ihm. Alle Blicke sind gefangen von der Vorführung des Motorradfahrers, der auf dem Mittelstreifen gerade noch einmal das Schicksal herausfordert.

»Alle Augen blicken in die gleiche Richtung, und unerwartet huscht ein Blitz des Erstaunens über die Gesichter.«

Ein junger Römer, der was auf sich hält, besucht die Palestra. Denn das Fitness-Studio ist nicht nur ein Ort zum Trimmen, sondern auch zur kommunikativen Freizeitgestaltung. Carla Mellidi nähert sich der schweißtreibenden Realität eher in einer Gefühlsmischung aus Faszination und Abscheu. Location: Fitness-Studio Palestra Ostiense, Via Girolamo Benzoni 53, Stadtteil Ostiense

Carla Mellidi
Großstadtkörper

Eine neue Wohnung, wieder einmal. Neue Straßenzüge, neue Menschen. Anderen Rhythmen und Geräuschen ist hier nachzuspüren im Durcheinander des römischen Verkehrs. Hinter den Biegungen des Tiber tun sich unerwartete Ansichten der Stadt auf wie Theaterkulissen. Hier, wo der Fluss sich etwas gewagter zum Meer schlängelt.

Ich kenne niemanden, eine Freundin rät zur Palestra. Die notorische Bewegungsunlust der dekadenten Kopfarbeiterin hab ich schnell im Griff. Der Umstand, dass ich nun schon einiges über dreißig bin und zur Kurzatmigkeit neige, ist ein gutes Argument. Und außerdem, denke ich und zünde mir eine Zigarette an, gleicht eine gesunde Sache eine ungesunde aus. Mein Entschluss: Ich melde mich an in der Palestra, lerne Menschen kennen und rauche weiter.

Google blättert Tausende von Gesichtern und prallen Muskeln hin, aber keine Adresse. Jemand vor Ort fragen. Das Mädchen aus dem Tabakladen lächelt komplizenhaft, und mein Blick folgt der Bewegung ihres Armes, in dessen gedachter Verlängerung tatsächlich ein Fitness-Studio liegt. Angesagt sind Total Body, Gag, Body Pump, Power Pump, Afroaerobica, ich dagegen entscheide mich für einen Kurs in Pre-Box. Ich zahle vier Monate im Voraus, um sicherzugehen, dass ich nicht gleich nach der ersten Lektion aufgeben werde. Eine Barecke mit Getränken in den unwahrscheinlichsten Farben und Geschmacksrichtungen. Stramm wie beim Militär stehen da: „Men's Health", „Big", „Muscle & Fitness", „Muscle & Fitness for her", „Performance". Ein Spiegelkorridor aus Muskeln, Sehnen, Venen. Alles glänzt, überall spannt es. Im Umkleideraum reiben sich Schenkel und Hintern jeder Größe und Form aneinander, Tanga-Shorts treten zur Parade an, aus kunterbunten Hautanzügen quellen kreideweiße Fettpölsterchen.

Ich ziehe mich um und nehme sofort das fahle und unterschwellige Licht der Lampen am Ring wahr, die Bande, den Sack, das verbeulte Gesicht eines Trainers. In meinem Kopf taucht das Bild eines Onkels auf, eines dürren und klein geratenen Männleins, das bei jedem Boxkampf im Fernsehen zum Giganten wurde. Im stillen Dunkel des Wohnzimmers mussten diese Kämpfe ausgefochten werden wie ein feierliches Ritual in heiliger Nacht, auch wenn draußen die Bruthitze eines Augustnachmittags wütete.

Im Saal grelles Neonlicht, ein viel zu junger Lehrer und fünf mädchenhafte Assistentinnen, von denen keine älter als vierzehn aussieht. Aus dem Nebenzimmer dringen Frauenschreie und betäubend laute Musik. An meiner Seite hängen schwere, riesige Boxhandschuhe, mit Verliererblick erkunde ich den Gewichteraum. Aufgedunsene Körper hat man kahl rasiert und in Lycrahöschen und Netzhemdchen gepresst. Selbstverliebt starren sie sich jetzt hier im Spiegel an, unter Zentnergewichten Tierlaute ausstoßend. Aufwand und Ergebnis stehen in keinem Verhältnis. Im Gemisch von Schweißgestank und Deodorant, das den Schweiß zudecken soll, Echo-Fetzen von Männergesprächen aus dem Umkleideraum: Stoffwechsel, Diät, Proteine, Kohlenhydrate, Fettmasse, Magermasse. Der Lehrer ragt aus einer undurchdringlichen Wolke von Frauenköpfen. Es muss sein wie bei der „Übertragung" in der Psychoanalyse: Letztendlich verlieben sich alle in den Analytiker.

Vier Monate im Voraus für einen Ort, an den ich nie mehr zurückkommen will.

Draußen auf der Straße Smog-Gestank und Motoren und Schreie und Hupen. Eine Ampel blinkt traurig über dem hysterischen Gedränge aus Automassen und Motorrollern. Ich zünde mir eine Zigarette an und inhaliere Rauch und Abgase. Und während ich noch einatme, entsteht ein neues Gefühl im Bauch, eine neuartige Spannung: Ich gehe und fühle die Beine wieder, ein Prickeln, die schweren Schultern, den ganzen Körper in diesen Kleidern. Vielleicht wird mir morgen alles wehtun, aber ich mag es, und ich bin nicht mehr sicher, ob ich nicht doch wiederkomme. Ich kann ja den Kurs wechseln, oder vielleicht melde ich mich morgen in einer Ballettschule an.

Die Autorin **CARLA MELLIDI,** 1972 in Terracina geboren, lebt seit den achtziger Jahren in Rom. Sie schreibt Erzählungen mit viel Sinn fürs Tragisch-Komische. Die Sammlung „Pareti" („Wände") schildert in stenografischem Stil den Alltag junger Menschen, die trotz widriger Umstände ihren Weg machen. Carla Mellidi arbeitet in der kleinen Nachrichtenagentur Migra, die auf Multikulturelles und Immigranten-Problematik spezialisiert ist.

»Selbstverliebt starren sie sich hier im Spiegel an, unter Zentnergewichten Tierlaute ausstoßend.«

Marco Lodoli
Die Bar Marani

Wer für ein oder zwei Wochen nach Rom kommt, weiß schon, was er anzuschauen hat: das Kolosseum, die Foren, San Pietro, die Bilder von Caravaggio und Raffael, Trastevere. Alles schon vorausgeplant, sogar das Eis auf der Piazza Navona und die Bootsfahrt auf dem Tiber. Man schaut, fotografiert, findet's toll und fährt mit reinem Touristengewissen wieder nach Hause. Man wird sagen können: Ich habe die Ewige Stadt gesehen, ich weiß Bescheid. Die Römer selbst sind nur Spielzeugfiguren in einer von der Reiseagentur vorgezeichneten Landschaft, und man läuft Gefahr, nicht viel von ihnen zu verstehen.

Sicher, ein paar Tage reichen nicht, um sich auf Seele und Gewohnheiten dieses oft nicht ohne Zynismus besungenen, bis zum Pazifismus friedfertigen, geistreichen und oft poetischen Menschenschlags einzulassen. Vielleicht reicht nicht einmal ein ganzes Leben, um den Römer endgültig lieben oder hassen zu können. Aber man kann auf jeden Fall versuchen, einige Stunden außerhalb der Postkarten-Idylle, mitten im wahren Leben der Menschen zu verbringen.

Mich zieht es nach San Lorenzo und in diesem Viertel zu einer Bar, der mythischen Bar Marani. San Lorenzo befindet sich in einer Gegend, wo Eisenbahn und Friedhof, Universität und große Krankenhäuser aufeinander treffen. Ein wissender Ort, alt, volksnah, unterhaltsam. Kommunisten, Handwerker, Taugenichtse, Maler, Dichter, Träumer wohnen hier nebeneinander. Menschen mit Sinn fürs Konkrete und doch auch fähig, sich in den höchsten Illusionen zu verlieren.

Abends gegen sieben, aber auch zur Mittagszeit findet sich ein Gutteil von ihnen unter der Pergola der Bar Marani. Es ist ein interessantes Schauspiel: Dicke, römische Damen mit Einkaufstüten, ein pechschwarzer Punk mit Hund an der Leine, Studenten in sehr fortgeschrittenen Semestern, Steinmetzen vom Friedhof, Schauspieler, die einen Anruf erwarten, professionelle Tagediebe, Männer und Frauen, die zu Hause den Roman des Jahrhunderts in der Schublade liegen haben, todunglückliche Fans des AS Roma, die Kids aus dem Jugendzentrum in der Via dei Volsci, Dandys mit Schal, unermüdliche Schwätzer und schweigsame Alkoholiker lassen sich auf ein kleines Bier oder einen Campari an den Tischen nieder. Man sollte meinen, dass es nichts Gemeinsames zwischen ihnen geben könne, aber so ist es nicht. Denn Worte und ganze Geschichten sind im Umlauf und gehen von Tisch zu Tisch, und sogar Hausfrauen und Rocker sind vertraut miteinander. Im Grunde sind eben alle Römer, mehr oder weniger. Denn zum Römer wird man in ein paar Monaten, man muss sich nur gehen lassen. Und für einen Römer ist Stammeszugehörigkeit grundsätzlich von geringer Bedeutung. Keiner fühlt sich definitiv einer sozialen Gruppe oder einem kulturellen Lager verpflichtet.

Das Wichtigste, das vielleicht allein Entscheidende, ist die menschliche Sympathie. Wenn du ein mürrisches Genie, ein eingebildeter Reicher bist, bleib bloß zu Hause, und lass dein hässliches Gesicht nie in der Bar Marani blicken. Eine kleine Geschichte fällt mir ein: Es gab da einmal einen kleinen Filmproduzenten, einen gewissen Galliano, der mehr Schulden hatte als sonst etwas. Er lernte Robert De Niro kennen, der gerade in der Stadt irgendeinen Film drehte. So tauchte er bei allen Partys und Abendessen in Begleitung des amerikanischen Stars auf, eingeladen war er überall. Galliano war ein menschliches Wrack, aber immer fröhlich, De Niro dagegen ein wortkarger Snob, ein unglaublicher Langweiler. Am Ende sagten die Leute alle: Lieber Galliano, wenn du bei uns vorbeischauen willst, komm ruhig, aber bitte bring uns nicht diesen Miesepeter De Niro mit. Das ist Rom, das ist die Philosophie der Bar Marani. ■

Der Autor **MARCO LODOLI,** 1956 in Rom geboren, gewann mit seinem ersten Roman 1986 gleich zwei Preise. In der Tageszeitung „La Repubblica" schreibt Lodoli regelmäßig die Kolumne „Le Isole" („Inseln": Skizzen römischer Orte, Kunstwerke und Begebenheiten – unter dem Titel „Inseln in Rom" auch auf Deutsch erschienen). Weitere übersetzte Werke: „Der große Anarchistenzirkus", „Der Wind" und „Hunde und Wölfe".

»Worte und ganze Geschichten sind im Umlauf und gehen von Tisch zu Tisch; und sogar Hausfrauen und Rocker sind vertraut miteinander.«

„Ein wissender Ort, alt, volksnah, unterhaltsam“: Das ist die Bar Marani. Marco Lodoli war es peinlich, sich hier, vor all den Freunden, so in Szene zu setzen – für ein Foto an seinem Lieblingsort. Die Bar Marani liegt in der Via dei Volsci 57 im Viertel San Lorenzo

Traum-Bilder garantiert: Blick aus dem Hotel FONTANA auf den barocken Trevi-Brunnen

HOTELS

Aussicht auf ewige Schönheit

Wer in einem dieser Häuser wohnt, ist mittendrin und doch ganz fein raus: elf Hotels in unmittelbarer Nähe zu den schönsten Gesichtern der Stadt

Text von Annette Rübesamen, Fotos von Othmar Berndt

Römische Nächte sind Luxus. Denn die Diva unter Italiens Städten lässt sich Avancen gut bezahlen. Das heißt: Die Hotels in Rom sind überwiegend teuer – doch leider nicht gleichzeitig überwiegend gut. Schon gar nicht, wenn sie zentral liegen oder sich gar eine Sehenswürdigkeit in ihrem Blickfeld befindet.

Es ist uns trotzdem gelungen, ein paar Perlen aus dem Gasthäusermeer herauszufischen: Hotels mit schönem Gesicht und starkem Charakter, die zwar nicht billig sind, aber ihren Preis wert. Das Beste: Sie alle liegen nur due Passi, zwei Schritte, von Orten entfernt, die zu sehen Millionen Menschen jährlich nach Rom reisen. Und manchmal hat der Gast von seinem Zimmerfenster sogar einen ganz privaten Blick auf die Peterskirche oder die Fontana di Trevi.

Im Anschluss an unsere Top-Tipps finden Sie eine Sammlung preiswerterer Unterkünfte (Seite 147), zum Beispiel in einem Kloster, in einer Ferienwohnung oder einer Pension, die nicht ganz im Zentrum liegen. Die Klassiker dürfen natürlich auch nicht fehlen – schon wegen der Aura, die sie umgibt.

Wo einst Mönche lebten, schlummern heute Touristen: FONTANA, ein ehemaliges Kloster aus dem 16. Jahrhundert

Fontana

AM TREVI-BRUNNEN Es gibt wahrscheinlich nicht viele Hotels auf der Welt, die den Gast mit einem Tütchen Geld auf dem Zimmer überraschen. Es handelt sich dabei nicht etwa um einen Obolus der Direktion zur Begleichung der Hotelrechnung, sondern um den nett umgesetzten Wunsch, der Gast möge wiederkommen – nach Rom und, warum nicht, ins Hotel Fontana. Dass er das tut, können wir uns recht gut vorstellen. In dem ehemaligen Kloster aus dem 16. Jahrhundert wurden die Zellen in 25 ganz unterschiedliche, mal mit Antiquitäten, mal mit modernen Kiefernholzmöbeln eingerichtete Zimmer umgewandelt. Alte Sammelstücke aus aller Welt schmücken die gelb lackierten Korridore, und die Rooftop-Lounge, wo das Frühstück serviert wird, bietet Parkettboden und ein Klavier. Alles ist sehr charmant, nur nicht die Lage: Die ist sensationell. Das Haus liegt direkt gegenüber dem Brunnen Fontana di Trevi. 10 der 25 Zimmer gehen geradezu auf das gewaltige Barockkunstwerk hinaus, was neben Luxusblick freilich auch Wasserrauschen, Trappeln und Reden Tausender begeisterter Touristen bedeutet. Die von der Hotelleitung freundlich bereitgestellten Cents sollte man übrigens besser nicht vom Zimmer aus in den Brunnen werfen. Der Trick mit der Wiederkehr nach Rom funktioniert nur, wenn man die Münzen rückwärts über die Schulter wirft. Und das klappt doch sehr viel besser von der Piazza aus.

ADRESSE 00187 Rom, Piazza di Trevi 96, Tel. 066 79 10 56, Fax: 066 79 00 24, www.fontanahotel.com **PREISE** EZ 150–180, DZ 200–260, Suite 450 €, inkl. Frühstück **KREDITKARTEN** alle

Fontanella Borghese

AM PALAZZO BORGHESE Er ist einer der berühmtesten Adelspaläste Roms. 1580 erbaut, diente er der mächtigen Familie Borghese über Jahrhunderte hinweg als Stadtresidenz. Im ehemaligen Gästehaus der Familie gleich vis-a-vis liegt unser Hotel. Der Eingang befindet sich versteckt im Hinterhof, flankiert von Palmen und einer Marmor-Diana. Im zweiten Stock des 500 Jahre alten Hauses tut sich dann eine großbürgerliche Zimmerflucht auf. Cinzia Pighini – eine lebhafte, löwenmähnige Römerin wie aus dem Bilderbuch – hat auf zwei Etagen ein kleines, feines 28-Zimmer-Hotel eingerichtet und umsorgt ihre Gäste mit fröhlicher Anteilnahme, herzlichen Umarmungen und perfekten Englischkenntnissen. Eine eiserne Wendeltreppe verbindet die beiden Stockwerke miteinander; sonnengelbe Stoffe, Türrahmen aus altem, gemaltem Marmor-Imitat, Kristalllüster und Wandteppiche strahlen Wärme und Eleganz aus. Die Zimmer sind eher klein, aber mit Stil und schönen Stoffen gestaltet. Entzückend ist die Nr. 205, ein Eckzimmer mit Grand Lit und einer Fensterbank, auf der man sitzen und das Treiben in der Gasse beobachten kann.

ADRESSE 00186 Rom, Largo di Fontanella di Borghese 84, Tel. 06 68 80 95 04, Fax: 066 86 12 95, www.fontanellaborghese.com **PREISE** EZ 120–130, DZ 190–200 €, inkl. Frühstück **KREDITKARTEN** alle

FONTANELLA BORGHESE: Vom Schlafgemach schaut man runter in die Via del Leone

In Rufweite zum Zentrum der italienischen Politik: Das PARLAMENTO beherbergt auch oft auswärtige Abgeordnete

Parlamento

AM ZENTRUM DER MACHT Nur wenige Schritte von Plinio Chinis kleinem Hotel schlägt im Abgeordnetenhaus, das man von der hübschen Dachterrasse aus gut erkennen kann, das Herz der italienischen Politik. Doch während in der „Camera dei Deputati" die Parlamentarier gern auch mal handgreiflich werden, herrscht in den beiden Hoteletagen des 500 Jahre alten Palazzo überparteilicher Friede. Viele von auswärts stammende Politiker übernachten gern hier in Parlamentsnähe. Touristen dagegen haben das 23-Zimmer-Haus aus anderen Gründen ins Herz geschlossen. Allen voran die für Rom und im Verhältnis zum Komfort höchst demokratische Preisgestaltung. Die Einzelzimmer verfügen über Grand Lit, manche Doppelzimmer über Jacuzzi-Wanne, und die Juniorsuite hat sogar eine Privatterrasse. Es gibt beheizte Handtuchhalter, zweifache Doppelfenster in den zur Straße liegenden Zimmern und Empire-Antiquitäten in Raum Nr. 82 – so kostbar, dass Signor Chini bei jedem Gast aufs Neue angstvoll erbebt, es könne etwas kaputtgehen. Foyer und Gänge hat seine Frau großzügig mit goldgerahmten Stichen dekoriert; Samtsessel, Grünpflanzen, ein Frühstücksraum mit Trompe-l'Œil-Malerei und der in eine Ecke gezwängte Gäste-Computer tragen mit zum unverkrampften Stilmix bei. Das Parlamento ist allseits bekannt und beliebt – und sollte lange vor Anreise reserviert werden.

ADRESSE 00187 Rom, Via delle Convertite 5, Tel. u. Fax: 06 69 92 10 00, www.hotelparlamento.it **PREISE** EZ 70–120, DZ 80–158, Suite 120 bis 190 €, inkl. Frühstück **KREDITKARTEN** Amex, Diners, Master, Visa

Villa Borghese

AM GLEICHNAMIGEN PARK Vor ungefähr 100 Jahren, als der große Schriftsteller Alberto Moravia in der dreistöckigen Villa seine Kindheitsjahre verbrachte, stand sie praktisch noch auf dem Land. „Nebenan wogten Weizenfelder, und die Leute kamen zu Schäferstündchen her", erzählte er später und ließ die Atmosphäre des Viertels in seinen ersten Roman, „Die Gleichgültigen", einfließen. Heute rauscht auf der Via Pinciana großstädtischer Verkehr, das offene Land hat sich weit zurückgezogen, und Moravias Geburtshaus ist zum Hotel geworden, einem Hotel, in dessen Volants- und Bordüren-geschmückten Salons man freilich noch immer die großbürgerliche, wenn auch etwas angestaubte Grandezza vergangener Jahrzehnte spürt. Die Zimmer sind verhältnismäßig groß und in einem eklektischen Stilpotpourri aus Perserteppichen, Fransenlampen und den Aktzeichnungen von Besitzersohn Dimitri Bonetti eingerichtet. Eindeutig nichts für Puristen – doch auch die werden sich durch den Blick entschädigt fühlen. Denn gleich jenseits der Straße breiten sich die hügeligen, von Pinien und Libanonzedern bestandenen Weiten von Villa Borghese aus, Roms schönstem Stadtpark – herrlich zum Joggen und zum Radeln. Die Galleria Borghese mit ihrer außergewöhnlichen Sammlung an Bildern und Kunstwerken liegt keine 100 Meter vom Hotel entfernt. Das macht dieses zur perfekten Adresse für alle, die sich den großen Kunstgenuss morgens vor dem Anrollen der breiten Masse gönnen wollen.

ADRESSE 00198 Rom, Via Pinciana 31, Tel. 06 85 30 09 19, Fax: 068 41 41 00, www.hotelvillaborghese.it **PREISE** EZ 117–152, DZ 162–195 €, Suite 225–252, inkl. Frühstück **KREDITKARTEN** alle

Angestaubte Grandezza vergangener Jahrzehnte: die VILLA BORGHESE in direkter Nachbarschaft zu Park und Galerie

Mit super Sicht über Forum Romanum zum Monumento Vittorio Emanuele II.: das kleine Hotel ROMANO

Romano

AM KOLOSSEUM „Mit dem 64er-Bus", empfiehlt Renato Scovazzi den beiden Amerikanerinnen in seinem besten Englisch, „kommen Sie direkt zum Petersplatz. Aber, meine Damen, achten Sie auf die Taschendiebe!" Der 37-jährige Römer ist nicht nur Besitzer des kleinen 16-Zimmer-Hotels, er ist ein echter Herbergsvater: herzlich, hilfsbereit und aufmerksam. In der dritten Generation schon führt seine Familie das Haus an der verkehrsreichen Ecke zwischen Via Cavour und Via Fori Imperiali. Ästheten und Gourmets sollten sich wappnen: Vor der Hoteltür liegen der mit Plastikplanen abgegrenzte Freisitzbereich der Bar Valorani's sowie eine kleine Tankstelle, und das Frühstück, das in Ermangelung eines eigenen Raumes in besagter Bar serviert wird, ist sehr bescheiden. Wer aber in den oberen Stockwerken bucht, sieht über Bar, Tankstelle und Pinien hinweg auf die Kaiserlichen Foren, nach links zum Forum Romanum, und um die Ecke wartet das Kolosseum. Wir sind also mittendrin im antiken Rom. Nur das Hotel ist neueren Datums – vermutlich erst 600 Jahre alt! Die man ihm nicht ansieht. Die Zimmer sind einfach, aber modernen Zuschnitts, verfügen über schalldichte Fenster, Klimaanlage, romantische Eisenbetten und hübsche Kacheln im Bad. Dass es keinen Lift gibt, finden wir nicht so tragisch; den hatten die alten Römer schließlich auch nicht.

ADRESSE 00184 Rom, Largo Corrado Ricci 32, Tel. 066 79 58 51, Fax: 066 78 68 40, www.hotelromano.com **PREISE** EZ 70–90, DZ 100–150 € **KREDITKARTEN** alle

Scalinata di Spagna

AN DER SPANISCHEN TREPPE Wer nach dem Besteigen dieser berühmten Stufen so begeistert (oder erschöpft) ist, dass er auf der Piazza Trinità dei Monti gleich übernachten möchte, der hat zwei Möglichkeiten. Er kann sich nach links wenden, wo livrierte Portiers vom Fünf-Sterne-Luxus des Hassler Villa Medici (Seite 147) künden. Oder er geht nach rechts. Dort steht eingeklemmt zwischen hohen Palazzi ein schmales, einstöckiges Haus. Klein und intim ist das Hotel Scalinata, ein Schmuckkästchen mit gerade mal 16 Zimmern, mit reichlich weichen Teppichen, Messing und Magahoni ausgeschmückt. Komfortabel und behaglich sind die in den Farben Gelb und Blau gehaltenen, mit Murano-Leuchtern und eleganten Holzmöbeln eingerichteten Zimmer. Zu jedem gehören ein Marmorbad und ein „TV-Computer" mit Tastatur, von dem man bequem seine E-Mails verschicken kann. Denkbar allerdings, dass man es morgens gar nicht erst aus dem Haus schafft. Zu schön ist die gepflasterte und von Efeu überrankte Terrasse, auf der man nicht nur ein gutes Frühstück genießt, sondern auch einen sagenhaften Blick über Rom. Weshalb Besitzer Renato Bellia vorsorglich gleich ein paar Liegestühle aufgestellt hat.

ADRESSE 00187 Rom, Piazza Trinità dei Monti 17, Tel. 06 69 94 08 96, Fax: 06 69 94 05 98, www.hotelscalinata.com **PREISE** EZ 90–210, DZ 130–380 €, Suite 210–420 €, inkl. Frühst. **KREDITKARTEN** alle

Portal samt glänzenden Türklopfern, gleich neben der Spanischen Treppe: SCALINATA DI SPAGNA

Warme Farben, gemütliches Interieur: Frühstücksraum des SCALINATA

Vorhang auf: gut ausgeruht nach einer Nacht im verspielten Zebra Room der CASA HOWARD

Casa Howard

AN DER PIAZZA BARBERINI Um die fünf Zimmer in seinem 150 Quadratmeter großen Bed & Breakfast einzurichten, hat Massimiliano Leonardi den Innenarchitekten Tommaso Ziffer kommen lassen, das ist ungefähr so, als würde Miuccia Prada die Haute Couture für Puppen entwerfen. Aber es hat sich gelohnt, denn dem Gast bleibt garantiert schon im achteckigen, rundum verspiegelten Empfangsraum die Spucke weg. Er wird sich erst in einem der orangefarbenen Sessel sammeln müssen, bevor er sich über rot lackierten Harzboden zu seinem Zimmer begeben kann. Stylisher als in der kleinen Altbauwohnung, die nur zwei Schritte von den Barockbrunnen der Piazza Barberini entfernt ist, kann man in Rom nicht unterkommen. Ob im mit Rosentapete dekorierten Flower Room, im American Room mit 42-Zoll-Flachbildschirm an der Wand oder im Zebra Room mit wuchtig schwarzweiß gestreiftem Bett – der Gast bewohnt ein Gesamtkunstwerk. Dass die Zimmer klein sind, verzeiht man angesichts attraktiver Extras gern: Im Winter wärmt eine Fußbodenheizung, geduscht wird unter Philippe Starcks Regenwald-Schwallbrause, Kimono und Schlappen liegen bereit. Aus Platzgründen gibt es keinen Aufenthaltsraum, dafür ein türkisches Dampfbad (gegen Gebühr). Weitere fünf Zimmer in ähnlichem Stil bietet Signor Leonardi um die Ecke in der Via Capo le Case an. Schade nur, dass meist lange im Voraus ausgebucht ist!

ADRESSE 00187 Rom, Via Sistina 149, Tel. 06 69 92 45 55, Fax: 066 79 46 44, www.casahoward.it **PREISE** EZ 150–200, DZ 180 bis 230 €, Frühstück 10€/Person **KREDITKARTEN** alle

Sole al Biscione

AM CAMPO DE' FIORI Wenn andere Hotels dieser Preisklasse frühmorgens zu eingeschweißtem Zwieback und wässrigem Filterkaffee bitten, greifen wir zum Telefon und teilen der Rezeption unsere Wünsche mit: Cappuccino e Cornetto, per favore! Unsere Bestellung wird an die Bar um die Ecke weitergeleitet, und fünf Minuten später klopft der Barista mit dem Frühstückstablett in der Hand an die Zimmertür. Und damit stehen wir vor der schwierigsten Entscheidung des Tages: Auf welcher Terrasse frühstücken wir heute? Im Innengärtchen im zweiten Stock, wo ein kleiner Springbrunnen sprudelt? Eine Etage höher zwischen Topfpalmen und Michelangelos (Gips-)David? Oder ganz oben im fünften Stock, wo man auf die nahen Kuppeln von Sant' Andrea della Valle und San Carlo ai Catinari schauen kann? Überall spüren wir, mittendrin zu sein, nur zwei Schritte vom Campo de' Fiori entfernt, wo nach der langen Kneipennacht jetzt die Gemüseverkäufer ihren Stand aufbauen. Die Zimmer sind einfach und sauber, Service ist nur rudimentär vorhanden, und die Gäste sind zum Großteil jung, gut gelaunt – und sichtbar glücklich, in Rom zu sein.

ADRESSE 00186 Rom, Via del Biscione 76, Tel. 06 68 80 68 73 und 066 87 94 46, Fax: 066 89 37 87, www.solealbiscione.it **PREISE** EZ 65–85, DZ 95–150 € **KREDITKARTEN** keine

Frühstück liefert die Bar nebenan: SOLE AL BISCIONE, nur ein paar Schritte vom Campo de' Fiori entfernt

Und täglich grüßt das Pantheon: Blick aus dem ABRUZZI

Abruzzi

AM PANTHEON Fast 2000 Jahre alt ist das Pantheon mit seiner gewaltigen Kuppel und ein so großartiges Bauwerk, dass man von seinem Anblick gar nicht genug bekommen kann. Doch von wo bewundert man es am besten? Am schönsten und bequemsten vom eigenen Zimmer aus: Das Hotel Abruzzi liegt nur wenige Meter entfernt, von 20 seiner 25 Räume geht der Blick direkt auf die Kuppel, mit 43,3 Meter Durchmesser eine der größten der Welt, und seit Hoteldirektor Antonio Crosato unlängst Wasserkocher und Kaffeepulver auf die Zimmer hat stellen lassen, gibt es den Cappuccino praktisch umsonst dazu. Eine gründliche Renovierung im Jahr 2004 hat das 100 Jahre alte Hotel, das zuvor zu den schlichteren Adressen Roms zählte, in ein gepflegtes Drei-Sterne-Haus mit Kirschholzmöbeln und gelben Streifentapeten, Lift und modernen Badezimmern verwandelt. Das Frühstück wird in der Bar nebenan serviert. Wenn alles gut geht, kann Direktor Crosato bald die herrliche, kleine Dachterrasse im sechsten Stock in Betrieb nehmen, von der sich die sagenhafte Pantheon-Kuppel aus einer gänzlich ungewohnten Perspektive bewundern lässt: von oben.

ADRESSE 00186 Rom, Piazza della Rotonda 69, Tel. 066 79 20 21, Fax: 06 69 78 80 76, www.hotelabruzzi.it **PREISE** EZ 130–155, DZ 175–195, Apartment 250–310 €, inkl. Frühstück **KREDITKARTEN** Amex, Diners, Master, Visa

Locarno

AN DER PIAZZA DEL POPOLO Ein Grund, hier einzuchecken, wäre die klassizistische Pracht dieses Platzes gleich um die Ecke, ein anderer wären die ungefähr 20 Hollandräder, auf denen die Gäste kostenlos durch die Ewige Stadt radeln können. Auch die spektakuläre Dachterrasse mit Traumblick über den Tiber und die Kirchenkuppeln der Piazza del Popolo böten einen schönen Anlass.

Und doch sind das alles nur Nebensächlichkeiten. Denn das wirklich Einmalige am Hotel Locarno ist seine Atmosphäre. Das üppig von Glyzinien gekrönte Portal öffnet sich in eine authentische Welt des Jugendstils, in der die Standuhr an der Rezeption, obwohl sie brav jede Viertelstunde anschlägt, irgendwann vor 100 Jahren für immer stehen geblieben zu sein scheint. Echte Tiffany-Lampen und Thonet-Stühle, ein eiserner Belle-Époque-Aufzug und jede Menge geschwungene Holzornamente selbst an den Straßenfenstern – bei der Ausstattung des Erdgeschosses haben Hotelbesitzerin Maria Teresa Celli und ihre Tochter Caterina Valente (si!) keine Mühen gescheut. Mit Antiquitäten aus unterschiedlichen Epochen sind die 48 Zimmer im Haupthaus eingerichtet – jedes ein individuelles Stilporträt voller liebenswerter Details. Ein entzückender, kleiner Garten, in dem im Sommer gefrühstückt wird, trennt das Haupthaus von der neu hinzugekommenen Dependance, in der weitere 18 Zimmer der teureren Kategorie liegen. Und: Auf der anderen Straßenseite hat Caterina Valente ein weiteres Domizil eröffnet, das Anatti zu etwas günstigeren Tarifen.

ADRESSE 00186 Rom, Via della Penna 22, Tel. 063 61 08 41, Fax: 063 21 52 49, www.hotellocarno.com **PREISE** EZ 120–160, DZ 190 bis 310, Suite 510 €, inkl. Frühstück **KREDITKARTEN** alle

Wim Wenders war auch schon da: Das liebevoll ausstaffierte LOCARNO ist beliebt bei kultivierter Klientel

Residenza Paolo VI.

AN DER PETERSKIRCHE Der Weg ins Himmelreich führt über die Dachterrasse der Residenza Paolo VI., wo abends zu sanfter klassischer Musik Drinks serviert werden und sich ein Blick auftut, der selbst antiklerikale Hardliner kleinlaut verstummen lässt. Unten liegt das große Oval des Petersplatzes. Linker Hand, scheinbar zum Greifen nah, baut sich das gewaltige Portal des Petersdoms auf, überragt von seiner mächtigen Kuppel, und im Apostolischen Palast jenseits des Platzes schimmern im obersten Stockwerk die hell erleuchteten Papstgemächer. Tatsächlich befindet sich das 30-Zimmer-Hotel, das in den oberen beiden Stockwerken eines modernen, dem Augustiner-Orden gehörenden Hauses untergebracht ist, bereits auf vatikanischem Territorium. Während die komfortablen Zimmer, der verschwenderisch in Rot und Gold dekorierte Speisesaal und der gute Service weltlichen Zuschnitts sind, lassen andere Elemente keinen Zweifel an der katholischen Location. Papst-Porträts schmücken die Wände, und als Morgenlektüre gibt's in allen Zimmern den aktuellen, vom Vatikan ausgegebenen Tagespsalm. Übrigens auch auf Deutsch – Hoteldirektor Dr. Hans Albert Courtial stammt aus Limburg an der Lahn! ■

Karte Seite 146

ADRESSE 00193 Rom, Via Paolo VI. 29, Tel. 06 68 13 41 08, Fax: 066 86 74 28, www.residenzapaolovi.com **PREISE** EZ 140–195, DZ 165–310, Suite 415–475 €, inkl. Frühstück **KREDITKARTEN** Amex, Diners, Master, Visa

Mit Porträt vom Papst und morgendlichem Psalm: RESIDENZA PAOLO VI. auf vatikanischem Territorium

Im Schlaraffenland kann es auch nicht viel besser sein als in der Salumeria-Vineria **Roscioli**

Das Herz der Küche im Sora Margherita: Lucia Ziroli; Schwertfisch mit Scampi im Riccioli Café

RESTAURANTS

Ganz schön deftig!

Natürlich gibt es in Rom exzellenten Fisch und fantastische Pasta. Ihr kulinarisches Wunder aber können Sie vor allem bei bodenständiger Kost erleben. Zehn besondere Adressen Text von Veronika Crecelius, Fotos von Othmar Berndt

Sind nicht die besten Ideen aus der Not geboren? Wenn man allerdings hört, womit sich Roms Küche jahrhundertelang begnügen musste, bangt man schon um den Genuss. An frischen Meeresfisch war nicht zu denken, weil der Zugang zum Meer versumpft war. Dafür wässerten die Römer haltbaren Stockfisch so lange, bis er seinen Geruch verlor, anschwoll und weich wurde, zogen ihn durch einen Teig aus Wasser, Mehl und einem Tropfen Olivenöl und backten ihn in Öl aus. Baccalà ist noch heute das typischste Fischgericht, keine Trattoria kommt ohne ihn aus. Dann gibt es deftige Pastagerichte wie alla carbonara mit Speck und Ei sowie die dicken Röhrennudeln aus Amatrice mit Speck, Tomaten und Pfefferschoten.

Durch viele Kriege waren die Ländereien vor der Stadtmauer verwahrlost. Olivenöl, Wein, Gemüse und Pilze schaffte man aus den Castelli Romani herbei. Muskelfleisch war dem Klerus und dem Adel vorbehalten, deshalb erfand das römische Volk die Küche um das Quinto Quarto, das fünfte Viertel – die Teile des Tieres, die feine Leute wegwarfen. Unerschütterliche Feinschmecker schwören zum Beispiel auf Pasta mit Pajata (mit Tomaten, Wein, Zwiebeln, Knoblauch und Sellerie gegartes Kalbsgekröse) und auf Trippa alla romana, Kutteln mit Minze.

Am raffiniertesten gestaltet sich die so genannte Armenküche im Umgang mit dem Ochsenschwanz, ebenfalls ein fünftes Viertel, und nicht umsonst machen viele Sterneköche auch in Deutschland aus dem kräftigen Fleisch „Ochsenschwanz-Pra-

Kleines Ausnahmelokal mit großer Weinauswahl: das Roscioli

linen". Für die römische Coda alla vaccinara badet der Ochsenschwanz zunächst wie der Stockfisch in stets gewechseltem Wasser, dann wird er in Schmalz mit Zwiebeln, Karotte, Knoblauch, Petersilie, Chili und Speck angebraten, mit Wein abgelöscht, nach zweieinhalb Stunden Schmorzeit mit Staudensellerie, Rosinen, Pinienkernen und Bitterschokolade abgeschmeckt und weitere 30 Minuten gegart. Klingt das arm?

In Rom kann man sich fabelhaft durch alle Regionen Italiens essen. Als nach der Vereinigung Italiens Rom 1870 Hauptstadt wurde, stammte der erste König aus Sardinien-Piemont. Er rekrutierte einen riesigen Beamtenstaat aus ganz Italien, und die Zugereisten eröffneten Lokale mit der Küche ihrer Heimat.

Schwierig bleibt es, ein herausragendes Restaurant an einem der schönen Plätze und Bauten zu finden. Die Ausnahme ist das teuerste Restaurant Roms, La Pergola im Cavalieri Hilton. Ein Menü bei herrlichem Panoramablick kostet hier 130 oder 145 Euro, Chefkoch ist der Süddeutsche Heinz Beck.

Neben unseren zehn ausgesuchten Restaurants stellen wir Ihnen eine Reihe von Trattorien und Pizzerien vor (Seite 148), wo man abends einfach nur knusprige Pizza essen kann. Eine empfehlenswerte und günstige Variante ist die Pizza al taglio: Pizzastücke in 10, 15 Versionen, die in kleinen Läden verkauft werden. Wenn man Größe und Belag gewählt hat, wandert sie frisch in den Ofen. Zwölf ganz besondere Bars (Seite 149) runden unser gastronomisches Angebot ab.

Roscioli

ZENTRUM Es gibt Lokale, in denen die Augen nie satt werden. Diese erweiterte Salumeria-Vineria nahe dem Campo de' Fiori ist so ein Fall. Links der lange Glasbauchtresen mit besten Sorten von Wurst, Speck, Salaten, unbekannten Schweinereien und der Käseparade des begnadeten Luigi Guffanti vom Lago Maggiore. Darauf ganze Schinken und Bonbonnieren, in denen Provolone-Käse und diverse Mozzarella-Arten schwimmen. Eine Wein-Galerie reicht bis zur Holzdecke, die Zweiertische davor stehen eng, aber in einem Lokal mit 35 Sitzplätzen ist das verzeihlich. Nur bei der Reservierung keinen Platz in der Cantina akzeptieren, einem winzigen Raum im Weinkeller.

Mittags kommen die Leute auf einen schnellen Teller Pasta, etwa die apulischen Fusilli mit einer kräftigen Sauce aus Speck, Radicchio und Orangenschale. Abends genießt man ein Mahl, das ein Fischcarpaccio mit Zitronat aus rosa Pampelmusen und saurer Gurke eröffnen könnte, gefolgt von einem Rindersteak mit einer Sauce aus Wein, Roquefort und Wacholderbeeren. Zum Nachtisch der Jogurt-Schaum mit Blau- und Erdbeeren oder das sündige Schokoladen-Fondue mit Früchten und Keksen. Das Roscioli ist ein Ausnahmelokal: im Trend, kompromisslos in der Qualität und angemessen bei den Preisen.

ADRESSE Via dei Giubbonari 21/22, Tel. 066 87 52 87 **PREISE** Vorspeisen ab 6 €, Pasta um 10 €, Hauptgerichte 10–22 €, Desserts um 7 € **ÖFFNUNGSZEITEN** Mo.–Sa. 8–20 (Geschäft), Küche 12–14 und 19.30–24 Uhr **KREDITKARTEN** alle

O **Baby,** was hast du da gezaubert? Paprika-Cannelloni, gefüllt mit Stockfisch, und Rucola-Cocktail

Leckere Vereinssitzungen: Im **Sora Margherita** muss jeder Gast erst Mitglied werden

Baby

PARIOLI Alfonso Iaccarino hat den Römern ein Kuckucksei ins Nest gelegt: einen Abkömmling seines hoch dekorierten Restaurants Don Alfonso 1890 im kampanischen Sant'Agata sui due Golfi. Das „Baby" wächst im Schoß des vornehmen Aldrovandi Palace auf. Es gibt Kreuzchen an kalorienarmen Gerichten, Musik wie im Café del Mar und junge, schöne Römerinnen. Das Licht schimmert vorteilhaft für den Teint, alles ist sahnefarben, und Babys Diener sind herzlich und kompetent. Sechs Tage im Monat kommt Papà Alfonso aus dem Süden und bringt Gemüse und Olivenöl vom eigenen Biohof mit.

Das Baby jongliert mit Aromen und komplizierten Gartechniken auf der Basis einer individualisierten Mittelmeerküche, wie es das von Papà gelernt hat: als Entree Ricciola-Fischfilet auf pürierten Erbsen mit knusprigen Ingwerscheiben, Rote-Bete-Streifen dazu, die in Balsamessig geschmort sind, und gestoßenen Sezuan-Pfeffer. Dann eine Teigrolle, gefüllt mit leichtem Fleischragout, Tomaten, Mozzarella und Basilikum, wobei jede einzelne Zutat ihre Güte verrät. Oder dieses hinreißende Gericht mit dem Fisch, der im Dampf von Fiano-Weißwein gegart und mit Weinschaum auf Spinat serviert wird. Kein Wunder, dass Alfonso stolz auf sein Baby ist.

ADRESSE Hotel Aldrovandi Palace, Via U. Aldrovandi 15, Tel. 063 22 39 93 **PREISE** 4-Gänge-Menü um 70 €, Hauptgerichte ab 19 € **ÖFFNUNGSZEITEN** Di.–So. 12.30–14.30 und 19.30–22.30 Uhr, geschlossen im Januar **KREDITKARTEN** alle

Sora Margherita

ZENTRUM Ein Restaurant, das einem das Herz erwärmt. Dafür verzichten wir gerne auf Tischkultur und betrachten die Enge als völkerverbindendes Element. Nahe dem Marcellus-Theater liegt der Eingang hinter einem roten Vorhang, bei Dunkelheit leuchtet eine Margerite den Weg, aber kein Schild. Der erste Akt ist Formalität: Jeder Gast muss Mitglied des Kulturvereins Sora Margherita werden, kostenlos, das hat mit der Schanklizenz zu tun. Dann kommt der Künstler Mauro Ziroli, bringt die Karte und malt eine Margerite auf die Papiertischdecke. Das Menü schreibt er auf Packpapier und schmückt das Deckblatt mit einer Skizze von den Dächern der Piazza. „Römische Spezialitäten von gestern – heute gemacht", steht darunter.

In der Küche regiert die Frau des Malers, Lucia Ziroli: „Man braucht keine Schule, wenn man ein Leben lang für eine Familie gekocht hat!" Die Pasta ist selbstverständlich hausgemacht, die Lasagne besonders lecker, die Polpette in bianco, Frikadellen mit Erbsen, sind feiner als die mit Tomatensauce. Kalbslende und Bratwurst werden gegrillt, mit Zitronenspalten und Salat serviert. Den Desserts ist der hausgemachte Kuchen vorzuziehen. Man isst hier einfach, schmackhaft und mit dem Gefühl, zu einer großen Familie zu gehören.

ADRESSE Piazza delle Cinque Scole 30, Tel. 066 87 42 16 **PREISE** 3-Gänge-Menü um 25 €, Hauptgerichte um 8 € **ÖFFNUNGSZEITEN** Di.–So. 12.30–15, Fr. u. Sa. auch abends in zwei Sitzungen: 20 und 21.30 Uhr **KREDITKARTEN** keine

Der kleine Bruder von Roms feinstem Fischrestaurant: Bar im **Riccioli Café**

Im **Pagliaccio** stehen wahre Artisten in der Küche

Riccioli Café

ZENTRUM Fünf Restaurants liegen an der verträumten Piazza delle Coppelle nördlich des Pantheons. Das Riccioli Café ist das einzige, das modern statt traditionell aussieht, weshalb es kaum Touristen lockt. Dabei ist es die informelle Zweigstelle des besten Fischlokals Roms, der Rosetta. Nicht halb so teuer, mit ebenso tagesfrischem Fisch, weniger aufwändig zubereitet. In der Mittagszeit stürmen die Römer das riesige Salatbüfett mit Mozzarella, Tunfisch, Anchovis und mehr für 8 Euro. 26 Weine lassen sich glasweise probieren (2–9 Euro). Und wer zwischen 18 und 21 Uhr auf einen Aperitif vorbeischaut, bekommt oft von Hausherr Massimo Riccioli Austern, Kichererbsensalat mit Tunfisch und Couscous dazu spendiert.

In der Küche kommen nur Bio-Gemüse und kaltgepresstes Olivenöl zum Einsatz, Zuchtfische werden nicht verarbeitet. Das schmeckt man beim Seehecht mit mediterranen Aromen, einer gebratenen Fischtranche mit geschmorten Kartoffelwürfeln und Kirschtomaten, die eine Kräutermischung aus Kapern, Minze, Basilikum und Petersilie würzt. Harmonisch und köstlich. Wer keinen Fisch mag, wird mit Fleischgerichten vom Chianino-Rind verwöhnt oder wählt eine Käsespezialität mit hausgemachten Marmeladen. Empfehlung: unbedingt einen Tisch auf der überdachten, beheizbaren Terrasse reservieren.

ADRESSE Via delle Coppelle 13, Tel. 06 68 21 03 13 **PREISE** 3-Gänge-Menü um 50 €, Hauptgerichte 15–25 € **ÖFFNUNGSZEITEN** tgl. 10–1 Uhr **KREDITKARTEN** alle

Il Pagliaccio

ZENTRUM Das kleine Lokal nahe der Piazza Farnese sieht einladend aus mit seinen gelben Wänden, rohen Holzbalken und Samtpolsterbänken – aber auch unspektakulär. Nichts weist auf die Weltläufigkeit im Küchenbauch dieses Restaurants. Chefkoch Anthony Genovese, Jahrgang 1968, Kind kalabrischer Eltern, wurde an der Côte d'Azur geboren, arbeitete im florentinischen Drei-Sterne-Restaurant Enoteca Pinchiorri und lernte in England seine Partnerin, die elsässische Konditormeisterin Marion Lichtle, kennen.

Seit März 2004 bringt Anthony seine „Berufserfahrung aus dem Orient mit der Tradition der italienischen Küche" in Einklang und serviert so Wunderbares wie die Piccola Frittura di Scoglio: Kleine Sardinen und andere Winzlingsfische stecken in einem Packpapiertütchen, dazu ein Sorbet von getrockneten Tomaten, und auf einem Schälchen mit Koriander-gewürzter Gurkengelatine sitzt ein gebackener Minitintenfisch. Dessert-Meisterin Lichtle präsentiert eine Triologia del Caffè, die sich aus einem duftigen Schoko-Kaffee-Küchlein, einer Kaffee-Mousse und einem nougatfarben gefüllten Schnapsglas zusammensetzt. Über das halb Gefrorene aus Haselnuss lässt sie am Tisch frisch gebrühten Espresso geben – ein gelungenes Finale.

ADRESSE Via dei Banchi Vecchi 129 a, Tel. 06 68 80 95 95 **PREISE** 3-Gänge-Menü um 40 €, Hauptgerichte ab 18 € **ÖFFNUNGSZEITEN** Mo.–Sa. 12.30–14.30 und 20–22.30 Uhr, 2 Wochen im August und 1 Woche im Januar geschlossen **KREDITKARTEN** alle

Restaurant, Pizzeria, Osteria, Shop, Weinbar: Im **Gusto** gibt's alles, für jeden Gusto

Gusto

ZENTRUM In diesem Gastropolis gibt es viel zu entdecken. Die Sonne scheint mittags auf die Stirnseite des Travertino-Palastes, zwischen seinen hohen Säulen gehen Gäste der Pizzeria sowie des mediterran-asiatischen Restaurants zu Tisch; falls es sie nicht in den großen, durch viele Winkel und drei Ebenen aufgeteilten Innenraum drängt. Wer die loftartigen Räume bis zum Ende durchschreitet, findet sich in der Weinbar wieder.

Davor sitzt man im Schatten auf grünen Gartenmöbeln. Rechts tut sich die Osteria auf, der jüngste Zuwachs. Hier bekommt man von jedem Gericht eine Kostprobe, Cicchetti heißen die venetischen Entsprechungen zu Tapas. Für 1 Euro gibt es zum Beispiel ein paar Ravioli mit Ricotta und Spinat, ein Portiönchen Maccheroncini all'amatriciana, für 2 Euro ein Stück Lammkeule mit Röstkartoffeln oder gedünstetem Tintenfisch. Wer die Karte von oben bis unten durchprobieren möchte, macht mit 20 Cicchetti für 18 Euro ein gutes Geschäft. Außerdem: 1500 Weine stehen dem Gast im Gusto zur Wahl.

ADRESSE Piazza Augusto Imperatore 9, Tel. 063 22 62 73 **PREISE** Hauptgerichte in der Osteria ab 8 € **ÖFFNUNGSZEITEN** tgl. 11 bis 1 Uhr **KREDITKARTEN** alle

Zu einer Osteria gehören karierte Tischdecken – das weiß man auch im **Matricianella**

Matricianella

ZENTRUM Wir befinden uns nahe dem Palazzo Borghese in einem der beliebtesten Lokale der Stadt. Hier scheint die Welt der typischen alten Osterien Roms noch in Ordnung; aber nur weil die Geschwister Grazia und Giacomo Lo Bianco das Altstadt-Lokal vor einigen Jahren der Mumifizierung entrissen haben – ohne seine Grundwerte zu zerstören. Dazu gehört, den traditionellen Wochenspeiseplan zu berücksichtigen, der etwa montags Bollito, gekochtes Fleisch in Brühe, dienstags Gnocchi vorschreibt. Römische Cliquen, amerikanische Schwule, ein bisschen Jeunesse dorée und viele fröhliche Leute beleben die große Terrasse und die gemütlich-rustikalen Räume. Blauweiß karierte Tischdecken, robustes Steingut und Stoffservietten bereiten auf eine deftige, gepflegte Küche vor.

Die Fritti, frittierte Steinpilze, Sardellen, Gemüse und Mozzarella, gelingen gold-knusprig. Klassiker wie das Samstagsgericht Trippa alla romana, Kutteln mit Gemüse-Tomaten-Sauce, und Saltimbocca, zarte Kalbsröllchen, mit Schinken und Salbei gefüllt, sind ebenfalls Ausweis des Hauses. Angenehm, dass auf der Tageskarte zu jedem Gericht glasweise die passenden Weine angeboten werden. Der freundliche und engagierte Service verlangt dem hungrigen Gast bei großem Andrang ein wenig Geduld ab.

ADRESSE Via del Leone 4, Tel. 066 83 21 00 **PREISE** 3-Gänge-Menü um 35 €, Hauptgerichte ab 7 € **ÖFFNUNGSZEITEN** Mo.–Sa. 12.30 bis 15 und 19.30–23 Uhr, geschlossen 3 Wochen im August **KREDITKARTEN** Amex, Euro, Visa

Baby-zart: mit Schinken gefüllte Calamares auf Mangold im **Ceppo**

Al Ceppo

PARIOLI Die Industriellen-Töchter Cristina und Marisa Milozzi haben vor 36 Jahren ihre Heimat in den Marken verlassen, um Rom zu erobern. Es ist ihnen gelungen. Das Lokal hat den Charme der Bourgeoisie und strahlt die Solidität eines Felsens in der Brandung aus. Seit es das Al Ceppo gibt, lobt man die Küche und schimpft über den Service. Beides zu Recht.

In den halb mit Holz getäfelten Speiseräumen mit den großen Blumenbuketts, Stillleben in Öl und schweren Vorhängen herrscht die schwatzhafte Fröhlichkeit, die gutes Essen provoziert. Der junge Chefkoch Mirko Moglioni aus Latium befriedigt unter den Argusaugen von Marisa mit einer fast misstrauisch stimmenden, großen Speisenauswahl bis zu 100 Gäste.

Dass das gelingt, muss an den fantastischen Grundprodukten liegen, die hier zum Einsatz kommen. Nicht schön, aber unheimlich gut ist die Pasta mit Bratwurst und Steinpilzen. Fleischgerichte wie panierte Lammkoteletts mit Minze und einer Sauce aus Zitrussaft und mit Rosmarin gewürzte, rosa Rindsfilet-Streifen sind sehr zu empfehlen. Zu den hübschen Desserts wie den Apfeltörtchen mit Calvados-Creme werden glasweise rare Dessertweine ausgeschenkt. Alles in allem: Das Ceppo ist ein sicherer Ort für jede Lebenslage.

ADRESSE Via Panama 2–4, Tel. 068 55 13 79 **PREISE** 3-Gänge-Menü um 40 €, Hauptgerichte ab 18 € **ÖFFNUNGSZEITEN** Di.–So. 12.40–15 und 20–23.15 Uhr, 3 Wochen im August geschlossen **KREDITKARTEN** alle

Im ehrwürdigen **Piperno** haben schon Kissinger und Coppola Spaghetti gegessen

Piperno

ZENTRUM Das Piperno schwebt auf dem Monte de' Cenci über den Dingen und den Zeiten. Das älteste Restaurant im Getto-Viertel beansprucht eine kleine, versteckte Piazza für sich allein. Die würdigen Kellner mit ihrem tadellosen, weißen Jackett haben in ihrer 40-jährigen Dienstzeit schon Prominenz von Henry Kissinger bis Francis Ford Coppola bedient.

Seit 1860 wird an diesem Ort die jüdisch-römische Küche gepflegt und um die Zubereitung der Artischocken auf jüdische Art, der Carciofi alla giudia, ein regelrechter Kult betrieben. Es müssen die runden aus Latium sein, die so lange kopfüber flach geklopft werden, bis sich ihre Blätter wie eine Rosette öffnen, dann setzt man sie in heißes Öl und gart sie vorsichtig. Sie sehen schön aus auf dem Teller mit den anderen frittierten Gemüsen, die allerdings in Teig gebacken sind wie auch der Baccalà. Der Stockfisch hat nichts mehr von seiner üblichen Strenge, er schmeckt wie frischer Fisch.

Die gehaltvollen Spaghetti Carbonara werden so großzügig aufgetragen, dass man sich eine Portion teilen sollte, um noch von den Lammspezialitäten (oder vom Fisch) kosten zu können. Zum Schluss der Nachtisch-Klassiker, Le Palle di Nonno fritte, „Opas Eier“: warme, frittierte Bällchen, aus denen eine mit Zimt, Zitrone und Schokostückchen gewürzte Ricotta fließt.

ADRESSE Monte de' Cenci 9, Tel. 06 68 80 66 29 **PREISE** 4-Gänge-Menü um 55 €, Hauptgerichte um 20 € **ÖFFNUNGSZEITEN** Di. bis Sa. 12.45–14.30 und 20–22.30, So. 12.45–14.30 Uhr, geschl. im August, Ostern und Weihnachten **KREDITKARTEN** Euro, Diners, Visa

PASTA-MUSEUM Das Wort „Pasta“ heißt nichts anderes als „Teig“. Für die Italiener umfasst es allerdings mehr als 300 Nudeltypen und -formen, was die Bedeutung des Teigs für ihre Küche erahnen lässt. Das Museo Nazionale delle Paste Alimentari vermittelt einen Überblick über Geschichte und Produktion. Neben historischem Gerät zur Nudelfertigung lassen sich zahlreiche Dokumente bewundern. Etwa jener Brief, in dem sich Opern-Komponist Giacomo Rossini während seiner Parisreise verzweifelt an einen Freund in der Heimat wendet, weil es in der französischen Metropole nirgends Nudeln zu essen gab.

Eine Schrift aus Palermo von 1154 wiederum berichtet von „zahlreichen Getreidemühlen“ und regem Handel mit Pasta „in christliche und muselmanische“ Länder. Womit bewiesen wäre, was Patrioten schon immer wussten: Die Nudel wurde nicht von Marco Polo aus China mitgebracht, sondern zu Hause erfunden.

M. Nikel

MUSEO NAZIONALE DELLE PASTE ALIMENTARI
■ Piazza Scanderberg 117, Tel. 066 99 11 20. Geöffnet täglich 9.30–17.30 Uhr. Eintritt 10 €.
www.pastainmuseum.com

Kopieren verboten: Ihren Desserttraum schützt Agata mit einem Copyright

Agata e Romeo

TERMINI „Hosteria", steht in großen Lettern über der Eingangstür zum Reich der wohl besten Köchin Roms – ein Relikt aus Zeiten, in denen ihre Eltern hier ein typisches Wirtshaus führten. Agata Parisella hat das Erbe so umgestaltet, dass manchmal sogar der Palazzo Chigi nach ihr schickt: Will die Regierung bei Staatsgästen bella Figura machen, lässt sie Agata ihre Edelversion der römischen Küche auftischen.

Im eleganten Restaurant verraten Wasserbecher aus buntem Murano-Glas Ambition, aber das Schönste sind die Wärme und das Verschwenderische in Agatas Küchenstil, barock und mütterlich. Romeo ließ für sie sein Medizinstudium sausen und baute mit 3000 Etiketten einen fantastisch ausgestatteten Keller auf.

Agata hat das, was man eine Mano felice nennt, eine glückliche Hand. Sie verdichtet die Geschmäcker und spielt die Gegensätze von Süßem und Salzigem aus. Ihren Flan aus Höhlen-gereiftem toskanischem Schafskäse mit Akazienhonig und Birnensauce hat sie durch Copyright schützen lassen, und der traditionelle römische Ochsenschwanz ist bei ihr zu einem kleinen Ragout-Törtchen mutiert, allerdings mit der kulinarischen Aussagekraft von zehn Bullen! ■

Karte Seite 146

ADRESSE Via Carlo Alberto 45, Tel. 064 46 61 15 **PREISE** traditionelles 4-Gänge-Menü 85 €, Vor- und Zwischengerichte 20 €, Hauptgerichte 30 € **ÖFFNUNGSZEITEN** Mo.–Fr. 12.30–14.30 und 19.30 bis 22.30 Uhr, geschlossen 3 Wochen im Januar und 2 Wochen im August **KREDITKARTEN** alle

Paradies auf Erden

Gut wohnen und essen muss nicht immer teuer sein: Adressen von einfach bis nobel

Rom ist ein begehrtes Reiseziel – entsprechend groß ist das Angebot an Unterkünften und Restaurants, und entsprechend hoch sind meistens auch die Preise. Doch nicht immer sind Zimmer, Küche oder Service ihr Geld auch wert. Ein paar ausgewählte, empfehlenswerte Unterkünfte präsentieren wir hier. Eine große Zahl weiterer Adressen jeder Art finden Sie übers Internet, etwa bei www.romaturismo.it. Ab Seite 148 folgt eine Reihe von Restaurant-Tipps. Zur Erinnerung: Die meisten Lokale sind ab Mittag bis zum frühen Nachmittag und dann wieder ab 19.30 Uhr, klassische Pizzerien nur abends geöffnet. Um Ferragosto (15.8.) und Weihnachten gehen viele römische Wirte in Urlaub.

ÜBERNACHTEN

1 RESIDENZA PAOLO VI. Seite 135

2 FONTANELLA BORGHESE Seite 128

3 ABRUZZI Seite 134

4 SOLE AL BISCIONE S. 133

5 SCALINATA DI SPAGNA Seite 130

6 CASA HOWARD Seite 132

7 FONTANA Seite 128

8 ROMANO Seite 130

9 PARLAMENTO Seite 129

10 LOCARNO Seite 134

11 VILLA BORGHESE S. 129

12 ACCOMMODATION PLANET 29
Die schlichte Zwei-Sterne-Herberge unter deutsch-italienischer Leitung befindet sich in der Nähe des Bahnhofs Termini, nur 15 Gehminuten vom Kolosseum entfernt. Einige Zimmer mit Kochnische. Guter Service, hilfsbereites Personal. Innenhof.
■ 00185 Rom, Via Gaeta 29, Castro Pretorio, Tel. 06 48 65 20, Fax: 06 48 41 41. 10 Zi., 3 Ap.: EZ 40–60 €, DZ 50–90 €.
www.mclink.it/com/travel

13 DELTA COLOSSEO
Nach einem anstrengenden Sightseeing-Tag ein paar Runden im Pool mit Kolosseum-Blick? Kein Problem – das zur Mercure-Kette gehörende Hotel hat einen Außenpool im 8. Stock!
■ 00184 Rom, Via Labicana 144, Monti, Tel. 06 77 00 21, Fax: 06 77 25 01 98.
160 Zimmer: EZ 155–171 €, DZ 243–274 €, inkl. Frühst.
www.accorhotels.com

14 DINO
In der Nähe des Bahnhofs, in einer kleinen Querstraße gelegen. Durch Bus- und Metro-Anbindung ein guter Ausgangspunkt zur Stadterkundung. Einfache, gut geschnittene Zimmer.
■ 00185 Rom, Via Milazzo 14, Castro Pretorio, Tel. 064 94 09 84, Fax: 064 95 72 43.
17 Zi.: EZ 30–50 €, DZ 65–75 €.

15 APPIA PARK HOTEL
Modernes Haus im Grünen, nur wenige Schritte von archäologischen Sehenswürdigkeiten der Via Appia Antica entfernt. Komfortable Zimmer. Garage.
■ 00178 Rom, Via Appia Nuova 934, Appio Tuscolano, Tel. 06 71 67 41, Fax: 067 18 24 57.
110 Zi.: EZ 118 €, DZ 138 €.
www.appiaparkhotel.it

16 SAN FRANCESCO
Das unlängst renovierte Drei-Sterne-Hotel überzeugt durch originelle Möblierung in den Gemeinschaftsräumen, einen herrlichen Frühstücksraum mit Blick in den begrünten Innenhof und eine sensationelle Dachterrasse mit der Roof-Bar. Sehr komfortable, wenn auch nicht allzu große Zimmer.
■ 00153 Rom, Via Jacopa de' Settesoli 7, Trastevere, Tel. 06 58 30 00 51, Fax: 06 58 33 34 13.
24 Zimmer: EZ 106–175 €, DZ 115–205 €, inkl. Frühstück.
www.hotelsanfrancesco.net

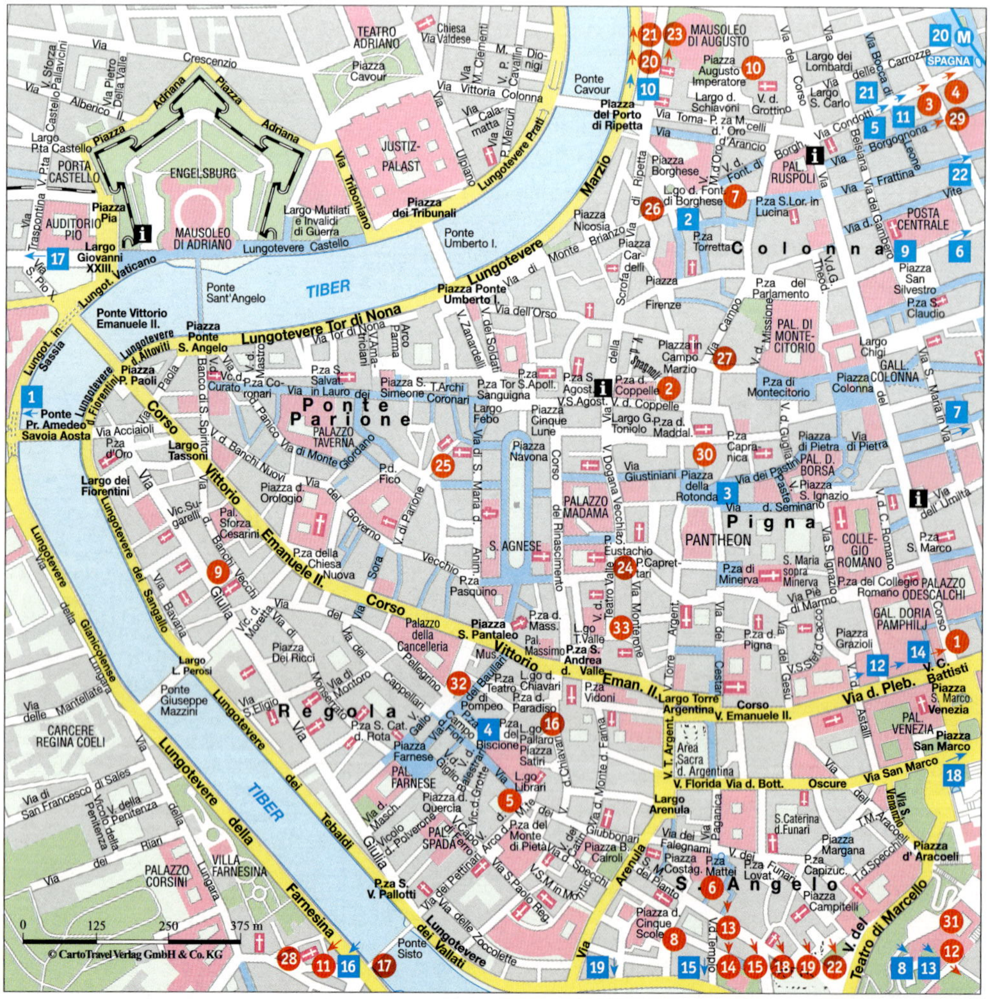

San Francesco:
Dachterrasse mit
super Aussicht

FERIENWOHNUNGEN

LA CASA ROMA
Charlotte Kirchgaesser aus Deutschland hat sich auf die Vermittlung von Wohnungen im Zentrum spezialisiert. Das Angebot reicht vom Studio-Apartment bis zur exklusiven Designerwohnung. Preise variieren nach Saison, Lage und Ausstattung.
■ Mobil 349-355 40 50. Studio-Apartments für 2 Pers. ab 750 €/Woche.
www.lacasaroma.com

Ferienwohnung Giulia bei der Piazza Navona

ROMERENTING
Signora Franca D'Alessandria, die auch ein wenig Deutsch spricht, vermietet in alten Palazzi sehr unterschiedliche Apartments, zum Teil auf zwei Ebenen und mit Dachterrasse. Sie liegen im Viertel Trastevere, am Campo de' Fiori und nahe der Spanischen Treppe.
■ 00153 Rom, Vicolo Moroni 35–37, Tel. 068 08 33 75, Fax: 068 08 49 47. 1-Zimmer-Apartment ab 72 €/Tag.
www.romerenting.com

ROMA HOUSE
Angeboten werden Apartments mit zwei Räumen und zweckmäßiger Ausstattung in der Via Gregorio VII., nur etwa 400 Meter vom Vatikan entfernt.
■ Tel. 06 63 20 37.
www.romahouse.com

Foto: 2004 Royal Demeure IHM

KLÖSTER

17 DEUTSCHES PILGER-ZENTRUM
Wohnraum aus einer Liste von etwa 40 Unterkünften (meist einfache Herbergen, z.T. in Klöstern) vermittelt das Pilgerzentrum Don Antonio.
■ 00193 Rom, Via della Conciliazione 51, Tel. 066 89 71 97, Fax: 066 86 94 90.
www.pilgerzentrum.de

18 SUORE DI SANTA ELISABETTA
Die Basilika Santa Maria Maggiore liegt gleich um die Ecke, der Innengarten ist üppig begrünt, und einige deutsch sprechende Schwestern lassen Verständigungsprobleme gar nicht erst aufkommen.
■ Via dell' Olmata 9, Monte Viminale, Tel. 064 88 82 71, Fax: 064 88 40 66. DZ mit Bad u. Frühstück 75 €.

19 CASA DI SANTA FRANCESCA ROMANA A PONTE ROTTO
Das Kloster aus dem 15. Jahrhundert erfreut mit idyllischem Innenhof, freskengeschmückten Decken und komfortablen Zimmern. Ganz in der Nähe der Basilika Santa Cecilia.
■ 00153 Rom, Via dei Vascellari 61, Trastevere, Tel./Fax: 065 88 24 08. DZ mit Bad u. Frühst. 100 €.
www.sfromana.it

Weitere preiswerte Unterkünfte Seite 79

NOBEL & NOSTALGISCH

20 HASSLER VILLA MEDICI
O du große, seidenbespannte, blattgoldverzierte, alabasterglänzende und unerschwinglich teure Eleganz! Im Hassler ist die Welt noch so, wie betuchte Hotelgäste sie seit 100 Jahren schätzen: vornehm und exklusiv. Rom selbst liegt schüchtern zu Füßen dieses ersten Luxushotels der Stadt, das die Spanische Treppe überthront und von dessen Dachrestaurant man einen Panoramablick genießt, den man so schnell nicht vergisst. Typische Gäste: Gustav von Schweden, Sean Connery, Helmut Kohl.
■ 00187 Rom, Piazza della Trinità dei Monti 6, Colonna, Tel. 06 69 93 40, Fax: 066 78 99 91. 85 Zi., 15 Suiten: EZ 319–484 €, DZ 374–572 €.
www.hotelhassler.com

Hassler Villa Medici: elegant bis ins Detail

21 HOTEL D'INGHILTERRA
Wer sich gerade dick und hässlich fühlt, sollte den prachtvollen Adelspalast aus dem 17. Jahrhundert lieber meiden: In seinen Salons mit den Wandmalereien und Marmorböden lümmeln überdurchschnittlich viele langbeinige Models mit ihren coolen Begleitern in den Sesseln. Die Alternative: schnell eine Schönheitskur machen und dann den üppigen, manchmal leicht altmodischen Charme dieses Hauses aus voller Brust genießen. Wie es übrigens schon Mendelssohn Bartholdy, Liszt und Hemingway taten.

Hotel D'Inghilterra: Wandmalerei in vielen Räumen

■ 00187 Rom, Via Bocca di Leone 14, Colonna, Tel. 06 69 98 11, Fax: 066 92 22 43. 78 Zi., 20 Suiten: EZ 217 bis 277, DZ 315–511 €.
www.hoteldinghilterraroma.it

22 HOTEL EXCELSIOR
Das verschwenderisch im Empire- und Biedermeierstil eingerichtete Hotel schlägt mit umwerfendem Luxus in den Bann. Wer gern etwas großzügiger wohnt, bucht hier Europas größte Suite, La Cupola, die mit 1200 Quadratmetern voller Mosaiken und Fresken, mit Dampfbad, Whirlpool, Fitnessraum und Kinosaal mehr Zerstreuung bietet als eine deutsche Kleinstadt. Kleinere Geldbeutel gönnen sich einen Aperitif in der Doney-Bar.
■ 00187 Rom, Via Vittorio Veneto 125, Ludovisi, Tel. 064 70 81, Fax: 064 82 62 05. 284 Zimmer, 32 Suiten: EZ 510 €, DZ 350–850 €.
www.westin.com/excelsiorrome

ESSEN & TRINKEN

1 AGATA E ROMEO Seite 145

2 RICCIOLI CAFÉ Seite 140

3 BABY Seite 139

4 AL CEPPO Seite 143

5 ROSCIOLI Seite 138

6 PIPERNO Seite 144

7 MATRICIANELLA Seite 142

8 SORA MARGHERITA Seite 139

9 IL PAGLIACCIO Seite 140

10 GUSTO Seite 141

11 AI MARMI
Einfaches, saalähnliches Lokal mit echt italienischer Geräuschkulisse, Neonbeleuchtung und Marmortischen, was ihm den Spitznamen „Obitorio" eingebracht hat, Leichenhalle. Man isst hervorragend Pizza (z.B. mit Zucchiniblüten und grober Wurst), dicke Bohnen und Baccalà (Stockfisch).
■ Viale Trastevere 53–59, Trastevere, Tel. 065 80 09 19. Pizza ab 4,50 €. Geöffnet. Do.–Di. 18.30–2.30 Uhr.

Ai Marmi: beste Pizza, flinker Service, hoher Geräuschpegel

12 AI 3 SCALINI
An den Tischen im Freien sitzt man vor altem Gemäuer, drinnen in einem modernen Restaurant. Doch Marco Placidis Küche schmeckt drinnen wie draußen – fantasievoll verfeinerte Klassiker wie Pasta mit Käse und vier Pfeffersorten. Flottes Publikum.
■ Via dei SS. Quattro 30, Monti, Tel. 067 09 63 09. Menüs ab 20 €. Geöffnet Di.–So. 12–15 und 19.30–23 Uhr.

13 AGUSTARELLO
„Ein Lokal für viele, aber nicht für alle", steht auf der Karte. Und für die deftigen Spezialitäten kommen die „vielen" aus ganz Rom. Die Philosophie des Hauses: Tradition total und hauptsächlich Fleisch und Innereien. Auch das Weinangebot lässt sich sehen.
■ Via Giovanni Branca 98, Testaccio, Tel. 065 74 65 85. Fleischgerichte 8–12 €. Geöffnet Mo.–Sa. mittags und abends.

14 LA TORRICELLA
Früher kam Roberto Benigni manchmal zum Essen, als er noch auf dem Aventin wohnte. Aber auch ohne prominente Gesellschaft lässt sich der Abend (oder Mittag) genießen. Auch hier wird deftige Küche serviert, bemerkenswert ist zudem das große Fischangebot.
■ Via Evangelista Torricelli 2, Testaccio, Tel. 065 74 63 11. Hauptgerichte 12–15 €. Geöffnet tgl. mittags und abends.

15 PIZZERIA REMO
Das Personal ist römisch-rau, unter dem Gewölbe der beiden Gasträume ist es so laut, dass man sich kaum unterhalten kann. Man muss, wenn's voll ist (meistens), 30 Minuten auf das Essen warten, aber: Bei Remo gibt es die beste Pizza des Viertels. Wenn man draußen sitzt, ist es nicht ganz so laut.
■ Piazza S. M. Liberatrice 44, Testaccio, Tel. 065 74 62 70. Pizza 6–8 €. Geöffnet Mo. bis Sa. abends.

16 DER PALLARO
Gegessen wird, was auf den Tisch kommt: ein festes Vier-Gänge-Menü aus der guten römischen Küche von Cesarina und Mario Fazi. Seit 50 Jahren betreiben sie ihre kleine, verwinkelte Trattoria mit viel Erfolg, denn das Menü ist nicht nur köstlich, sondern auch preiswert: 20 Euro inklusive Wein und Wasser!
■ Largo del Pallaro 15, St. Angelo, Tel. 06 68 80 14 88. Mittags u. abends geöffnet; Mo. geschlossen, ebenso im August.

Der Pallaro: Mutterns Küche köstlich und preiswert

17 LA TAVERNA DEL MORO
Mitten im Gassengeflecht von Trastevere liegt dies schlichte, sympathische Lokal, das offensichtlich nur die Römer kennen. Doch das ist ein gutes Zeichen. Empfehlenswert ist hier vor allem die Pizza, die direkt aus dem Holzofen kommt.
■ Via del Moro 43, Trastevere, Tel. 065 81 88 21. Pizza um 6 €. Geöff. Di.–So. 20–24 Uhr.

18 AL CANCELLETTO
Schlichtes Restaurant mit klassisch-römischer Hausmacherküche, dafür bürgt seit Jahrzehnten Wirt Felice. Die Pasta ist natürlich hausgemacht – und schmeckt besonders köstlich in den „Gnocchi Mare e Monti" mit Krebsen und Pilzen!
■ Via delle Cave 150, Appio Tuscolano, Tel. 06 78 96 04. Geöffnet Mi.–Mo. 12.30–14.30 u. 20–23.30 Uhr.

19 OSTERIA DEL VELODROMO VECCHIO
Ehrliche Küche in den Räumen einer alten Trattoria, wie man sie in diesem neuen Wohnviertel eigentlich nicht erwartet hätte. Die Klassiker der Hauptstadtküche – wie Pasta mit Käse und Pfeffer sowie Seppie con Piselli (Tintenfischchen mit Erbsen) – werden mit Sorgfalt und besten Produkten zubereitet. Und das schmeckt man!
■ Via Genzano 139, Appio Tuscolano, Tel. 067 88 67 93. Menü ca. 25 €. Geöffnet Mo bis Sa. 13–15 und 20–23 Uhr.

20 LA NORMA
Darf's ein bisschen sizilianisch sein? In dieser von außen unscheinbaren Trattoria in Roms feinstem Wohnviertel tobt das Leben, wird an den Tischen lauthals diskutiert und gelacht und dazu Pasta mit Sardellen bestellt oder der wunderbare Fenchel-Orangen-Salat. Auf der Terrasse geht es etwas lauschiger zu.
■ Via Flaminia Vecchia 731–733, Vigna Clara, Tel. 063 33 02 10. Menü 25 €. Geöffnet Di.–So. 12.30–15 und 19.30–24 Uhr.

21 ORTICA
Die Lage zwischen Supermarkt und Billardsalon ist nicht gerade charmant. Drinnen aber, in den mit alten Küchenutensilien geschmückten Räumen, serviert Vittorio Virno die besten mediterranen Gerichte, die wir je probiert haben. Einfach, aber unvergesslich die Rosicarielli, Nudeln mit Kapern, Oliven und Kirschtomaten.
■ Via Flaminia Vecchia 573, Vigna Clara, Tel. 063 33 87 09. Menü ca. 45 €. Geöffnet Mo.–Sa. 20–23 Uhr, August geschlossen.

Buccone bietet neben gutem Rebensaft auch Espresso, Croissants und Mittagstisch. Ganz rechts: Leckereien und italienische Weine in der Casa Bleve

CAFÉS/BARS

22 BAR NAPOLEONI
Vom Styling her unbedeutend, aber wen interessiert schon das Styling angesichts dieser unglaublichen Auswahl an Hörnchen und Hefeteilchen, Sandwiches und belegten Broten, Gebäck und Eissorten? Flotter Service. Man kann auch draußen sitzen.
■ Via Appia Nuova 592, Appio Tuscolano, Tel. 067 80 47 27. Geöffnet Di.–So. 7–24 Uhr.

23 BAR DUE MONDI
Die Augen könnten einem ausfallen angesichts dieser üppigen Auswahl an kleinen Törtchen ... Die Anwohner tragen die feinen Pasticcini gleich kiloweise nach Hause. Wer an die Eistheke ausweicht, steht vor dem gleichen Problem, und wenn mittags die Happen für das warme Büfett aufgefahren werden, ist es endgültig aus mit der Selbstdisziplin. Definitiv die beste Bar-Pasticceria des nördlichen Rom!
■ Via Flaminia Vecchia 468, Vigna Clara, Tel. 063 33 64 66. Geöffnet Di.–So. 7–24 Uhr.

24 SANT' EUSTACHIO
Hort der römischen Kaffee-Kultur gegenüber dem Sitz des Senates, wenige Schritte von Piazza Navona und Pantheon. Aufpassen, der Kaffee wird schon von den Kellnern hinterm Tresen gesüßt. Original-Einrichtung aus den dreißiger Jahren. Mitbringsel in sonnengelber Verpackung wie Kaffee-Likör, Geschirr und Schoko-Kaffeebohnen.
■ Piazza Sant' Eustachio 82, Pigna, Tel. 066 86 13 09. Geöffnet tgl. 8.30–1 Uhr.

25 DART CAFFETTERIA
Museumscafé im Chiostro del Bramante. Man sitzt auf uralten Steinen, die in die Gemäuer des Kreuzgangs eingelassen wurden, und blickt in den Klosterhof. Salate, Schinken, Käse, Eierspeisen; sonntags bis 16 Uhr Brunch für 20 Euro. Wem es hier zu düster ist, der geht ins Jugendstil-Café Antico Caffè della Pace, ein paar Schritte vor dem Kloster in derselben Gasse.
■ Via della Pace, Ponte Parione, Tel. 06 68 80 90 35. Geöffnet Di.–So. 10–19.30, Sa. bis 23.30 Uhr.

26 ENOTECA BUCCONE
Historische Kathedrale des Weins nicht weit von der Piazza del Popolo, in der Vittorio Gassman gern mit Schauspieler-Kollegen getrunken hat. Morgens guter Espresso mit frischen Croissants, empfehlenswerter Mittagstisch. Dank der freundlichen Weinkenner-Familie Buccone und der schönen, alten Einrichtung immer gut für ein Gläschen zwischendurch.
■ Via di Ripetta 19, Colonna, Tel. 063 61 21 54. Geöff. Mo.–Do. 8.30–20.30, Fr. u. Sa. bis 23 Uhr.

27 GIOLITTI
Renommiertes Eiscafé und Café-Bar, 50 Sorten im Angebot, Tische auf schattiger Altstadt-Gasse nahe dem Monte Citorio.
■ Via del Ufficio Vicario 40, Colonna, Tel. 066 79 42 06. Geöffnet tgl. 7–1 Uhr.

28 I DOLCI DI CHECCO ER CARETTIERE
Moderne, kleine Bar und Eisdiele mit ausgezeichneter Kuchen-Auswahl, zum Beispiel Zabaione- und Ricotta-Torte, auch Pizza und Panini. Gehört zum Restaurant nebenan, das früher einmal Treffpunkt von Künstlern war: viele Fotos aus den Sechzigern, Essen inzwischen mittelmäßig.
■ Via Benedetta 7, Trastevere, Tel. 065 81 14 13. Geöffnet Di.–So. 7–1 Uhr.

29 CAFFÈ DELLE ARTI
Auf der Rückseite der Nationalgalerie für Zeitgenössische Kunst gelegen, weitläufige Innenräume mit Fresken. Große Terrasse mit Korbmöbeln und Sonnenschirmen, gut zum Lesen und Schreiben. Im Restaurant nebenan sitzt man besser, als man isst.
■ Via Gramsci 73, Villa Borghese, Tel. 06 32 65 12 36. Geöffnet Okt. bis Ende April 7.45–21, Mai bis Anfang Okt. 7.45–0.30 Uhr.

30 LA CASA DEL CAFFÈ TAZZA D'ORO
Kaffeerösterei seit 1946. Tipp: die berühmte Granita al Caffè, gestoßenes Kaffee-Gefrorenes mit steif geschlagener Sahne, am Tresen holen und von der Straße aus das Treiben am Pantheon beobachten. Und: zum Mitnehmen die 100-prozentige Arabica-Mischung „La Regina del Caffè" frisch mahlen lassen.
■ Via degli Orfani 84, Pigna, Tel. 066 78 97 92. Geöffnet Mo.–Sa. 7–20 Uhr.

31 CAFFÈ CAPITOLINO/ TERRAZZA CAFFARELLI
Die Treppen hoch zum Kapitol/Piazza del Campidoglio, wo auch sonntags Brautpaare zu bewundern sind, dann in den Museumspalast und auf der herrlichen Terrasse die Aussicht über ganz Rom genießen, das Forum Romanum zu Füßen – toll.
■ Piazzale Caffarelli 4, S. Angelo, Tel. 06 69 19 05 64. Geöffnet Di.–So. 9–19 Uhr.

32 ANTICO FORNO
Die beste Pizza zum Mitnehmen sowie Panini und Kuchen. Da es auch gekühlte Getränke gibt, kann man sich einen guten und günstigen Imbiss zusammenstellen und sich damit auf die Treppen der Piazza setzen.
■ Piazza Campo de' Fiori 22, Regola, Tel. 06 68 80 66 62. Geöffnet Mo.–Sa. 7.30–14.30 und 16.45–20 Uhr.

33 CASA BLEVE
Casa in einem eleganten Altstadt-Palazzo. Mamma Tina Bleve steht hinter dem Tresen und ist für die Leckereien verantwortlich, die in der Mittagszeit schon appetitlich auf Tellern angerichtet auf den Gast warten, z.B. mit Ricotta und Pistazien gefüllte Zucchini-Blüten, Büffelmozzarella, Lachs, feine Salate und Käse. Interessant: die Cantina mit altrömischen Ausgrabungen, in der sich auch Bleves Privatweinkeller befindet.
■ Via del Teatro Valle 48/49, Pigna, Tel. 066 86 59 70. Geöffnet Di. u. Sa. 10.30–15 u. 18–20, Mi.–Fr. 10.30–15 u. 18–22 Uhr. **V.C.**

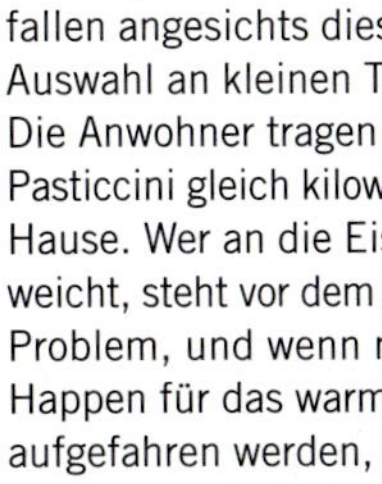

MEIN TIPP

KARIN STORCH „Wunderbaren Kaffee trinken und feine Törtchen essen kann man im Café des Museums-Ateliers Canova-Tadolini (Via del Babuino 150 a/b, Tel. 06 32 11 07 02). Man sitzt dort tatsächlich zwischen den riesigen Gipsfiguren des berühmten Bildhauers! In Rom so selten wie das Ambiente ist der Service: sehr zuvorkommend. Für ein Gläschen Wein oder einen Prosecco empfehle ich die Enoteca Buccone (Via di Ripetta 19, siehe oben). In den Wandregalen stehen in bunter Reihenfolge Weine aus sämtlichen Regionen Italiens; ein wunderbares Interieur."

■ Karin Storch ist Leiterin des ZDF-Studios in Rom und berichtet über wichtige Ereignisse in Italien, Griechenland und Malta. Sie lebt seit 1999 in Rom.

Fotos: Steffen Jänicke; Udo Bernhart; Othmar Berndt; Carmen Sauerbrei/ZDF

Platz für den Soloauftritt – die Disco Goa zieht im Sommer ins Freie. Rechts: Platz für zwei – Grazia und Riccardo auf dem Aventin

JUGEND IN ROM

Wir sind so frei

Sie leben am liebsten in der Clique, haben eigene Werte und ihren eigenen Glauben. Oder sie wohnen mit 30 noch bei den Eltern, bekommen (fast) alles, was sie sich wünschen, können vom Traumjob aber nur träumen. Einblicke in die Seelenlage der Jugend von Rom Text von Christiane Zander, Fotos von Hardy Müller

Als Archäologin hat Daniela keinen Job gefunden. Aber im Goethe-Institut – sie spricht perfekt Deutsch

»Freundschaft ist ein absoluter Wert. Ein Gefühl, das man pflegen muss. Ein Band, das oft ein Leben lang verbindet.«

»L'amicizia è un valore assoluto. Un sentimento da coltivare. Un legame spesso indissolubile.«

Aus dem Web-Tagebuch italienischer Jugendlicher: www.bloggers.it

Cool, cooler – Macchinina. Diese kleinen Autos sind der letzte Schrei bei den reichen Kindern im Stadtteil Parioli. Schon zu fahren ab 14!

Ein geeigneter Ort zum Philosophieren: Valeria und ihre Freunde am Campo de' Fiori zu Füßen der Statue von Giordano Bruno

Ein schönes Viertel zieht schöne Leute an: In Trastevere ist die Nacht so lang und vital wie der Tag

Die Unzertrennlichen: Das Motorino ist für Kids viel mehr als ein Fahrzeug. Es gehört zu ihrem Lebensgefühl

»Mit lockiger Mähne, der jungen Farbe ihrer Pullover durchqueren sie die Nacht, in planlosem Umherkurven fallen sie ein in die Nacht, der Nacht strahlende Herren ...«

»Con la testa ondulata, il giovanile colore dei maglioni, essi fendono la notte, in un carosello sconclusionato, invadono la notte, splendidi padroni della notte ...«
Pier Paolo Pasolini

Es gibt ihn noch, den Typ des heranwachsenden Machos – in den Straßen und Plätzen von Rom sieht man die Jungen herumkurven, Arm in Arm posieren wie zu Pasolinis Zeiten. „Riapparizione poetica di Roma", so nannte er dieses Gedicht – Rom erwacht zu neuer Poesie.

Die Poesie der jungen Römer von heute ist das lange Hemd über den Jeans, es ist die Sonnenbrille, stark und schwarz, der Kurzhaarschnitt, sorgfältig glänzend und manchmal verborgen unter einer Rap- oder Schirmmütze.

Genau so lehnen Lorenzo und Riccardo im Stolz ihrer 15 Jahre vor der Eisbar Filippo lässig an Lorenzos poliertem Wagen, den man hier Macchinina nennt, kleines Auto, weil er nur ein 50-Kubik-Motörchen hat, so wie die Motorini (Motorroller). Ab 14 darf man ein solches Mini-Mobil steuern, ja man muss es sogar, wenn man in Parioli wohnt, dem Viertel, das der gesamten Jugend dort seinen Namen gibt: Pariolini heißen Jungen wie Lorenzo und Riccardo. Und natürlich auch die Mädchen: Mit langer Mähne, gesträhnt und gebräunt, superschlank und bauchfrei stehen sie abends um sieben in Designerjeans in der Bar delle Muse oder im Caffè Parnaso, um bemerkt zu werden. Diese Bars sind so gefragt, dass man sogar am Tresen einen Platz reserviert. Pariolini ist zum Synonym geworden für die goldene Jugend Roms.

Wenn man durch die blütenbunten Straßen Pariolis fährt und auf die feinen Villen blickt, ahnt man bereits, warum diese Kinder kein Taschengeld bekommen: weil Papa sowieso alles zahlt. Eine Macchinina kostet zwischen 6000 und 12 000 Euro; aber die ist sie den Eltern wert. Mit der Alternative nämlich, dem Motorino, fahren sich die Kids oft um Kopf und Kragen. Seit Mitte 2004 brauchen auch sie endlich für beide einen Führerschein – was offensichtlich dringend notwendig war: 60 000 Jugendliche sind italienweit beim ersten Prüfungsversuch durchgefallen.

Mit der Höchstgeschwindigkeit von 50 Stundenkilometern brausen Lorenzo und Riccardo davon. „Ci vediamo!", „Man sieht sich!", rufen sie den vier Freundinnen zu, später, auf dem Campo de' Fiori, wo die Nacht nie zu Ende geht.

Die Szenerie rund um die Piazza Santa Maria in Trastevere gleicht schon am frühen Abend einer großen Party. Dieses Viertel lieben Touristen von Japan bis Amerika – aber noch mehr die jungen Römer. Sie sitzen vor den Bars, auf Brunnen und Stufen, lehnen an Hauswänden, eine Zigarette im Mundwinkel, ein Bier in der Hand oder eine Cola; manchmal dient das Motorino als Hocker oder Tresen. Es ist nur ein kleiner Aperitif, bevor sie zum Abendessen nach Hause fahren, aber das Wichtigste ist: Sie waren zusammen. Und nach dem Essen werden sie es wieder sein: im Kino, in der Disco, unter den Sternen – römische Nächte sind lebhaft wie der Tag.

Niemals sieht man sie allein, die Jugendlichen der Stadt, die fast ausnahmslos ohne Geschwister aufwachsen, weil sich die meisten Eltern mehr als ein Kind nicht leisten wollen. Denn der Nachwuchs soll keinesfalls darben, auch wenn er nicht in

Die Clique macht stark: Paolo, Mattia und Luca warten am Bahnhof Ostiense auf spontane Abenteuer

Die Zweisamkeit lässt sich überall feiern: unter den Scheinwerfern im Gay Village und im Sonnenlicht am Strand von Fregene

»Milliarden Worte sind zu diesem Thema gesagt worden, doch niemandem ist es je gelungen zu beschreiben, was Liebe wirklich ist.«

»Migliaia di parole sone state spese su questo argomento, ma mai nessuno è riuscito a descrivere con successo cos'è l'amore.«

Aus dem Web-Tagebuch

Niemand hat so viel Lust
und Fähigkeit zur Selbstdarstellung
wie die jungen Römer.
Kulisse: die Open-Air-Disco Goa

Eine lebendige Beziehung: Roms Jugend liebt das Meer über alles. Der Strand von Ostia liegt vor ihrer Haustür (o.), Giulia und Massimiliano sind nach Fregene gefahren

»Die Zeiten ändern sich schnell, und sich frei die Meinung zu sagen ist der einzige Weg, um miteinander leben zu können.«

»I tempi cambiano velocemente e il libero scambio di opinioni è l'unico modo per vivere insieme.«

Aus dem Web-Tagebuch

»Ich will einen Sinn finden in diesem Leben, auch wenn dieses Leben einen Sinn nicht hat. Ich will einen Sinn finden in diesem Augenblick, auch wenn dieser Augenblick einen Sinn nicht hat. Ich will in ‚allem Möglichen' einen Sinn sehen, auch wenn ‚alles Mögliche' einen Sinn nicht hat.«

»Voglio trovare un senso a questa vita, anche se questa vita un senso non ce l'ha. Voglio trovare un senso a questa condizione, anche se questa condizione un senso non ce l'ha. Voglio trovare un senso a ‚tante cose', anche se ‚tante cose' un senso non ce l'ha.«

Rockstar Vasco Rossi: Un Senso

Parioli und ähnlich feinen Vierteln zur Welt kommt – Motorino und Telefonino, das stets neueste Handy-Modell, gehören längst zur Grundausstattung eines römischen Teenagers.

Giordano Bruno ist auf dem Campo de' Fiori niemals allein. Zu Füßen der Statue des im Jahre 1600 als Ketzer verbrannten Philosophen (Seite 95) hocken die Geister der Nacht, um ihrerseits zu philosophieren. Längst geht ihr Glaube andere Wege als den der Kirche. Du musst glauben, beten, beichten – diese Saat geht nicht mehr auf in den Köpfen der jungen Menschen in Rom. „Ich bin Christin", sagt die junge Archäologin Daniela, „aber mit der katholischen Kirche kann ich mich nicht hundertprozentig identifizieren."

Viele Jugendliche suchen deshalb nach einem neuen Sinn im Leben, nach einer anderen Wahrheit: in Büchern und Worten über den Buddhismus, in philosophischer und spiritueller Literatur, in der Ich-Suche junger Schriftsteller, schreibender DJs und Sänger.

Der Rockstar Vasco Rossi zum Beispiel, eine Art italienischer Udo Lindenberg, reißt mit seinen Konzerten Tausende von Teens und Twens zu Begeisterungsstürmen hin. „Du bist ein Mythos! Wir sind süchtig nach dir!", schreiben sie ihm auf die Website; Vasco Rossi spricht ihnen mit seinen sinnsuchenden Texten aus der Seele.

Die jungen Römer sind gefangen zwischen Frustration und Zukunftshoffnung. Sie gehen auf die Straße gegen Krieg und Globalisierung – aber es fällt ihnen schwer, selbstständig zu werden, weil sie in ihrem Beruf keine Arbeit finden und weil deshalb so viele von ihnen noch bei den Eltern wohnen, auch wenn sie längst erwachsen sind: 60 Prozent unter 35 Jahren.

Valeria feiert ihren 29. Geburtstag mit einer großen Party, freimütig überließen ihr die Eltern die ganze Wohnung. Alle ihre Freunde haben ein abgeschlossenes Studium, sie sind Juristen, Archäologen, Architekten. Sie haben oft nicht einmal die Chance, Berufserfahrung zu sammeln, weil der Generationswechsel nicht funktioniert: Italien kennt kein Rentenalter – mit 65 hat man zwar das Recht, aber nicht die Pflicht, in den Ruhestand zu gehen. Und so klebt manchmal noch ein 80-Jähriger an seinem Bürostuhl; absurderweise verspricht ein nagelneues Gesetz denen, die weiterarbeiten, 48 Prozent mehr Lohn.

„Viele von uns sind schon froh, wenn sie einen unbezahlten Assistenten-Job finden", sagt Daniele, Jurist. Wer zu den Glücklichen gehört, eine honorierte Stelle zu ergattern, muss nach einem Dreivierteljahr drei Monate zwangspausieren, damit er keinen Anspruch auf eine Festanstellung hat.

Das „Hotel Mamma" ist in Italien wiederum viel mehr als ein Rettungsanker in der Not – es hat Tradition: Die Töchter und Söhne gehen erst dann aus dem Haus, wenn sie heiraten. Auf dem Land lebt diese Tradition weiter, doch die Kinder der Großstadt streben heute immer mehr nach einer eigenen Lebensgestaltung.

„Wir sind hin- und hergerissen zwischen der Bequemlichkeit im Elternhaus und dem Wunsch, endlich selbstständig zu werden", sagt Daniela. Der häusliche Pakt heißt: Rundumversorgung gegen Abhängigkeit. „Daher kommt wohl auch das total unreife Verhalten vieler Italiener um die dreißig." Daniela entdeckt trotzdem eine gute Seite an dieser Tradition: „Wer länger zu Hause lebt, gerät nicht so schnell auf die schiefe Bahn. In anderen Ländern sind doch Leute mit dreißig schon geschieden." Sie selbst hat den Freisprung gewagt: Ihr Vater vermachte ihr eine kleine Wohnung, und dort lebt sie nun zusammen mit ihrem Freund – unverheiratet. Außer ihrer streng gläubigen Tante hat die Familie es akzeptiert, vielleicht, meint sie, weil er kein Italiener ist.

An einem sommerwarmen Samstagnachmittag liegen Giulia und Massimiliano nebeneinander am Strand von Fregene und lesen gemeinsam in einem Buch. Sie sind mit dem Motorino aus Rom gekommen, Massimilianos Eltern besitzen hier ein Wochenendhaus. Giulia muss morgen mit ihrem Bruder zurück. Aber jetzt haben sie sich, sie sind 16 und verliebt.

Das Buch, das sie lesen, ist ein modernes Märchen, es erzählt die fast unmögliche Liebe zwischen einer jungen Pariolina, Studentin, schön und reich, und einem rauflustigen Typen, der mit seiner Clique Spielhöllen und die Straße unsicher macht. „Tre metri sopra il cielo" heißt dieses Buch: „Drei Meter über dem Himmel". Bevor es im Jahr 2004 verfilmt wurde, gaben es die jungen Römer als Fotokopie von Hand zu Hand. In rauen, einfachen Worten erzählt Federico Moccia das Chaos von Liebe und Leben einer jugendlichen Clique im Rom der frühen neunziger Jahre. Für die Teenager von heute hat diese Geschichte nichts von ihrer Aktualität verloren. Sie gleicht einer Parabel: Das Unmögliche ist möglich. Wenn man jung ist und in Rom. ■

Infos zum Nachtleben Seite 158

INFO NACHTLEBEN

Wenn's Nacht wird ...

... erwacht das süße Leben, und Clubs, Discos und Plätze werden zum Laufsteg

Die Jungen und Schönen der römischen Nacht führen ein Leben in aller Öffentlichkeit: Straßen und Plätze sind ihr Revier, in dem sie vom frühen Abend bis zur Morgendämmerung flanieren. Das Nachtleben breitet sich also vor allem unter den Sternen aus; selbst die großen Diskotheken verlegen im Sommer ihre Show ins Freie. Lieblingskulissen sind die schmalen Gassen von Trastevere, der Campo de' Fiori mit seinen Seitenstraßen, der Platz vor dem Pantheon – überall dort gibt es Restaurants und Bars. Bühne für die schillerndsten Nachtvögel ist seit einigen Jahren die Via di Monte Testaccio rund um den Scherbenberg am alten Schlachthof (Seite 117). Die Clubs, Pubs und Discos ziehen ganz Rom an, unter anderem auch die Schwulenszene. Ihr besonderes Open-Air-Ereignis wird jeden Sommer direkt neben dem Berg gefeiert: Das Gay Village erschüttert auf drei Bühnen Nacht für Nacht das gesamte Umfeld. Heteros sind natürlich willkommen. Eintritt So.–Do. 5 Euro, Fr. u. Sa. 10 Euro. Geöffnet Ende Juni bis Anfang September ab 19 Uhr. Infos zum aktuellen Programm im Internet. www.gayvillage.it

DISKOTHEKEN

Discos sind in Rom extrem teuer, zwischen 8 und 15, manchmal 20 Euro kostet der Eintritt. Entsprechend ist das Publikum – und die Kleiderordnung. Cocktails kosten etwa 7 bis 8 Euro, Bier und Cola 5 Euro oder mehr.

LA MAISON

Samtsofas unter französischen Kristall-Lüstern, antike Spiegel und ein japanisches Gärtchen: Das Maison ist ein Ort zum Tanzen und Verweilen. Das Musikprogramm wechselt täglich – von kommerzieller über Revival- bis House-Musik ist alles dabei.
■ Vicolo dei Granari 4, Navona, Tel. 066 83 33 12. Geöffnet Di.–So. ab 23 Uhr. Eintritt Fr. u. Sa. 15 €, sonst frei.

ALIBI

Das Alibi war zwar eine der ersten Schwulen-Discos der Stadt, doch das Publikum ist heute heterogen und ausgesprochen bunt gemischt. Das Ambiente auf drei Ebenen erscheint im Afro-Look. Aber das Interessanteste ist der Blick nach innen: Durch eine große Glasscheibe sieht man die „Eingeweide" des Monte Testaccio, die aufgeschichteten Scherben, denn das Lokal wurde in den Berg hineingebaut. Sonntags keine Disco: Das Alibi verwandelt sich dann in eine Taverne, um 23.30 Uhr gibt's Gratis-Spaghetti für alle.
■ Via di Monte Testaccio 40/44, Testaccio, Tel. 065 74 34 48. Geöffnet Mi.–So. ab 22.30 Uhr. Fr. u. Sa. Eintritt 15 €.

GILDA

Illustrer Treffpunkt der Schönen und Bekannten Roms. Gilda hat es geschafft, sich über die Jahre der Mode anzupassen und dadurch kein Fünkchen seiner Beliebtheit einzubüßen. Das Programm wechselt täglich, Happy Music und Kommerzielles überwiegen. Neu: eine Weinbar und das Restaurant Le Cru.
■ Via Mario de' Fiori 97, Spagna, Tel. 066 78 48 38. Geöffnet ab 23 Uhr, Mo. geschlossen. Eintritt 15–20 €. Im Juli und August geschlossen, dann zieht die Disco unter dem Namen Gilda on the Beach an den Strand von Fregene (Lungomare di Ponente 11, Tel. 06 66 56 06 49).
www.gildabar.it

Nicht von der Stange: Auftritt der Go-go-Girls im Gilda

ALIEN

Unter den Augen einer großen Buddha-Statue sitzt man auf riesigen Sofas und lauscht dem, was heimische und internationale DJs auflegen – wenn man nicht gerade tanzt. Donnerstags zum Beispiel zu House und HipHop, samstags nach Club Culture. Am Samstag ist das Alien für die unternehmungslustigen Teenager bereits nachmittags geöffnet.
■ Via Velletri 13, Salario, Tel. 068 41 22 12. Geöffnet ab 23 Uhr, Mo. geschlossen. Eintritt 10–20 €.
www.aliendisco.it

PIPER

Legendär, mythisch und Treffpunkt von Generationen reicher Teens und Twens: Piper feiert 2005 sein 40-jähriges Bestehen. Aber der Club, der einst Patty Pravo berühmt machte, geht musikalisch durchaus mit der Zeit. Ein neuer Trend sind die Disco-Matinees: An Feiertagen wie Weihnachten, Ostern und Karneval können die Jüngsten ab zehn Uhr sieben Stunden durchtanzen.
■ Via Tagliamento 9, Salario, Tel. 068 55 80 46. Geöffnet Fr. u. Sa. ab 23 Uhr, Sa. auch nachmittags für die Teenies. Eintritt ab 8 €.
www.piperclub.it

CLASSICO VILLAGE

In den Räumen einer alten Fabrik entwickelte sich dieser Multi-Club. In drei Sälen findet man etwas für jeden Geschmack: House und Rock, Theater und musikalische Performance. Jeden Mittwoch zum Beispiel werden moderne Audio- und Video-Installationen gezeigt, untermalt von elektronischer Musik. Der Samstag gehört mit dem Classico Gay Village den Schwulen.
■ Via Libetta 3, Ostiense, Tel. 065 74 33 64. Restaurant ab 20 Uhr geöffnet, Konzerte beginnen gegen 22 Uhr; So geschlossen. Eintritt variiert bis 10 €. Tipp: Wer im Restaurant reserviert, zahlt keinen Eintritt.
www.classico.it

GOA

In-Disco der Stadt, trendy und, wie der Name verrät, indisch angehaucht. Aber nur das Ambiente – die Musik ist stets avangardistisch. Am beliebtesten bei den jungen Römern ist der Donnerstag mit dem Programm „House in Motion".
■ Via Libetta 13, Ostiense, Tel. 065 74 82 77. Geöffnet ab 23 Uhr, Mo. geschlossen. Eintritt 15–25 €. Im Sommer geschlossen.

ALPHEUS

Red River, Mississippi und Momotombo heißen die drei riesigen Säle, die das Alpheus zu einer der meistbesuchten Discos der Stadt machen. Von Siebziger-Jahre- über Latino- bis zu Magic tv-Sound wird alles geboten. Oft werden Abende mit Live-Musik oder Kabarett veranstaltet, und jeden Sonntag kann man bei Meister Julio de la Fuente Tangostunden nehmen.
■ Via del Commercio 36, Ostiense, Tel. 065 74 78 26. Geöffnet Di.–So. ab 22 Uhr. Eintritt ab 3 €.
www.alpheus.it

PUBS/CLUBS

BIG MAMA

Eine wahre Institution für Blues- und Jazz-Fans. Größen wie Peter Frampton, Dan Akroyd von den Blues Brothers und Chat Baker sind hier aufgetreten. Fast jeden Abend geben internationale Musiker Live-Konzerte. Dazu kann man Pizza bestellen, Focaccia oder ein Pasta-Gericht.
■ Via San Francesco a Ripa 18, Trastevere, Tel. 065 81 25 51. Geöffnet ab 21 Uhr, Mo. geschlossen. Eintritt ab 13 €.
www.bigmama.it

CAFFÈ DELLA PACE

Schon Ende des 18. Jahrhun-

Fotos: Hardy Müller (2); Udo Bernhart

Die Schönen der Nacht in der Open-Air-Disco Gay Village (ganz links); jede Menge gute Laune in der Coyote Bar – beide am Monte Testaccio

derts war das Antico Caffè della Pace ein beliebter Treffpunkt von Künstlern jeder Couleur. Heute mischt sich hier eher die Schickeria mit den Touristen, die von der nahen Piazza Navona an der Bar vorbeikommen. Im Sommer sitzt man an der Seitenstraße im Freien. Gemütlicher, weil antik und nostalgisch, ist es drinnen an den Marmortischen. Im Winter gibt es Live-Musik-Abende.
■ Via della Pace 3–7, Navona, Tel. 066 86 12 16. Geöffnet Mo. 16–3, Di.–So. 9–3 Uhr.

JONATHAN'S ANGEL
Dieses Lokal ist einzigartig: Das passendste Adjektiv wäre „kitschig". Es bezieht sich nicht nur auf die Einrichtung, sondern auch auf die Wandgemälde, die Wirt Jonathan geschaffen hat. Aus irgendeinem Grund ist dieser Pub, einer der ältesten der Stadt, immer noch akuter Szenetreff – vielleicht wegen der guten Cocktails oder der langen Biersortenliste. Auch Jonathan's Whisk(e)ys werden sehr geschätzt.
■ Via della Fossa 16, Navona, Tel. 066 89 34 26. Geöffnet tgl. 14–2 Uhr.

ARTÙ CAFÈ
Man glaubt sich hier in einem Salon eines römischen Palazzo: Kassettendecke, ein großer Kamin, Ventilatoren und warme Holzmöbel verströmen eine gemütliche Atmosphäre. Das Artù Cafè liegt mitten im Gassengewirr von Trastevere, und meistens „verirren" sich nur Einheimische dorthin.
■ Largo Fumasoni Biondi 5, Trastevere, Tel. 065 88 03 98. Bier 3 €, Wein 4 €. Pasta um 7 €. Geöffnet Di.–So. 18–2 Uhr.

CAFFÈ LATINO
Eins der alteingesessenen Lokale am Monte Testaccio. In gemütlich-schummriger Atmosphäre kann man hier fast jeden Tag Live-Musik hören – und danach legen die DJs Funk, Acid, Jazz, House oder das auf, was ihnen selbst gerade gefällt.
■ Via di Monte Testaccio, Testaccio, Tel. 06 57 28 85 56. Geöff. Di.–So. ab 22 Uhr. Eintr. ab 5 €, Di. u. Mi. Eintritt frei.

FOUR XXXX PUB
Der etwas andere Jazz-Club: Zu Ragtime, Chicago-Blues und traditionellem Jazz wird Tex-Mex-Küche serviert. Neben den hervorragenden Künstlern lassen sich ebensolche Cocktails genießen oder ein gutes Bier. Interessant auch die Fotoausstellungen.
■ Via Galvani 29, Testaccio, Tel. 065 75 72 96. Geöffnet tgl. 12–15 u. 20–1.30 Uhr, Mi.–Sa. Jazzkonzerte. Eintritt frei.
www.fourxxxxpub.it

RADIO LONDRA
Heftig in jeder Beziehung: Der Club hat das Flair eines Bunkers aus dem Zweiten Weltkrieg, die Bands spielen Rock bis Heavy Metal, die Gesichtskontrolle ist gnadenlos. Am Wochenende keine Live-Musik, nur Disco.
■ Via di Monte Testaccio 67, Testaccio, Tel. 065 75 00 41. Geöffnet ab 21 Uhr, am Wochenende ab 23 Uhr. Eintritt 15 €.

COYOTE
Das Ambiente erinnert an eine Bar im australischen Busch, man bekommt Bier, Fleisch vom Holzkohlengrill, aber auch Pasta und Pizza. Und nach dem Essen, oder auch ohne, vergnügt sich das junge Publikum auf den Tanzflächen. Im Sommer kann man auf der großen Terrasse sogar luftig im Freien tanzen. Großes Cocktail-Angebot (7 Euro).
■ Via di Monte Testaccio 48 b, Testaccio, Tel. 06 34 71 14 90 53. Geöffnet tgl. ab 21 Uhr.

ALEXANDERPLATZ
Eine Legende unter den Jazz-Clubs ganz Italiens mit den besten Musikern der internationalen Szene: Stars wie Lionel Hampton, George Coleman und Michel Petrucciani haben hier gespielt. Zeugen der Jazz-Elite sind zahlreiche Fotos und Autogramme an den Wänden. Neben Bühne und Konzertraum gibt es eine Weinbar und ein Restaurant mit mediterranen Köstlichkeiten.
■ Via Ostia 9, Prati, Tel. 06 39 75 18 77. Restaurant tgl. ab 21 Uhr geöffnet, Konzerte beginnen erst um 22.30 Uhr. Eintritt ab 7 €. **C.Z.**

MEIN TIPP

LUCIANO DE CRESCENZO „Auf echt römische Küche ist die Taverna Romana spezialisiert (Via Madonna dei Monti 79, Tel. 064 74 53 25). Der Padrone und seine Signora garantieren, dass hier wirklich noch wie daheim gekocht wird! Wenn ich Lust auf ein Rindersteak habe, gehe ich auch sehr gern ins argentinische Ethno-Restaurant Baires (Corso Rinascimento 1, Tel. 066 86 12 93, und Via Cavour 315, Tel. 06 69 20 21 64). Das Fleisch ist hier genau so saftig, wie es sein soll."

■ Luciano De Crescenzo war Ingenieur, bevor er begann, über Philosophie zu schreiben, und einen Bestseller nach dem anderen landete („Und sie bewegt sich doch", „Geschichte der griechischen Philosophie", „Also sprach Bellavista"). Der Schriftsteller lebt in Rom.

SEIN ROLLER
100% LEBENSSTIL

SEINE CASUALWEAR
100% AMARETTA

Wer das Besondere schätzt, bleibt offen für das Außergewöhnliche: Die hochwertige Mikrofaser Amaretta, verarbeitet zu einem der vielseitigsten Stoffe der Modewelt, ist atmungsaktiv, superleicht, shower-resistant, langlebig, pflegeleicht, travel-proof und dabei zeitlos elegant.

made of amaretta™
easy wear, easy care

www.amaretta.de

Freiheit für Dichter und Denker

Deutsche Künstler, die von einer strengen Jury ausgewählt werden, dürfen sich in der Deutschen Akademie Rom zwölf Monate lang ganz ihren Projekten widmen. Ein für manche unfassbares Glück

Kunstförderung mit Geschichte: 1913 bezogen die ersten Stipendiaten die Atelierwohnungen der Villa. Jetzt kommen jedes Jahr zehn, wie Marion Poschmann und Frank Mädler (Fotos links). Auch Georg Baselitz trug sich ins Gästebuch ein

Gemeinsamer Auftritt von Linseneintopf mit Kartoffeln und Pasta e Fagioli in der Deutschen Akademie Rom Villa Massimo. Frage: Vertragen sich ein deutsches und ein italienisches Gericht auf dem Gaumen der Gäste? Und besitzt Hausmannskost akademische Reife? Ja!

Linsen und Bohnen begleiten ein Gespräch, das die Fragen erforscht, „Warum die Deutschen immer so fröhlich sind und warum die Italiener immer so gerne nach Deutschland reisen". Es philosophieren: der Historiker Arnulf Baring und der Dichter Robert Gernhardt. „Selten haben sich Reserviertheit und Vorurteile beider Nationen auf amüsantere Art verflüchtigt", resümiert Hausherr Joachim Blüher.

Als der Kölner Galerist 2002 die Direktion der Villa übernahm, hatte er Experimentierlust im Gepäck. Sein großes Anliegen: Begegnung und Austausch zwischen Italienern und Deutschen auf dem Farbenparkett der Kultur. Wann immer sein Team Einladungen versendet, folgt ihnen die römisch-deutsche Gesellschaft zahlreich und mit Freude. Sommerfest, Vernissagen, Konzerte, Dialoge – die Villa Massimo ist eine feste Größe im Kulturleben der italienischen Hauptstadt; auch wenn sie unter anderen Vorzeichen begann. Als „größte Einrichtung der Bundesrepublik Deutschland zur Förderung hoch begabter deutscher Künstlerinnen und Künstler durch Studienaufenthalt im Ausland", so wird das Wesen der Villa offiziell beschrieben.

Im Alltag sieht das so aus: Für ein Jahr beziehen zehn Talente, ausgestattet mit 2500 Euro im Monat, manchmal mit Kind und Kegel, im Park der Villa je eine bemerkenswert großzügige Atelierwohnung. Schriftsteller, Dichter, Komponisten, Maler, Fotokünstler, Architekten verweilen zwölf Monate in Rom, um Atem zu holen – und neue Anregungen. „Nachdenken mit Sonne ist besser als Nachdenken ohne Sonne. Rom", notierte die Schriftstellerin Judith Kuckart, 1997 Stipendiatin der Akademie.

Tiefgrüne Zypressen säumen die Parkallee zur Villa, schöne Vasen begrenzen Kieswege, im Garten stehen antike Statuen. Ein südliches Arkadien stellte sich der Unternehmer und Mäzen Eduard Arnhold vor, als er im Jahre 1910 beschloss, den „Rompreisträgern" ein Stück seltene Freiheit zu schenken: die Freiheit, ohne Geldnot sich vollkommen ihrem Metier zu widmen. Als Senator der Berliner Akademie der Künste war Arnhold einmal einem Stipendiaten in dessen ärmlicher Behausung begegnet. Der „Rompreis" galt seit Ende des 18. Jahrhunderts als bedeutendstes Reise-Stipendium, das die Akademien Europas an junge Künstler vergaben.

Aus dem ehemaligen Besitz der Fürstenfamilie Massimo kaufte Eduard Arnhold ein 36 000 Quadratmeter großes Gelände und ließ eine repräsentative Villa bauen. Ihr gegenüber entstanden zehn Wohnateliers, jedes 100 Quadratmeter groß. Das Ganze vermachte Arnhold dem Preußenstaat, zusammen mit einem Kapital von 680 000 Reichsmark.

»Kaum zu glauben, dass es so etwas heute noch gibt«

Ein weizenblondes Kaninchen sprintet über die Rückwand von Frank Mädlers Atelier – „Rammler 2000" nennt der Fotograf dieses Bild. Frank Mädler ist wie alle Stipendiaten der Villa Massimo ein mehrfach ausgezeichneter Künstler.

Erste Erfolge sind die Bedingung für eine Bewerbung um den Rompreis. Mehrere hundert Kunstschaffende schicken jedes Jahr ihre Unterlagen an das Kultusministerium ihres Bundeslandes; sechs bis zehn werden jeweils ausgewählt für die Jury in Berlin. Zehn Kandidaten aus ganz Deutschland erhalten schließlich das begehrte Stipendium.

Warum Rom? „Es ist vor allem wegen des Ansehens, das dieser Preis verleiht, warum ich mich beworben habe." Frank Mädler nutzte seine Romzeit, um die Fotos, die im Jahr zuvor entstanden waren, zu bearbeiten – Landschaften sind sein Thema, und sie erhalten erst im Labor ihr „Mädler-Gesicht". Weil er hier keine Motive zu finden glaubte, hatte er eigentlich nicht vor zu fotografieren.

„Jeder Künstler ist frei in der Entscheidung, wie er sein Jahr in Rom verbringen will", sagt Villa-Massimo-Direktor Joachim Blüher. Niemand muss die Stadt in seiner Arbeit zum Ausdruck bringen. Doch alle Künstler hinterlassen ihre Handschrift – sei es durch eine Komposition, ein Gedicht, eine Skulptur, die sie auf der Abschluss-Präsentation zeigen. Außerdem tut Blüher alles, um seinen Stipendiaten Anregungen und Kontakte zu verschaffen. Auch deshalb verschickt sein Haus so viele Einladungen: an Museumsdirektoren, Lektoren, bedeutende Künstler. „Unter ihnen wählen wir bewusst große Namen: Georg Baselitz und Jörg Immendorff, Margriet de Moor und Cees Nooteboom" – internationale und italienische Größen werden eingeladen, um ihre Werke zu präsentieren. „Was kann interessanter sein, als den Reichtum der Verschiedenheit sichtbar zu machen?", fragt Blüher.

Die Schriftstellerin Marion Poschmann hat in Rom den Literaten Alberto Scalponi kennen gelernt; er übertrug einige ihrer Gedichte ins Italienische. Die Bücher von Marion Poschmann sind bisher nicht in Italien erschienen. So hat sich für die 35-jährige Lyrikerin in Rom eine neue Tür geöffnet.

„Suchbilder waren es, hellblaue Wiesen, auch ich bin bestickt mit Blumen" – dies sind Zeilen aus ihrem aktuellen Gedichtband „Grund zu Schafen". Natur ist ein Thema, das Marion Poschmann aus dem Herzen kommt. Warum Rom?

„Die Kunstschätze wollte ich kennen lernen", sagt sie und: „Es ist mir wichtig, unterwegs zu sein." Viele Kunstschätze hat Marion Poschmann in diesem Jahr gesehen, aber aufgefallen ist ihr vor allem das Zusammenspiel von Zivilisation und Wildnis in und um Rom: Hier liegen in Stein die vergangenen Epochen wie Stockwerke übereinander, aber die Natur ist immer gegenwärtig; schnell überwuchert sie das Menschenwerk. Die Italiener, findet Marion Poschmann, pflegen ihre Natur, ihre Parks nicht wie die Deutschen, sie überlassen sie ihren eigenen Gesetzen: „Das ist für mich von besonderer Kraft."

Frank Mädler hat während seines Romjahres dann doch noch fotografiert – er fand seine Landschaften auf Sizilien. „Ich wollte etwas zurückgeben für das, was ich bekommen habe", sagt er. „Es ist kaum zu glauben, dass es so etwas wie die Villa Massimo heute noch gibt." ■

Christiane Zander

VILLA MASSIMO

■ Largo di Villa Massimo,
Tel. 064 42 59 31, Fax: 06 44 25 93 55.
Mo.–Do. 9–13 u. 14–17, Fr. 9–13 Uhr.
www.villamassimo.de

Fotos: Hardy Müller (3); Marcel Weingärtner; Zeichnung von Georg Baselitz

Unser Dankeschön für einen neuen Abonnenten

Schnurlos-Telefon von T-COM

Mit dem analogen Telefon T-Sinus 314 sind Sie kabellos auf Draht!
• Telefonbuch für bis zu 30 Einträge • 6 verschiedene Klingelmelodien und -lautstärken • Anklopfen, Rückfrage, Makeln • Anrufweiterschaltung • Rückruf bei „besetzt" • Akkuwarnung • Auf bis zu 5 Mobilteile erweiterbar • Dauerbetrieb ca. 10 Stunden • Stand-by ca. 120 Stunden • Inkl. Basisstation, Mobilteil, Akkus, Netzteil, TAE-Kabel • Maße: Mobilteil ca. 14,4 x 4,9 x 2,9 cm, Basis ca. 12 x 12,5 x 6,1 cm

PRÄMIEN-HIGHLIGHT

Gleich Karte absenden und Prämie sichern +++ Gleich Karte absenden

ADAC reisemagazin

Original BERGMANN-Uhr 1957

Zeitloser Begleiter im edlen Etui:
- Gehäusedurchmesser ca. 37mm • Qualitätquarzwerk mit Datumsanzeige • Zifferblatt mit Sonnenschliff
- Gewölbtes Mineralglas • Einzelnummerierung
- Braunes PU-Lederarmband in Reptiloptik

€ 15,– Zuzahlung

DVD-Player DVD-16 von MINOWA

Holen Sie sich Ihr Kinoerlebnis nach Hause!
- Wiedergabe von DVD/Video-CD/Audio-CD/MP3/CD-R und CD-RW
- 2-Kanal-Technik • Dolby-Digital-Ausgang • Weiche Zeitlupe und schneller Vorlauf • Wiedergabe PAL/NTSC • Format 4:3/16:9 umschaltbar
- Kindersicherung • Bildschirmmenü in 5 Sprachen • Inkl. Multifunktions-Fernbedienung • Euro-Scart-Buchse • Maße: ca. 43 x 5 x 26 cm

Micro-Anlage von SHIMO

Verwöhnen Sie Augen und Ohren mit diesem schicken Kraftpaket.
- Kassettendeck mit One-Touch-Recording
- Tuner für UKW/MW • CD-Player mit Toplader
- Titelprogrammierung und Wiederholfunktion
- Extra-Bass-Funktion • 2-stelliges LE-Display
- Holz-Lautsprecher mit abnehmbarer Bespannung
- Inkl. Fernbedienung • Spitzenleistung: 40 Watt
- Maße: Anlage ca. 20 x 15 x 21 cm, je Box ca. 20 x 15 x 15 cm

€ 25,– Zuzahlung

und Prämie sichern +++ Gleich Karte absenden und Prämie sichern ++

SALTO RÜCKWÄRTS IN DIE ANTIKE

War'n das Zeiten!

Er kaufte sich Sandalen und Toga, machte einen Gladiatoren-Kurzlehrgang und wagte sich in die Arena. Mit Siegermiene und nur leicht lädiert kehrte unser Autor zurück – Eindrücke von einer unglaublichen Reise ins alte Rom

Text von Andreas Wenderoth, Illustrationen von Monika Aichele

Eines Tages rief ich bei Neros Pressedame an und bat um einen Termin. „Sie haben Glück, dass Sie mich überhaupt erwischen", zischte sie, „die Hälfte des Jahres ist hier nämlich verbindlicher Feiertag!" Sie schien irgendetwas in sich hineinzustopfen – unter Nero waren sie viel mit Essen beschäftigt. Erst als ich erwähnte, dass ich für ein großes Wagenlenkermagazin arbeitete, wurde sie etwas kooperativer. Sie sagte, sie bedaure, aber der Kaiser sei gerade sehr mit Kreuzigungen beschäftigt. Außerdem hecke er einen Brand aus (64 n. Chr.), bei dem die Hälfte der Stadt zerstört würde: „Das bleibt aber unter uns, okay?" Da ich offenbar aus einem christlichen Land stamme – sie hatte den Namen noch nie gehört –, würde sie mir persönlich von einem Besuch zurzeit auch abraten: „Wissen Sie, Christen hängt er bei sich als Fackeln in den Garten." Ich solle es doch einfach in 300 Jahren noch einmal probieren.

Da ich nicht so lange warten wollte, fuhr ich schon etwas früher hin.

Domitian (81 bis 96) war jetzt Kaiser, am Mittelrhein wurde der Limes gebaut, und der Krieg gegen die Daker stand bevor. Aber davon würde man in Rom nichts mitbekommen. Ich hatte beschlossen, für eine Weile eine Wohnung zu mieten, und ging als Erstes zu einem Makler. An der Wohnungstür musste ich die Schuhe ausziehen, ein Sklave wusch mir die Füße, dann wurde ich in das Arbeitszimmer des Herrn Claudius geleitet, in dem im Wesentlichen ein großes Bett stand. Darin lag Herr Claudius und bat mich Platz zu nehmen. „Das zentrale Möbel ist bei uns das Bett", erklärte er, „hier arbeiten und essen wir und empfangen unsere Gäste." Im römischen Haushalt der Kaiserzeit gab es so gut wie keine Stühle, aber wer etwas auf sich hielt, besaß mehrere Betten, vor allem solche mit hoher Kapazität: Sechs-Personen-Betten waren gerade en vogue. Ich legte mich zögernd auf das entfernteste Ende des Möbels – bei den alten Römern wusste man ja nie! –, und Herr Claudius musterte befremdet meine Outdoor-Kleidung. Ich entschuldigte mich für das legere Äußere („Komme gerade vom Flughafen"), und Herr Claudius, der kein Unmensch war, ließ sogleich eine Amphore Honigwein öffnen: „Nein, bitte erst durchs Sieb gießen, wir versetzen ihn mit Pech und Harz, um ihn haltbar zu machen …"

Dann kamen wir zum Geschäft. Mit der Umrechnung von Euro in Sesterze tat ich mich etwas schwer, aber dass Herr Claudius ein gerissener Geschäftsmann war, dämmerte mir, als er

einige Erdgeschosswohnungen für astronomische Summen anbot. „Das kosten bei uns noch nicht mal die Dachgeschosse", wandte ich ein und fragte, ob er nicht etwas höher Gelegenes habe. „Ich glaube nicht, dass das in Ihrem Interesse wäre", sagte er und erklärte mir, dass Erdgeschosse am begehrtesten seien, weil sie anders als die höher gelegenen Wohnungen über Wasseranschlüsse verfügten. Je weiter man zudem nach oben komme, desto ärmer und gedrängter lebten die Leute. „Da die Mieten astronomisch sind, nehmen die Untervermietungen nach oben zu. Und wenn Sie mal die Miete nicht zahlen können, kriegen Sie oben richtige Probleme. Der Wohnungsbesitzer zieht Ihnen dann nämlich einfach die Leiter zu Ihrem Wohnverschlag weg. Percludere Inquilinum, einen Mieter blockieren, heißt das bei uns. Wenn Sie verstehen, was ich meine ..." Ich entschied mich fürs Erdgeschoss.

Als ich auf die Straße trat, empfing mich tosender Lärm. Eine Straßenverkehrsordnung war nicht erkennbar. Ein buntes Durcheinander aus Reitern, tobenden Kindern, Kesselflickern und Bärenführern, Wachkohorten mit gesenkten Speeren, Sklaven, die ihren Herrn in der Sänfte trugen, und allerlei Finsterlingen, die vor schmierigen Tavernen herumlungerten. Mit mehr als einer Million Einwohnern war die Stadt völlig überbevölkert und drohte an sich selbst zu ersticken.

Um ein noch größeres Chaos zu verhindern, durften seit Einführung des so genannten Julischen Gesetzes tagsüber nur die Wagen der Baufirmen durch die engen Straßen fahren. Und die waren ständig in Betrieb: Beinahe täglich gab es verheerende Brände. Außerdem stürzten ständig Häuser ein, weil an Baumaterial gespart oder zu hoch gebaut worden war. Zwar hatte Kaiser Augustus (27 v. Chr. bis 14 n. Chr.) die zulässige Höhe für Privatbauten auf 20 Meter begrenzt, aber nun wetteiferten alle darum, möglichst genau an diese Marke heranzubauen.

Nachdem ich Toga und Sandalen gekauft hatte, was sich als ziemlich schwierig erwies – die Römer jener Zeit waren höchstens 1,60 Meter groß –, ging es zum Friseur. „Einmal nach der neuesten Mode", verlangte ich. Der Tonsor sagte: „Mode ist, was der Kaiser trägt." – „So soll es sein", sagte ich. Jahrzehntelang hatte sich der Haarschnitt am Vorbild des Augustus orientiert, Nero entwickelte einen kunstreicheren Stil, und Hadrian (117 bis 138 n. Chr.) sollte der Erste sein, der den Bart wieder etablierte und somit die Glattrasur für 150 Jahre von der Tagesordnung strich. Der aktuelle Haarschnitt mit der Eisenschere (Forfex) erschien mir äußerst mangelhaft, was vielleicht auch an der Konstruktion lag: Weder waren die beiden Schenkel durch einen Stift in der Mitte verbunden noch am Ende mit Griffringen versehen. Das Ganze wurde etwas ausgeglichen dadurch, dass der Tonsor mit einem heißen Eisenstab für künstliches Gelöck sorgte.

Langsam bekam ich Hunger. Der Duft von sardischem Schafskäse und korsischem Honig lag in der Luft. Als ich mich erkundigte, wo man eine gute Pasta essen könne, stieß ich auf Unverständnis, denn natürlich hatte ich vergessen, dass es noch ein paar Jahrhunderte dauern sollte, bis die Nudel zum Hauptnahrungsmittel des Landes würde. Ich stärkte mich also mit einem kleinen Imbiss an einer Garküche, der nach irgendetwas Reisartigem aussah, und schlenderte vom Palatin kommend am Circus Maximus vorbei, wo schon Ben Hur für irgendeinen Hollywoodschinken trainiert hatte, der später einmal gedreht werden sollte.

Aus dem Gewirr der Straßen auf das Forum zu treten war, als käme man aus einer engen Schlucht auf eine weite Ebene. Menschen flanierten hier, die aus den Thermen kamen. Wenn kein Gericht abgehalten wurde, war es auf dem Forum recht still. Aber eigentlich gab es ständig irgendwelche Prozesse. Schon von weitem hörte man die Claqueure, die die Advokaten jeder Seite beschäftigten, um das Gericht zu beeindrucken. Die Laudiceni, die „Sich-von-ihrem-Lob-Ernährenden", klatschten, was das Zeug hielt, ganz egal, wie gut oder schlecht die Verteidigungsrede nun war. Dafür wurden sie bezahlt. Wenn ihr Advokat nicht an der Reihe war, blieben sie im Raum und vertrieben sich die Zeit mit einer Art Damespiel.

Vor der Basilica Julia, dem eigentlichen Gerichtsgebäude, warf ich ein begehrliches Auge auf eine reizende Römerin. „Vorsicht", mahnte hinter mir eine vertraute Stimme, „das wäre sicher nicht gut für Ihre Gesundheit!" Mein Immobilienmakler Claudius lehnte an einer Säule und genoss die Abendsonne. „Einige Fehler sollten Sie hier unbedingt vermeiden ..." Die junge Dame sei eine der sechs Vestalinnen, der einzigen weiblichen Priester Roms, die schon im Kindesalter ausgesucht worden waren, das heilige Feuer des Vesta-Tempels zu hüten. „30 Jahre lang müssen sie ihre Jungfräulichkeit bewahren." Falls nicht, würden sie lebendig begraben. „Und Sie", sagte Claudius, auf mich zeigend, „würde man hinten am Comitium zu Tode peitschen." Von wegen Dolce Vita, dachte ich. Auch das römische Nachtleben, hatte ich erfahren, war damals noch nicht so berühmt. Nach Sonnenuntergang waren die Straßen wie leer gefegt. Wer nicht einige fackeltragende Sklaven dabeihatte, tat gut daran, in seinem Domus zu bleiben, eine kleine Partie Würfel zu spielen – mit einem Alea oder mit Tali, Würfeln aus Knöchelchen. Aber war ich deshalb hergekommen?

Ein paar Ecken weiter sprach mich ein Sklaveneinkäufer an. Ob ich mich beruflich verändern möchte? Na ja, dachte ich, warum eigentlich nicht? Ich hatte vom Ruhm gehört, den man erlangen könne, von vielen Goldstücken und Frauen, die den erfolgreichen Gladiatoren zu Füßen lägen. Außerdem hieß es, dass man in der Gladiatorenschule gut speisen könne. Ich sagte: „Einverstanden, aber ich habe nur zwei Wochen Zeit." – „Wenn Sie Pech haben, geht's viel schneller", sagte der Mann.

Einige Tage später hatte ich einen Kurzlehrgang gemacht und jede Menge raue Gesellen kennen gelernt. Obwohl ich nun einigermaßen mit Netz und Dreizack umgehen konnte, beschlich mich ein ungutes Gefühl, als wir, gewandet in purpurfarbene, goldbestickte Umhänge, in die von den Flaviern nach dem großen Brand errichtete Arena des Kolosseums einzogen. Hinter uns liefen die Diener und trugen die Waffen. Auf der Höhe der kaiserlichen Loge reckte ich die rechte Hand empor und grüßte lässig: „Come stai?", was natürlich der falsche Spruch war, denn der Kaiser sprach kein Italienisch – vermutlich deshalb, weil es Italien noch gar nicht gab. Korrekt wäre gewesen: „Ave Imperator, morituri te salutant." („Heil dir, Imperator, die Todgeweihten grüßen dich.") Weil ich den kleinen Lapsus wieder gutmachen wollte, überreichte ich ein Mitbringsel, das ich noch schnell am Flughafen erstanden hatte: „Asterix", Band 3 – was jedoch nicht so gut ankam, denn der Kaiser wurde nun extrem sauer, vermutlich, weil die Römer im Heft ja immer eins auf die Rübe bekommen.

Dann fing es trotzdem an. Das Los wies mir einen trübsinnigen Gallier mit Schwert und Rundschild zu, den ich, als ich den Umfang seiner Oberarme betrachtete, sofort in Doping-Verdacht hatte. Fanfaren ertönten, und 50 000 brüllten von den Rängen: „Schlag ihn!" – „Töte ihn!" – „Brenne ihn!" Die meisten hatten Wetten laufen, und wankte einer von uns, würden sie rufen: „Habet!" („Er hat's!") oder „Hoc habet!" („Jetzt hat er's!"). Erfolgte der tödliche Hieb, würden die Diener herbeikommen und durch Hammerschläge auf die Stirn den Tod bestätigen (oder vielleicht auch verursachen). Dann würden rasch die Sägespäne umgeharkt, um das Blut zu entfernen. Das Ganze kam mir, ehrlich gesagt, ein wenig unzivilisiert vor. Aber die Pressedame hatte mir ja schon am Telefon erklärt, dass die Spiele wichtig seien, um angesichts von 150 000 Arbeitslosen eine Revolution zu verhindern. „Glauben Sie bloß nicht, dass uns das persönlich gefällt!" Und sie verwies auf die allesamt gescheiterten Versuche einiger Kaiser, Olympische Spiele ähnlich denen in Olympia zu etablieren „Das Volk ist etwas roh geworden. Das kriegen Sie ja kaum noch in ein normales Theaterstück!" Was schade war, denn das kleinste römische Amphitheater damals müsste den Vergleich mit dem größten amerikanischen Theater heute nicht scheuen.

Aber zurück ins Kolosseum. In der ersten Runde irritierte ich ein paar Löwen und Tiger, die aus dem Untergrund hervorgesprungen waren, durch unkonventionelles Kampfverhalten. Obwohl völlig ausgehungert, schliefen sie bald ein, als ich sie mit einigen Details der deutschen Rechtschreibreform gezielt langweilte. Aber jetzt wurde Mann gegen Mann gekämpft. Die Hälfte der Gladiatoren würde sterben, was schon insofern wenig Sinn machte, als jene Art von Spielen, die Munera, 404 sowieso verboten würde. Aber bis dahin waren es noch einige Jahre.

Also hatte ich mich am Vorabend mit den Jungs abgesprochen. Wir hatten uns eine kleine Überraschung ausgedacht: Anstatt uns gegenseitig die Köpfe einzuschlagen, fassten wir uns bei der Hand, machten einen Knicks und sangen: „We shall overcome." Der Kaiser schien irritiert, und die Zuschauer verstanden den Text nicht, aber sie liebten die Melodie. Und als wir ihnen dann noch zeigten, wie man eine anständige „Ola" hinlegt, waren alle ziemlich begeistert. Auch der Kaiser machte mit seinem Daumen irgendein merkwürdiges Zeichen, was sich für mein weiteres Lebens als relativ günstig erwies.

Später gingen wir dann alle noch auf einen Absacker beim Kaiser vorbei. Es wurde eine üble Völlerei, aus der Decke des Palastes wurden Blüten geworfen, irgendwer spielte Harfe und sang zotige Verse, man aß von goldenen Tellern, und nach Sitte des Hauses verzog man sich ständig mit einer Vogelfeder in den Nebenraum, das so genannte Vomitorium, um Platz für neue Speisen zu schaffen. Etwas befremdlich fand ich das ständige Ablassen von Verdauungsgeräuschen, was per Edikt von Kaiser Claudius für legitim erklärt worden war. Sonst war es ein gelungener Abend. Als ich am Morgen die Via Appia Antica Richtung Flughafen ging, war ich noch etwas wacklig auf den Beinen … ■

ANDREAS WENDEROTH, 39, entdeckte das Pantheon als seinen eindeutigen Lieblingsort in Rom – weil der Tempel nichts von seiner kraftvollen Ausstrahlung verloren hat, obwohl er täglich von Tausenden Touristen besucht wird. Der freie Autor wurde 1997 mit dem Theodor-Wolff-Preis ausgezeichnet und lebt in Berlin.

MONIKA AICHELE, geboren 1971 (Seite 167 Mitte), hat Grafik-Design studiert und arbeitet seit 1997 international als freie Illustratorin. Sie wurde mehrfach ausgezeichnet und lebt heute in Berlin und New York.

SPECIAL FUSSBALLSCHULE

Wenn ich groß bin ...

... werde ich ein Star! Jeder hoffnungsvolle Hof-Kicker will vom Fußballschüler zum Profi aufsteigen. Auch unser Autor Filipo de Masi hat mal klein angefangen

Bei uns in Rom ist Fußball nicht einfach ein Sport. Fußball ist Bürgerpflicht. Die Stadt hat mit AS Roma und S.S. Lazio zwei Teams in der 1. Liga und mit Lodigiani auch eine Mannschaft in der 3. Während die Fans von AS Roma vorwiegend aus den einfacheren Vierteln stammen, leben die Anhänger von S.S. Lazio eher in den wohlhabenden Stadtteilen und im Umland. Kein römischer Junge, der nicht davon träumen würde, einmal so berühmt zu werden wie Francesco Totti, wie Vincenzo Montella oder Marco Delvecchio. Aber wie wird man Fußballstar? Wo fängt so eine Karriere an?

Schon gleich nachdem ihre Mutter sie abgestillt hat, versuchen sich unsere kleinen Jungs mit ersten Schießübungen – dafür ist jeder auch nur entfernt ballähnliche Gegenstand gut genug. Wer ein bisschen älter ist, darf in den Hof hinunter, der seinen Zweck als Fußballplatz prima erfüllen könnte, wäre da nicht jene Nachbarin aus dem ersten Stock, die sich über jeden Ball beschwert, der an ihr Küchenfenster knallt.

Hilfe kommt von Mutter Kirche. In Roms zahlreichen Kirchengemeinden gibt es Jugendzentren mit geräumigem Innenhof. In neun von zehn Fällen hat man dort einen kleinen Fußballplatz eingerichtet. Nach der Schule strömen die Kinder in Massen in diese Arenen, um mit bunten Bällen und viel Geschrei gegeneinander anzutreten, bis die Sonne untergeht. Wer es wirklich ernst meint mit dem runden Leder und eine Karriere als Profi anstrebt, ist auf zielorientiertes und methodisch strukturiertes Training angewiesen. Sein Weg wird ihn zunächst in einen der Fußballvereine führen – im römischen Telefonbuch sind mehr als 300 verzeichnet. Wenn er Glück hat und Talent, schafft er es vielleicht, in eine der wenigen Elite-Fußballschulen aufgenommen zu werden, die von den Profi-Clubs regelmäßig auf Nachwuchstalente abgetastet werden. Jede hat ihre eigene Tradition und Geschichte, ihr Prestige und ihren Ruf. Hier wachsen die zukünftigen Meister heran.

Wer etwas erreichen will im Leben, muss träumen können. Der Traum meiner Kindheit war, ein so fantastischer Torhüter zu werden wie der göttliche Albertosi, der bei der Weltmeisterschaft in Mexiko für unsere Nationalmannschaft im Tor stand. In Rom sind Sandplätze typisch, und auf ihrem harten Belag habe ich schon früh regelmäßig meine zarte Kinderhaut gelassen. Als es mit der Leistung aufwärts ging, flehte ich meine Eltern an, mich in einer Fußballschule einzuschreiben.

Und so wurde ich dort zunächst Pulcino, „Küken". Dieser Schritt entsprach in etwa dem Umstieg von abgestandenem Mineralwasser auf eine Flasche Veuve Clicquot Ponsardin. Der erste Trainer, dem ich in meiner viel versprechend beginnenden Torhüterkarriere begegnete, war ein hagerer Mensch mit sizilianischem Akzent, streng und geheimnisumwittert. Manche von uns glaubten, er sei eigentlich Talent-Scout

In der Fußballschule AS Testaccio trainieren Talentierte bis zum Sonnenuntergang und hören dem Trainer genau zu

Viele Jungs träumen davon, wie diese Nationalspieler eines Tages auf Sammelbildern zu landen

für Juventus Turin. Wir nannten ihn „Major" Stella, weil er manchmal Befehle wie beim Militär erteilte. Ansonsten beeindruckte er durch seinen Sinn für Gerechtigkeit. Lieblinge hatte er nicht, alle waren gleich, und auf dem Feld spielte, wer es am meisten verdiente. Das bedeutete auch, dass ein Platz als aktiver Spieler in der Schulmannschaft hart erkämpft werden musste, erst recht der Platz des Torwarts, der ja nur einmal zu besetzen war.

Ich wusste, dass ich mein Ziel nur mit Fleiß erreichen konnte. Also blieb ich, wenn die anderen nach Trainingsende in den Umkleidekabinen verschwanden, mit einem Freund auf dem Feld, um noch mindestens eine Stunde Elfmeter zu halten. Wie viele Schokoriegel sich mein Kumpel durch seine Überstunden bei mir verdiente, weiß ich nicht mehr. Aber ich erinnere mich, wie baff ich war, als der Major eines Tages zu mir sagte: „Zieh dir die Nummer 1 über, heute gehst du ins Tor." Mein erster Auftritt wurde ein Triumph: Ich hielt einen Strafstoß und parierte mehrere gefährliche Angriffe. So verloren wir nur 3:2.

Der Major hatte seine eigene Art, bessere Menschen aus uns zu machen. „Es kommt nicht nur auf die Technik an. Ihr müsst zusammenhalten. Zusammenspielen! Ihr müsst euch aufeinander verlassen können. Nur dann habt ihr als Mannschaft eine Chance." Unser Coach predigte gern und oft, im Training, vor dem Anpfiff, in der Halbzeitpause. Oder er schrie mit heiserer Stimme am Spielfeldrand irgendwas von wegen Teamgeist, wenn es mal wieder nicht klappte.

Hat Fußball etwas mit Charaktererziehung zu tun? Noch heute glaube ich, dass der Major Recht hatte. Ich habe bei ihm gewinnen gelernt, aber auch verlieren. Fußball bietet Möglichkeiten echter Freundschaft. Und er schützt vor den Gefahren der Straße. In einer Gesellschaft, in der die Eltern von der Arbeit regelrecht aufgefressen werden, kann Fußball, so wie wir ihn vermittelt bekamen, für allein gelassene Kinder sogar zu einer Art Rettungsanker werden.

Ach ja, übrigens: Mit der Profi-Liga hat es nicht geklappt, weswegen ich auch nicht Nationaltorwart geworden bin. Ich sei zu klein, sagte man mir nach einem Probespiel. Daran konnte auch der beste Trainer nichts ändern. ■

INFO FÜR ZUSCHAUER

Im Olympiastadion findet von September bis Juni jeden Sonntag mindestens ein Spiel statt, in der Regel ab 15 oder 20.30 Uhr. Termine auf den Websites der Clubs.

■ Stadio Olimpico, Viale dello Stadio Olimpico (Rom-Nord). Eintrittskarten für 16 bis 65 Euro im Ticket Office (Tel. 063 68 51) und im Stadtzentrum bei den Fanshops der Clubs.

www.asroma.it (AS Roma)
www.sslazio.it (S.S. Lazio)

FILIPO DE MASI wurde 1967 in Rom geboren. Er ist Redakteur beim italienischen Fernsehen RAI und trifft sich mindestens einmal die Woche mit Kollegen zum Feierabend-Fußball. Von seinem 6. bis 18. Lebensjahr war er Schüler der römischen Fußballschule Stella Azzurra.

STICHPUNKT

AUSSICHTSREICH Die elf Spieler von Roma Overground haben auf Turnieren auch schon ganz normalen Fußball gespielt. Bekannt geworden sind sie aber durch ihr Gekicke auf Dachterrassen in der Altstadt. Zwischen Satellitenschüsseln und Terrakottatöpfen spielen sie nach eigenen Regeln. So ist die Anzahl der Kicker flexibel und abhängig von der Größe der Terrasse, die sie gerade entern konnten, und wer es schafft, mit dem Schuhabsatz ein Tor zu machen, annulliert damit alle Treffer des Gegners. Adil, der Kopf des Teams, immigrierte vor 13 Jahren aus Marokko und importierte den Dachterrassenkick aus Casablanca nach Rom. Auf der Website von Roma Overground (www.aircalcettoroma.it) kann man zuschauen, wie die selbst ernannten Sky Players ihren trendy gefährlichen und scheinbar nicht immer legalen Sport treiben. Dass die Videos an Werbespots erinnern, kommt nicht von ungefähr: Adil (im Foto links) studiert mit Berufsziel Drehbuchautor. Und ein Sportartikelhersteller tritt als Sponsor für Bälle, Klamotten und Website auf. **D.E.**

Fotos: Udo Bernhart (3); Richiardi/Penny/Sportimage (3); Giorgio Maiozzi/Uthopia. Übersetzt von Markus Nikel

1

DIE INSEL
Pastellfarbene Häuser, verwinkelte Gassen, kleine Buchten: Ponza, die größte und schönste der Pontinischen Inseln

AUSFLÜGE

Anleitungen zum Ausreißen

Alle Wege führen nach Rom, heißt es. In dieser Geschichte führen sie hinaus: zu den acht schönsten Zielen in der Umgebung
Text von Peter Linden, Fotos von Udo Bernhart

2

DER STRAND
Schicke Rettungsschwimmer, Beachvolleyball-Turniere, Tanzen unter freiem Himmel: Fregene ist der jungen Römer liebster Strand

3

DIE HÜGEL
Schlafende Dörfer, dichte Wälder und stille Seen: der Naturpark Castelli Romani

1 PONZA

FERIENINSEL 120 KILOMETER SÜDLICH VON ROM, VIA PONTINA BIS ANZIO, PLUS 2 STUNDEN ÜBERFAHRT

EINES TAGES, ER WAR GERADE 65 JAHRE ALT GEWORDEN, hat sich Salvatore Mazzello doch noch eine Straße gebaut. Ein abenteuerlich steiles und kurviges Stück Betonweg, eingegraben in Lava und Tuffstein am Südhang des Monte Core. Seit jenem Tag im Sommer 1991 ist das Dörfchen Frontone auf der Insel Ponza ein Teil dieser Welt. Seither kann Salvatore Mazzello die Lebensmittel mit dem Auto fast vor die Haustür fahren, statt sie mit dem Kran über 25 Meter hohe Klippen aus dem Fischkutter zu hieven. Vor allem aber ist das kleine Inselhospital in Reichweite und der Helikopter, der ihn rasch nach Rom fliegen würde, falls sein Körper doch irgendwann schlappmacht.

Die Zeiten vor dem Betonweg stehen vermutlich für das, was sich Touristen in aller Welt unter einem Paradies vorstellen. Frontone auf Ponza, das ist eine eng aneinander geschmiegte Ansammlung pastellfarbener Fassaden. Das sind tief in den Fels geschlagene Wohnzimmer und Küchen mit Gewölbe statt Decke, mit Bänken und Betten und Regalen aus Stein. Das sind kalkweiße Stufen zwischen den Häusern und hinauf zum Weinberg, keine geraden Stufen, sondern geschwungene, schiefe, trapezartige Stufen. Und doch zogen die Menschen fort aus Frontone. Kein Strom, nur ein Pfad für die Esel und unten in der Bucht kein richtiger Hafen, in dem das Boot sicher war – auch den Kutter musste Salvatore Mazzello bei schlechtem Wetter mit dem Kran auf seine Terrasse heben.

Heute, 14 Jahre nach dem Bau der Straße, ist Frontone Teil dieser Welt, ein ganz begehrter sogar. Neben Salvatore Mazzello hat ein reicher Botschafter eines der pastellfarbenen Häuser gekauft, ein Stück darüber ist ein Hotel entstanden. Am Strand von Frontone werden Liegestühle vermietet, am Abend tanzen die jungen Leute aus Rom unter freiem Himmel. Und weil sich mit dem Betonweg auch immer mehr Menschen in das Dorf verirren, hat Salvatore Mazzellos Sohn Gerardo in einer der 300 Jahre alten Wohnhöhlen ein Museum eingerichtet. Altes Fischerei- und Jagdgerät sind zu sehen, Werkzeug, Land- und Seekarten, ein Knochen eines 1956 hier gestrandeten Wals – und vier Alben mit Fotos und Postkarten und von Kinderhand geschriebenen Geschichten aus dem Leben in Frontone.

Wie auf Bestellung: Danielo serviert am Strand von Frontone

Der Himmel in Blau, die Häuser in Gelb, die Damen in Rosa: Auf Ponza – hier in der Hauptstadt – trägt man zarte Farben

»Es muss wie in einem Traum gewesen sein, auf Ponza aufzuwachsen«

Es muss wie in einem Traum gewesen sein, auf Ponza aufzuwachsen. Längst vergangen die Zeiten, in denen Piraten und Soldaten, Römer und Sarazenen, Kaiser und Päpste um die Inselgruppe stritten. Vorbei die Zeiten, da jeder Besiedlungsversuch fehlschlug, weil der Boden zu karg und das Festland zu fern war. Als Gerardo Mazzello aufwuchs, entwickelte sich Ponza gerade zu einem Spielplatz der Fantasie, einem Ort, wo Mensch und Natur darum wetteiferten, wer wohl die schöneren Höhlen, Grotten, Treppen, Tunnel und Wasserläufe bauen könne. Noch immer ist das Spiel nicht entschieden: In grellem Weiß, in Rot und Braun, Ocker und silbrigem Grau glänzen die vulkanischen Klippen – dazwischen nisten in Hellblau, Rosa, Gelb und Weiß die Häuser, mit flachem Dach die neuen, mit sanft geschwungener Kuppel die alten. Auch das Leben wurde einfacher, zumal seit den sechziger Jahren statt Piraten gebe-

War schon bei Piraten beliebt: Ponzas Hafen

tene Gäste auf die Inseln kamen, Touristen, die Zimmer in den Pensionen und Familienhotels nahmen. Früh verhinderte ein Baustopp, dass sich überdimensionierte Klötze über einsame Strände erhoben, und obwohl die Insulaner 1950 eine Straße von Ponza nach Le Forna erhielten, benötigten sie weiter ein Boot, um die schönsten Stellen zu erreichen, den Strand von Lucia Rosa oder die Grotten del Core. Im Sommer ist es Gästen zudem verboten, mit dem eigenen Auto herumzufahren, stattdessen windet sich der Pullman, ein Autobus, im Zehn-Minuten-Takt über die zwölf Kilometer vom Südende bis zum Nordende der Insel.

Am 20. Juni feiert Ponza sein allergrößtes Fest, wichtiger als Neujahr und Weihnachten, das Fest des heiligen Silverio. Dazu wird der Schutzpatron der Inselfischer aus der Kirche Santissima Trinità in einem roten Miniaturboot aus Holz zum Quai getragen, an der Spitze einer schwimmenden Prozession durch den Hafen gefahren und zurück in die Kirche gebracht. Stundenlang spielt die Blaskapelle, segnet der Pfarrer, Kapitäne salutieren und spenden Blumen. Um 24 Uhr funkelt und kracht am Himmel ein Feuerwerk. Das Fest des San Silverio ist mehr als Fürbitte um gnädige See und guten Fang. Es ist der Tag der Rückkehr der Auswanderer. Auch Salvatore Mazzello hat Brüder, Neffen, Schwestern und Nichten verloren, doch am 20. Juni kommen sie, aus Buenos Aires, aus New York. Andere Familien begrüßen Verwandte aus Deutschland oder auch aus der näheren Umgebung, aus Neapel und Rom. 3100 Einwohner hat Ponza – am 20. Juni aber sind es mitunter wieder 7000. Wie in den zwanziger Jahren, ehe die Not so viele auf die Schiffe nach Amerika zwang.

Was für ein Glück, werden sich viele Kinder gedacht haben, als im September 2001 just am letzten Ferientag plötzlich ein gewaltiger Sturm aufkam und jeglichen Schiffsverkehr von Formia, Terracina und Anzio nach Ponza lahm legte. Zwei Tage später waren die Ölvorräte des kleinen Elektrizitätswerks verbraucht, nur Wasser gab es noch, das zwei Zisternentanker täglich vom Festland nach Ponza bringen. Was für ein Glück, praktisch abgeschnitten zu sein vom Festland, ein paar Tage länger im Sand zu buddeln oder Piratenhöhlen zu erforschen, bei Kerzenlicht zu essen und auf das Fernsehen zu verzichten. Was für ein Glück, für wenige Tage so zu leben, wie es Salvatore Mazzello aus Frontone 65 Jahre lang getan hatte, bis er sich im Sommer 1991 doch noch seine Straße baute.

2 FREGENE

STADTSTRAND 30 KILOMETER WESTLICH VON ROM, ÜBER DIE VIA AURELIA

TIPPS PONZA

ANREISE

Mit Flugzeug/Bahn: Vom Flughafen Fiumicino fahren alle 30 Minuten Züge zum Hauptbahnhof Rom-Termini, vom Airport Ciampino gehen Busse. Ab Termini mit Vorortzügen nach Anzio, von dort mit der Fähre nach Ponza. Mit dem Auto: über die Via Pontina, SS 148, zum Fährhafen in Anzio.

Blick über das Zentrum zum Hafen von Ponza

ÜBERNACHTEN

CASA GIULIA

Kalkweißes Ensemble im Stil der Inseln mit Süßwasserpool am Weinhang über dem beliebten Strand von Frontone. Ruhige Lage am Ende einer Privatstraße mit Blick über die Bucht auf den Hafen.
■ 04027 Ponza, Località Frontone, Tel. 077 18 04 07, Fax: 069 84 68 40.
12 Zi.: DZ 108–208 €.
Geöffnet 1. Juni bis 15. Sept.

MARI

Sehr freundliche Zwei-Sterne-Pension mit Internet-Station im Foyer. Zu den schönsten Zimmern (Nr. 22 bis 26) sind es 87 Stufen ohne Lift. Von dort lässt sich der gesamte Schiffsverkehr der Insel beobachten.
■ 04027 Ponza, Corso Carlo Pisacane 19, Tel. 077 18 01 01, Fax: 077 18 02 39.
18 Zimmer: DZ 78–148 €.
Geöffnet Ostern bis 31. Oktober.
www.hotelmari.com

ESSEN & TRINKEN

ORESTORANTE

Bestes Restaurant Ponzas mit preisgekrönter Küche. Als Vorspeise den vegetarischen Teller bestellen – und wer es sich leisten mag: anschließend Langusten (80 Euro). Das Tiramisu (10 Euro) ist ohne Konkurrenz.
■ Via Dietro La Chiesa 4, Tel. 07 71 80 38. Fischgerichte 20–25 €. Geöffnet tgl. Ostern bis 30. Sept. 20–24 Uhr, bis Ende April auch Mittagstisch.

Chef Oreste vom Orestorante tischt mächtig auf

ANSCHAUEN

COOPERATIVA BARCAIOLI PONZESI

Ausflugsfahrten auf Katamaranen und Motoryachten rund um Ponza (tgl. 11–16 Uhr), auf die unbewohnte Nachbarinsel Palmarola (10.30–18 Uhr) und auf die Nationalparkinsel Zannone (10.30–17 Uhr) mit Badestopps und Wandermöglichkeiten; ganzjährig, je nach Saison 16–20 €.
■ Corso Carlo Pisacane, Tel./Fax: 07 71 80 99 20.
www.ponza.com/barcaioli

INFOS

APT (TOURISMUSBÜRO)

■ Latina, Via Duca del Mare 19, Tel. 07 73 69 54 04.
www.aptlatinaturismo.it

SIE WÄLZEN SICH ÜBER DIE VIA DEL MARE, kriechen über die Via Portuense, quälen sich über die Via Aurelia. Samstag für Samstag ergießt sich ganz Rom über das gewaltige Schwemmland des Tiber, und da, wo die alten Kaiserstraßen enden, beginnen die kurzen, heftigen Zuckungen eines Sommerwochenendes. Es zuckt der Lido von Ostia, es zucken Fiumicino und Focene, auch Fregene zuckt, das einstmals hinter Sümpfen und Pinienwäldern versteckte Fischerdorf.

Es sind diese Samstage, an denen sich der 31-jährige Sportlehrer Nicola ein wenig fühlen darf wie einer der Jungs aus „Baywatch". Nicola legt sogar extra sein rotes Muskelshirt mit dem Schriftzug „Rettungsdienst" ab, damit alle sehen können, was für einen gewaltigen Oberkörper er sich antrainiert hat. Dann schreitet er ans Wasser, holt seine glänzende Trillerpfeife aus den roten Badeshorts und pfeift drohend in die Fluten hinaus. Nicola pfeift und pfeift, rudert bedeutungsvoll mit den Armen, pfeift wieder, rollt die Augen, pfeift noch einmal. Dann lässt er sich resigniert neben seinem roten Rettungsboot in den Sand fallen. „Die Leute sind verrückt", meint er seufzend, „sie wissen nichts vom Meer, nichts von dieser Strömung!" Wer das Meer nicht respektiert, sagt Nicola und setzt den durchdringenden Blick eines Philosophen auf, „den holt es sich auf den Grund!"

Dass es nicht recht klappen möchte mit einer italienischen Folge von „Baywatch", liegt an den Römern, die sich von keinem Stau auf der Via Aurelia den Spaß verderben lassen und erst recht nicht von Nicolas Pfeife. Die Römer kommen nicht nach Fregene, um Respekt vor dem Meer zu üben. Sie kommen, um in den trübgrünen Wellen zu spielen. Sie kommen, um sich in den schwarzweiß gekörnten Sand einzubuddeln, schwarz von der zermalmten Lava des nahen Vesuv, weiß vom Kalk zerriebener Muschelschalen. Sie kommen, um der Sonne entgegenzuschwimmen, die sich am Nachmittag in den Horizont hinter dem Tyrrhenischen Meer gräbt.

„Der Samstag, das ist nicht Fregene", sagt Paola Villani, die 75-jährige Signora, die seit 40 Jahren das Hotel Corallo betreibt, „Fregene, das ist der Montag." Am Montag kehrt die Ruhe zurück, man hört das Hämmern aus den Häusern und das Schnattern der Rasensprenkler aus den Gärten, die Vögel, den Wind. In den Cafés im Zentrum lesen die Einheimischen den „Messaggero" und die „Gazzetta dello Sport". Es sind alte Fischer und reiche Römer, die sich die Stille zwischen den Pinien teilen, und die wenigen Touristen, die in den vier kleinen Hotels Platz gefunden haben.

Am Montag langweilt sich Nicola. Mütter halten ihr Baby in sanft anrollende Wellen, verwaist liegen der Beachvolleyball-

Platz und das Beachsoccer-Feld. Nicola trägt wie vorgeschrieben sein Muskelshirt, immerhin sind auch so noch die eintätowierten Tigerköpfe auf beiden Oberarmen zu sehen. Aber ein Mädchen wie Eva, das er am Samstag zuvor kennen gelernt hat, ein Pfiff mit der Trillerpfeife, ein Blick und ein Lächeln, so ein Mädchen verirrt sich an einem Montag nicht nach Fregene.

Gut so, findet Paola Villani, in deren Hotel die Vergangenheit von Fregene ausgestellt ist, schwarzweiße Fotografien im Speisesaal und im zweiten Stock. Sollen ihre Gäste ruhig sehen, dass Fregene früher viel wilder und provisorischer wirkte mit all den vereinzelten Villen, die lange vor den Straßen gebaut wurden, irgendwo zwischen Pinien und Buschland. Das wirkte offenbar anziehend auf die Schickeria von Rom, viele der Villen gehörten am Ende Schauspielern und Politikern. „Stellen Sie sich vor", sagt Paola Villani und reißt ihre Augen so weit auf, wie sie nur kann: „Die Leute bezahlten Eintritt, um nach Fregene zu kommen. Eintritt!"

Eintritt. Den bezahlen die Dummen heute noch. Dann, wenn sie sich von einem der Kassenhäuschen davon abhalten lassen, den gesetzlich verbrieften, freien Weg zum Strand zu suchen. Die Klugen spazieren die Via Cattolica hinunter zu Cocco Loco. Dort werden zwar auch Liegestühle vermietet, aber niemand wird weggeschickt, wenn er ein mitgebrachtes Handtuch ausbreitet. Die Nachfahren der Hippies schlagen sich am Südende von Fregene durch die Büsche und durchwaten die Mündung eines Tiberkanals, dahinter gibt es nichts mehr zu mieten, und es wacht auch kein Nicola mit Trillerpfeife über den respektvollen Umgang mit dem Meer.

Andererseits gilt es bei vielen Jugendlichen aus Rom als schick, ein 16 Euro teures Tagesticket für Gilda on the Beach zu lösen: Bar, Café, Club, Pool und am Abend Disco mit drei Tanzflächen unter freiem Himmel. Was auch immer sich hier tut, welche Prominenz auch auftaucht in den heißen Samstagnächten: Am Montag können es die Einwohner von Fregene im „Messaggero" nachlesen. Doch heute geht es ruhig zu am Strand. Eva ist abgereist, und Nicola schnappt sich sein Rettungsboot, rudert im Stehen ein paar Meter raus und pfeift auf seiner Trillerpfeife einem harmlosen Schwimmer hinterher.

Schlag auf Schlag braun werden: Beachvolleyballer am Strand von Fregene

TIPPS FREGENE

ANREISE

Mit Flugzeug/Bahn: Direktzug vom Airport Fiumicino nach Rom-Termini, ab dort mit Vorortzügen nach Maccarese/Fregene. Busverbindung vom Flughafen Ciampino. Mit dem Auto: zunächst über Via Aurelia und Stadtautobahn, den Grande Raccordo Anulare, Richtung Fiumicino, dann A 12 Richtung Civitavecchia.

ÜBERNACHTEN

VILLA FIORITA

Drei-Sterne-Haus im Zentrum mit gehobenem Standard, umgeben von Pinien und einem Rosengarten. Gartenrestaurant. ■ 00054 Fiumicino-Fregene, Viale Castellammare 86, Tel. 06 66 56 45 90, Fax: 06 66 56 03 01. 30 Zi.: DZ ab 72 €, inkl. Frühst.; Ende Juli bis Aug. nur mit HP 154 €. **www.mediturhotels.it**

Direkt am Meer und von Palmen gesäumt: Hotel Corallo

CORALLO

Ältestes Drei-Sterne-Hotel mit schlichten, sauberen Zimmern am Südrand von Fregene direkt am Meer. Pool, Gartenrestaurant. ■ 00050 Fregene, Via Gioiosa Marea 140, Tel. 06 66 56 01 21, Fax: 06 66 56 00 11. 42 Zimmer: DZ ab 85 €, inkl. Frühst. **www.hotel-corallo-fregene.it**

ESSEN & TRINKEN

LA RISACCA

Köstliche Küche mit täglich wechselnder Karte. Gespeist wird im Freien unter einer Pinie. ■ Viale Castellammare 45 c, Tel. 06 66 56 09 39. Pasta 5–8 €, Fleisch- u. Fischgerichte 7–14 €. Geöffnet Mi.–Mo. 12–15 und 19.30–23 Uhr.

ANSCHAUEN

GILDA ON THE BEACH

Der Strandclub von Fregene mit Beachvolleyball, Beachsoccer, Süßwasserpool, Strandbars, Café und Restaurant. Eintritt inkl. Poolbenutzung und Liegestuhl 9 Euro, an Wochenenden 16. Massagen, „Anti-Stress-Programme", Aquagymnastik. ■ Lungomare di Ponente 11. Im Sommer jeden Fr. und Sa. 22.30 bis 4 Uhr Diskothek (Eintritt 18 € pro Person, inklusive Getränk).

INFOS

APT

■ Rom, Via XX. Settembre 26, Tel. 06 42 13 81. **www.oltreroma.it**

3 CASTELLI ROMANI

NATURPARK 24 KILOMETER SÜDÖSTLICH VON ROM, ÜBER DIE VIA APPIA

Hier wohnt der Papst, wenn es in Rom zu heiß wird: Sommerresidenz in Castel Gandolfo

ES IST EIN UNSCHEINBARES STÜCK ASPHALT zwischen Albano Laziale und Rocca di Papa, und viele sagen, es berge das Geheimnis der ganzen Region. Ob bei Tag oder Nacht, immer wieder halten Autofahrer unvermittelt an, lösen den Gang und beobachten, wie ihr Fahrzeug reagiert. Und egal, wer da am Steuer sitzt, egal, in welche Richtung das Fahrzeug weist, es beginnt, scheinbar bergauf zu rollen. „Das ist die Magie der Vulkane", sagen die Einheimischen in Albano Laziale. „Das ist nichts als ein Spiel des Lichts", meint beschwichtigend Simonetta Salustri vom örtlichen Tourismusbüro. Cinzia Barbante, Wärterin im Naturpark Castelli Romani, behauptet, dass selbst Wasserwaagen das Rätsel bisher nicht zu lösen vermocht hätten.

Das Rätsel der Castelli Romani, es beginnt schon beim Namen, denn es gibt überhaupt keine römischen Burgen in dem 12 000 Hektar großen Parkgebiet im Süden von Rom. Dichte Wälder gibt es, schlafende Dörfer, die sich an steile Felshänge klammern, zwei dunkelblaue, tief in den Boden versunkene Seen mit schwarzem Ufer. Und es gibt 13 Hügel, von deren Kuppe die römischen Legionen fast die gesamte Provinz Latium überblickten. Vielleicht ist der Park nach den Burgen der Adligen und Päpste benannt, die früher in dieser Gegend standen. Oder ob man die Hügel Castelli nannte, weil kein Bauherr gewaltigere Burgen hätte errichten können als den 949 Meter hohen Monte Cavo und seine Nebengipfel?

Immer wieder ist Cinzia Barbante auf Rätsel gestoßen, seit sie im Jahr 2000 ihre Arbeit als Parkwärterin aufnahm. Auf die meisten Fragen aber, die Wanderer auf geführten Spaziergängen durch die Eichen-, Linden- und Ahornwälder stellen, hat die Geologin wissenschaftliche Erklärungen. Die vielen Krater etwa, die sich vom Lago di Bolsena an der Grenze zur Toskana bis zum Vesuv nahe Neapel gebildet haben, sind dadurch entstanden, dass sich gewaltige Landmassen unterhalb der italienischen Halbinsel ineinander verkeilten. So wächst der Apennin langsam empor, und an seinen westlichen Flanken entstehen Brüche und Lücken, durch die Lava aus dem Erdinnern entweicht. Seit 700 000 Jahren speit und bebt es in Latium, die letzten Ausbrüche des einst 2000 Meter hohen Vulcano Laziale, in dessen Inneres der gesamte Naturpark Castelli Romani passt, fanden vor 30 000 Jahren statt. Der Vesuv am südlichen Ende der Kette ist 1944 zuletzt ausgebrochen und noch immer aktiv.

Den schönsten aller Wanderwege haben die Römer angelegt. Zu einer Zeit, da die Vulkane der Gegend angeblich ihre

Stillleben mit Steinpilzen: Auslage eines Obstladens in Nemi

Stilles Wasser mit Blick auf Castel Gandolfo: der Lago Albano

Stiller Mann im Garten: Statue in der Villa Aldobrandini in Frascati

allerletzten Felsbrocken auswarfen, bauten sie eine Straße aus flachem Basaltgestein hinauf zum Monte Cavo – die Via Sacra. Der Weg folge einem ehemaligen Lavastrom, erklärt Cinzia Barbante, und schon wieder kennt sie ein Geheimnis: Weil Lava sich am Magnetismus ausrichte, sei es angeblich weniger anstrengend, auf der Via Sacra zum Monte Cavo zu gelangen als auf anderen Routen. Ein Weg der Kraft also; an mehreren Stellen haben die Römer Penisse in den Basalt geschlagen, die unübersehbar nach oben weisen. Kurz unterhalb des Gipfels liegt der Aussichtspunkt, eine in immergrünes Eichenlaub gehüllte Terrasse. Von hier schweift der Blick über den Lago Albano und den Lago di Nemi, über Castel Gandolfo, Ariccia, Genzano, über die Weinhänge von Frascati und die fruchtbaren Ebenen bis an die Küsten des Tyrrhenischen Meeres.

Ein zweiter der Wanderwege, die Cinzia Barbante und ihre 18 Kollegen im vergangenen Sommer erschlossen und mit Schildern versehen haben, führt gegenüber der Via Sacra zum Lago di Nemi, rundlich funkelnd, von Ufer zu Ufer kaum mehr als einen Kilometer breit. Auch der Lago di Nemi birgt seine Rätsel. In regelmäßigen Abständen hebt und senkt sich der Pegel, obwohl es scheinbar weder Zufluss noch Abfluss gibt. Wissenschaftler fanden Quellen am Grund des 25 Meter tiefen Sees und einen Tunnel durch den Kraterrand, den die Römer nutzten, um Wasser abzuleiten und Überschwemmungen vorzubeugen. Im Jahre 1929 entdeckten Archäologen zudem Überreste zweier gewaltiger Palastschiffe, die Kaiser Caligula hatte bauen lassen und auf denen er bei Festivitäten samt Gefolgschaft über den See dümpelte. Die Modelle sind in einem Museum am Ufer zu besichtigen.

Ansonsten gehört der Lago di Nemi den Gladiolen und den Walderdbeeren, die hier kultiviert werden. Ihr Geruch erfüllt das Innere des Kraters; zum Ende des Anstiegs in das Dorf Nemi, das senkrecht über dem See zu schweben scheint, mischt sich das Aroma von Pinien und Kastanienblüten in die Süße der Blumen und der Beeren.

Doch die große Stadt ist nah. An manchen Sonntagen heulen Motoren über die Kraterstraßen, im 700 Meter hoch gelegenen Rocca di Papa schrammen dicke Lancias durch die engen Gassen. Rom flieht die Hitze, in den Weinkellern und höhlenartigen Restaurants des Bergdorfs fließt der Frascati. Dies sind die Tage, an denen Cinzia Barbante zu Hause bleibt. Von ihrer Terrasse aus kann sie sehen, wie die Ebene flimmert, in blassem Grün und mattem Braun, und wie der Horizont im Dunst der Hitze mit dem Himmel verschmilzt. Es ist kein Geheimnis, weshalb es die Römer in die Krater der Vulkane zieht.

TIPPS ALBANO

ANREISE

Mit Flugzeug/Bahn: Vom Flughafen Fiumicino fahren Direktzüge zum Hauptbahnhof Termini, von dort gelangt man mit Vorortzügen nach Albano. Von Ciampino besteht eine Busverbindung. Mit dem Auto: auf der Via Appia, SS 7, Richtung Ciampino/Albano.

ÜBERNACHTEN

MIRALAGO
Stilvoll eingerichtetes Haus am Kraterrand hoch über dem Lago Albano. Die beste Aussicht auf den See hat man von Zimmer 329 aus. Das Restaurant Donnavittoria ist das beste der Region, die Weine kommen aus dem benachbarten Frascati.

Warme Töne, stilvolle Einrichtung: Hotel Miralago

■ 00041 Albano Laziale, Via dei Cappuccini 12, Tel. u. Fax: 069 32 22 53. 44 Zimmer: DZ ab 85 €, HP-Aufschlag ca. 17,50 € pro Pers.
www.hotelmiralagorist.it

ANGELETTO
In den Fels gebaut, bietet das 700 Meter über dem Meer gelegene Hotel an klaren Tagen von allen Balkonen und Veranden aus freien Blick über den Lago Albano bis ins Zentrum von Rom.
■ 00040 Rocca di Papa, Via del Tufo 32, Tel. 069 49 93 91, Fax: 069 49 99 73. 50 Zi.: DZ 75 €. Geöff. März–Nov.

ESSEN & TRINKEN

L'ANTICO TINELLO
Einfaches Restaurant, versteckt in einer abschüssigen Sackgasse. Man sitzt im Freien auf Bierbänken, die Rezepte stammen von der Großmutter des Besitzers.
■ Ariccia, Via Nino Costa 35, Tel. 069 33 18 65. Pasta 4–6 €, Fleischgerichte ab 8 €. Geöffnet Di.–So. 12.30 bis 15.30 und 20–23.30 Uhr.

ANSCHAUEN

MUSEO DELLE NAVI ROMANE
Auf dem Grund des Kraters sind 1:5-Modelle der beiden über 70 Meter langen Palastschiffe ausgestellt, auf denen Kaiser Caligula seine Gäste auf dem Lago di Nemi bewirtete. Die 1929 trockengelegten Originale wurden 1944 im Krieg zerstört.
■ Nemi, Via Diana 15, Tel. 069 39 80 40. Geöff. tgl. ab 9 Uhr. Eintritt 2 €.

INFOS

APT
■ Albano, Viale Risorgimento 1, Tel. 069 32 40 81.
www.albano.it

4 CIRCEO

100 KM

Tiefe Grotten prägen die Felsenküste des Nationalparks

Wer die „Odyssee" mit den Irrfahrten des Odysseus gelesen hat, wird diesen Ausflug Richtung Südosten unternehmen: Im Nationalpark Circeo an der Küste, die durch einmalige Dünenlandschaft geprägt ist, verbirgt sich die Grotte der Circe, jener mythologischen Gestalt, die den Segler einst betörte. Mit dem 541 Meter hohen Monte Circeo, den Seen und Wäldern, seinem Tier- und Pflanzenreichtum ist der Park eine der schönsten Naturlandschaften Italiens. Man kann ihn zu Fuß oder per Fahrrad erkunden, ein Besucherzentrum hält Informationen bereit.

Den Kontrast zur Natur findet man in den Dörfern der Region. Wunderschön sind die Altstadt von S. Felice Circeo und Terracina mit seinem mittelalterlichen Kern und den Resten aus der Antike. Terracina ist außerdem ein beliebter Badeort.

ANREISE
Über die Via Pontina (SS 148) oder die Küstenstraße. Oder zunächst über Autobahn A 1 Richtung Neapel.

DER BESONDERE TIPP
OASI DI KUFRA
Schönes Hotel mitten im Park, direkt am kilometerlangen Sandstrand (ab 60 €/Pers.). Mit Restaurant.
■ 04016 Sabaudia, Lungomare di Sabaudia, Tel. 07 73 51 91.
www.oasidikufra.it
■ Informationen über die Region Circeo: www.circeo.it.

5 TARQUINIA

90 KM

Das Nationalmuseum im Palazzo Vitelleschi aus dem 16. Jahrhundert

Dieser Ausflug führt Richtung Nordwesten – zu den großartigsten Relikten aus der Blütezeit der etruskischen Kultur. Auf einem Hochplateau mit Meerblick thront die Stadt Tarquinia, deren Ursprung im 9. Jh. v. Chr. liegt. An den Nekropolen erkennt man noch heute den Reichtum der Etrusker: Hunderte bunt verzierte Gräber sind erhalten geblieben. Wer sich für die Etrusker interessiert, wird auch Cerveteri besuchen, auf halbem Weg nach Tarquinia. Die Grabstätte dort ist angelegt wie eine Stadt mit Straßen und Plätzen, und die einzelnen Gräber gleichen dem Innern eines Hauses.

Ein Abstecher führt zu den Monti della Tolfa (Ausfahrt Civitavecchia-Nord) und den charakteristischen Bergdörfern. Die kleinen Trattorien servieren einfache Gerichte. Die Orte Allumiere und Tolfa sind bekannt für ihre Ledertaschen, beliebt bei den Jugendlichen der siebziger und achtziger Jahre.

ANREISE
Über die SS 1, die Via Aurelia, oder die A 12.

DER BESONDERE TIPP
MUSEO NAZIONALE ARCHEOLOGICO
Im Palazzo Vitelleschi ist eine der bedeutendsten etruskischen Sammlungen zu sehen. Berühmtester Fund: die beiden geflügelten Terrakotta-Pferde.
■ Piazza Cavour, Tel. 07 66 85 60 36. Geöffnet 8.30 bis 19.30 Uhr. Mo. geschlossen.
■ Informationen über Tarquinia: www.tarquinia.net.

6 LAGO DI BRACCIANO

40 KM

Hoch über dem See: die Kirche S. Stefano

Klares Wasser, kühle Wälder, feinsandige Strände – der Vulkansee Lago di Bracciano gehört zu den beliebtesten Kurzreisezielen der Römer. Vor allem an den Wochenenden und im August kommen sie mit Kind und Kegel zum Schwimmen, Segeln, Surfen und Bootfahren. Werktags aber kehrt (relative) Ruhe ein, dann kann man das blaue Wasser und das Panorama von der Uferstraße genießen; 35 Kilometer führt sie um den See herum und verbindet die drei mittelalterlichen Städtchen Bracciano, Anguillara und Trevignano. Viel beschaulicher ist das Leben rund um den kleineren Lago di Martignano nebenan: Er ist nur durch einen schmalen Fußpfad zu erreichen. In der ganzen Region wird fangfrischer Fisch serviert.

ANREISE
Über SS 2 (Via Cassia) und SS 493 (Braccianese).

DER BESONDERE TIPP
CASTELLO ORSINI-ODESCALCHI
Diese Burg aus dem 15. Jh. thront hoch über dem See in Bracciano. 17 Säle sind zu besichtigen.
■ Tel. 06 99 80 43 48. Di.– So. 10–13 u. 15–19 Uhr.
■ Allgemeine Infos: www.lakebracciano.com (deutsch).

7 GAETA
150 KM

Beschaulich liegt der alte Fischerhafen vor den Häusern der Neustadt

Schon zur Römerzeit existierte diese Siedlung am Golf von Gaeta, erhaben gelegen auf einer bergigen Landzunge. Besucher fühlen sich in Gaeta in alte Zeiten zurückversetzt: Hinter dem mächtigen Kastell auf der Felsspitze winden sich die schmalen Gassen der Altstadt stufenartig am Hang entlang, gesäumt von Häusern aus dem 12. und 13. Jahrhundert. Kleine Fischkutter legen im Hafen an und bringen täglich frische Meerestiere. Das Besondere an Gaeta: Die Marktstände sind bis in die Abendstunden geöffnet; hier bekommt man auch die für diese Region typischen schwarzen Oliven.

Wer lieber badet, hat die Qual der Wahl. Besonders beliebt: die Strände S. Agostino, Il Serapo und, sehr exklusiv, Ariana.

ANREISE
Mit dem Auto über die SS 148. Mit dem Intercity Rom–Neapel bis Formia (grenzt direkt an Gaeta), ca. 1 Std.

DER BESONDERE TIPP
SANTUARIO DELLA MONTAGNA SPACCATA
■ Am äußersten Südwesthang des Berges steht in einer begehbaren Felsspalte eine kleine Benediktiner-Kapelle, die genau in den Riss eingepasst ist.
■ Ausführliche Informationen über Gaeta: www.prolocogaeta.it.

8 TIVOLI
30 KM

Gut möglich, dass Tivoli, dessen komplette Altstadt von der Unesco als Welterbe ausgewiesen wurde, ohne die schwefelhaltigen, 23 Grad warmen Quellen am Grund des Lago Regina und des Lago delle Colonnelle gar nicht entstanden wäre. Als Kaiser Hadrian ab dem Jahr 118 seine Villa Adriana baute, ließ er jedenfalls sofort eine steinerne Trasse zu den kleinen Seen legen, um so seine Becken und Pools zu füllen. Bis zu seinem Tod 20 Jahre später entstand rund um diese künstlichen Seen mit ihren Wasserspielen ein mindestens 120 Hektar großer kaiserlicher Park, der bis in das 19. Jahrhundert Nachahmer fand. 120 Hektar, das sind 1,2 Millionen Quadratmeter.

Manche behaupten, dass Hadrian eine Spur bis in die Neuzeit des Tourismus mit seinen gewaltigen Freizeitparks gelegt habe. Nicht umsonst schmücken sich weltweit Hunderte von Kirmes- und Fußballplätzen, Hotels und Restaurants mit dem Namen der römischen Provinzstadt Tivoli. Das Wenige, was von dem antiken Freizeitpark geblieben ist – die Wasserbecken, die Gärten, ein paar Säulen des Aphroditetempels, Hadrians Privatquartier auf einer künstlichen Insel, Teile des Tunnelsystems und das Caldarium –, ist immer noch beein-

Mystisch: Ovato-Brunnen der Villa d'Este bei Nacht

druckend, aber lange nicht der einzige Grund, nach Tivoli zu kommen. Da sind auch noch die pittoresk bröckelnden Fassaden oben in der Stadt, die Gassen, Hinterhöfe und eine gewaltige Schlucht, außerdem die 1550 errichtete Villa des Kardinals Este und auch eine moderne Therme. Sie nennt sich Terme di Roma, der Werbewirksamkeit wegen. Dabei war es nur eine kurze Episode zu Zeiten Neros, als man über ein Aquädukt das Schwefelwasser Tivolis nach Rom leitete. Danach pilgerten die Menschen zur Quelle – wie heute. ■

ANREISE
Mit dem Vorortzug von Roma-Termini oder über die Autobahn A 24, Abfahrt Tivoli.

DER BESONDERE TIPP
IL CIOCCO
Restaurant mit Terrasse über der Villa Gregoriana, einer Gartenanlage mit Schlucht, Wasserfällen und Grotten.
■ Via Ponte Gregoriano 33, Tel. 07 74 33 34 82. Geöffnet Mi.–Mo. mittags u. abends. Hauptgerichte 10–32 €.
■ Informationen über Tivoli: www.tivoli.it.

Fotos: Stefano Amantini/Atlantide (2); Massimo Borchi/Atlantide; Granataimages.com; Udo Bernhart. Ilaria Candeloro schrieb die Texte über Circeo, Tarquinia, Bracciano und Gaeta

Amore Ihre Bühne ist die Piazza, und sie wissen genau, dass ihre Liebe beobachtet wird. „Wir gehören zusammen", heißt die Botschaft. Und: „Du kannst dir meiner Gefühle sicher sein, denn die Welt ist Zeuge!"

DIE GESTEN DER RÖMER

Starker Ausdruck

Italiener gelten als Darsteller, Römer sind Hauptdarsteller. Wenn sie sich unterhalten, spricht auch ihr Körper; wenn sie sich mögen, sieht das die Welt. Römer zeigen, was sie zu sagen haben – und ihre Gesten verraten oft mehr als die lauten Worte. Beobachtet und fotografiert von Lois Lammerhuber, aus Erfahrung kommentiert von Antonella Mele (Rom)

Pronto? Was gibt's? „Seht her: Ich bin immer erreichbar, stets wichtig und begehrt!" Ein Römer ohne sein (eingeschaltetes!) Telefonino ist kein Römer

Conversazione
Es zählt nicht so sehr, was du sagen willst, es zählt, wie du es sagst. Und wenn du zuhörst, musst du zeigen, dass du wirklich folgst – mit den Augen, mit Nicken oder Kopfschütteln

Amore
Liebe, Zärtlichkeit, Freundschaft

Ein Kuss, eine Umarmung, Händchenhalten – ohne Scheu vor neugierigen Blicken. Das Leben spielt sich im Freien ab, das liegt am Klima, aber vor allem an der römischen Mentalität. Man zeigt sich, man zeigt sein Gefühlsleben. Man berührt die Menschen, die man liebt – auch, um den anderen dieses Gefühl zu demonstrieren. Aber nicht immer geht es beim Sich-Berühren um Intimität. Freunde fassen sich an, Kollegen. Die Marktfrau nimmt den Arm der Kundin, nennt sie vielleicht sogar „Amore“. Natürlich auch, um ein gutes Geschäft zu machen …

Conversazione
Von der Kunst des Gebens und Nehmens

Eine Unterhaltung ist viel mehr als ein Austausch von Informationen – dahinter stehen immer Emotionen, die man viel besser durch Mimik und Gestik ausdrücken kann als mit Worten. Aber zuerst gilt es zu klären, wie man zueinander steht. Wer die Fragen stellt und wer antwortet, wer etwas zu sagen hat und wer zuhört. Wichtig ist, den anderen mitzureißen, abzuschrecken oder zu überzeugen. Und es zählt, ob du selbst begeistert bist von dem, was du sagst. Wer zuhört, zeigt dies aktiv: Er ist mit dem Erzähler traurig, wütend oder begeistert. Fehlt dieses permanente Feedback, gilt das als schlechtes Benehmen.

Pronto?

Das Telefonino ist immer dabei

Keine Römerin und kein Römer geht je ohne Handy aus dem Haus. Und ob man Freunde trifft oder Schuhe kauft, auf dem Sprung ist oder gerade gelandet – wenn das Telefonino ertönt, ist der Gesprächspartner am anderen Ende der Leitung stets der wichtigste Mensch auf der Welt. Mal abgesehen von der eigenen Person, denn auch beim Telefonieren gilt: Publikum ist immer gefragt. Wie sonst erklärt sich die ausgeprägte Körpersprache, die das Gespräch stets begleitet? Kriegt der Anrufer von dem ganzen Gefuchtel doch gar nichts mit. Außenstehende könnten sagen, ein Handy führe die Körpersprache ad absurdum. Den Italienern wäre das ziemlich egal.

Service

AUSKUNFT

STAATLICHES ITALIENISCHES FREMDENVERKEHRSAMT ENIT
Auskünfte, Prospekt- und Informationsmaterial sind in allen drei unten genannten Ländern außerdem erhältlich unter der kostenlosen Rufnummer Tel. 00800-00 48 25 42.
■ 60329 Frankfurt/Main, Kaiserstr. 65, Tel. (069) 23 74 34, Fax: 23 28 94, E-Mail: enit.ffm@t-online.de. Geöffnet Mo.–Fr. 10–17 Uhr. Weitere Filialen in Berlin und München.
www.enit.it
■ A-1010 Wien, Kärntner Ring 4, Tel. (01) 505 16 39 12, Fax: 505 02 48, E-Mail: delegation.wien@enit.at. Geöffnet Mo.–Do. 9–17, Fr. 9–15.30 Uhr.
■ CH-8001 Zürich, Uraniastr. 32, Tel. (043) 466 40 40, Fax: 466 40 41, E-Mail: info@enit.ch. Geöffnet Mo.–Fr. 9–17 Uhr.

In Rom selbst erteilt das Römische Fremdenverkehrsbüro APT allgemeine Auskunft:

APT
Aktuelle Informationen zu Öffnungszeiten und Kulturveranstaltungen sind unter der Tel.-Nummer 06 36 00 43 99 auch auf Deutsch erhältlich (nach erfolgreicher Verbindung die Taste 5 drücken).
■ Via Parigi 5 (Zentrale), Metro A, Station Repubblica, Tel. 06 48 89 92 53, Fax: 064 81 93 16. Geöffnet Mo.–Sa. 8.15–13 und 14–19 Uhr.
www.romaturismo.it
■ Außenstellen des APT gibt es auf der Ankunftsebene des Flughafens Leonardo Da Vinci in Fiumicino, Tel. 06 65 95 44 71 und 06 65 95 60 74. Geöffnet täglich 8.15 bis 19 Uhr.
■ Weiterhin am Hauptbahnhof Termini im Bahnhofsgebäude am Gleis 4 und vor dem Bahnhof auf der Piazza del Cinquecento, Tel. 06 48 90 63 00. Geöffnet täglich 8 bis 21 Uhr.
■ Im Stadtzentrum befinden sich vielerorts Infostände mit kompetentem und meistens mehrsprachigem Personal: Via del Corso, Piazza S. Giovanni; Via dei Fori Imperiali, Piazza Sonnino.

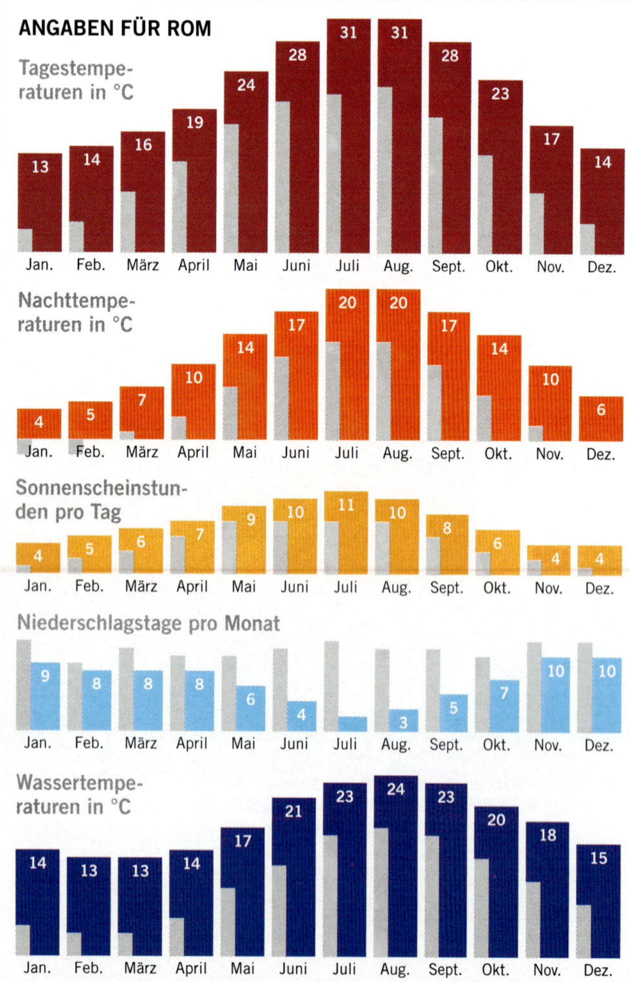

REISEZEIT

Eine Reise nach Rom kann zu jeder Jahreszeit lohnend sein, je nachdem was auf dem Besuchsprogramm steht. Am angenehmsten – sonnig und warm, doch nicht zu heiß und im Allgemeinen auch ohne längere Regenphasen – ist das Klima in den Monaten Mai bis Juni und dann wieder im September und in der ersten Oktoberhälfte. Juli und August verlangen eine robuste und hitzeresistente Konstitution. Wer in den Wintermonaten nach Rom kommt, wird sich auch in dieser Jahreszeit oft über sonnige und angenehme Tage freuen dürfen. Allerdings ist der römische Winter manchmal auch empfindlich kalt. Schwierig können die Übergangsperioden sein, unter anderen auch die Osterzeit. Dann muss der Besucher oft mit vergleichsweise schlecht oder gar nicht geheizten Räumen rechnen, in denen es kühler und feuchter sein kann als draußen.

■ = Vergleichswert Hamburg; Wassertemperaturen Küste vor Ostia/Nordsee

ADAC-SERVICE

Die ADAC-Plus-Mitgliedschaft bietet Reisenden umfassenden Schutz. Neben den Vorteilen der „normalen" Mitgliedschaft umfasst sie viele Extraleistungen wie Krankenrücktransport und Heimholservice (Notruf S. 192). Zusätzlich empfiehlt sich der Abschluss der ADAC-Auslandskrankenversicherung, die Krankenhaus- und Arztkosten erstattet. Auskunft erhält man in den Geschäftsstellen des ADAC, außerdem beim ADAC-Info-Service (Tel. 01805-10 11 12/ 0,123 € pro Minute) sowie im Internet (www.adac.de).
Der ADAC-Reiseführer Rom (4,95 Euro), der Stadtplan Rom (6,50 Euro) und das Kartenset Italien im Maßstab 1:500 000 (Nord- und Süditalien, 10,90 Euro) sind im Buchhandel, beim ADAC und übers Internet (www.adac.de/verlag) erhältlich.

ANREISE

MIT DEM AUTO
Im Normalfall wird man aus dem Norden über die Autobahn A1, die Autostrada del Sole, ankommen. Am Autobahnkreuz Roma Nord biegt man ab Richtung „Roma Centro/Civitavecchia" und erreicht nach kurzer Fahrt die letzte Mautstelle. Danach sind es noch 15 (kostenlose) Kilometer bis zum GRA, dem Grande Raccordo Annulare, einer kreisförmig die Stadt umgebenden, dreispurigen Autobahn.
Wer schnell ins Zentrum kommen möchte, nimmt am besten eine der beiden Konsularstra-

ßen, die Via Salaria oder Via Flaminia. Achtung: Auf manchen Hinweisschildern ist das Zentrum nur als schwarzer Punkt mit einem doppelten Kringel ausgewiesen.

MIT DER BAHN
Die meisten Fernzüge aus dem Norden kommen im Hauptbahnhof Roma Termini an, einige Nachtzüge auch in Roma Tiburtina. Aktuelle Fahrpläne im Internet. **www.trenitalia.com**

MIT DEM FLUGZEUG
Rom verfügt mit Fiumicino und Ciampino über zwei internationale Flughäfen. Von und nach **Fiumicino** gehen u.a. Linienflüge der Lufthansa (von Frankfurt/M., München und Düsseldorf), der Swiss (Zürich und Genf), der Austrian Airlines (Wien) und der italienischen Fluggesellschaft Alitalia (Frankfurt/M. und München). Außerdem starten von den verschiedensten deutschen Flughäfen Billigairlines wie Germanwings, Air Berlin, Germania Express sowie Helvetic (aus Zürich) nach Fiumicino. Den kleineren Flugplatz **Ciampino** im Südosten der Stadt steuern vor allem Chartermaschinen an. Die Billigairline Ryanair fliegt ebenfalls dorthin und bietet außerdem einen Shuttleservice in die Innenstadt; als weitere Billig-Carrier landen derzeit u.a. Easyjet und Hapag-Lloyd Express in Ciampino. Mehr Infos zu den Billigairlines sowie eine interaktive Karte mit allen Verbindungen finden Sie auf unserer Homepage: **www.adac.de/reisemagazin**
Der Schnellzug Leonardo Express verbindet Fiumicino direkt mit dem Hauptbahnhof Roma Termini (täglich bis 22.30 Uhr im 30-Minuten-Takt, Ticket 9,50 Euro). Eine zweite Linie, FM Metropolitana, fährt durch das römische Stadtzentrum, danach weiter bis nach Orte oder Fara Sabina im Norden und hält an zahlreichen Stationen (täglich bis 22.30 Uhr im 30-Minuten-Takt, Preis 5,50 Euro). Ein Taxi ins Stadtzentrum von Rom kostet je nach Ziel und Verkehr ca. 40 bis 50 Euro. Von Ciampino besteht die Möglichkeit, mit dem Linienbus zur Metrostation Anagnina (Linie A) und anschließend weiter ins Zentrum zu fahren. Ein Taxi bis in die Innenstadt kostet ca. 35 bis 45 Euro.

ÄRZTE UND APOTHEKEN

Urlauber aus EU-Ländern sollten sich vor Reiseantritt von ihrer Krankenkasse den Auslandskrankenschein „E 111" ausstellen lassen. Mit diesem Formular ist die gesetzliche Grundversorgung durch Ärzte der ASL (Associazione Sanitaria Locale) und den ärztlichen Notdienst kostenlos. Allerdings entspricht diese an Umfang und Leistung nicht durchweg deutschen Standards.
Rufnummern:
Ärztlicher Notdienst nachts und an Feiertagen (Guardia Medica), Tel. 06 58 20 10 30.
Eine rund um die Uhr aktive Notaufnahme (Pronto Soccorso) gibt es in fast allen römischen Krankenhäusern, zum Beispiel: Ospedale Fatebenefratelli, Piazza Fatebenefratelli (Tiberinsel), Tel. 066 83 72 99.
Das Kinderkrankenhaus Ospedale del Bambin Gesù an der Piazza di Sant'Onofrio erreicht man unter Tel. 06 68 59 23 51.

DIPLOMATISCHE VERTRETUNGEN

DEUTSCHE BOTSCHAFT
■ Via San Martino della Battaglia 4, Tel. 06 49 21 31. Geöffnet Mo.–Fr. 9–12 Uhr, Sa. und So. telefonischer Notdienst.

ÖSTERREICHISCHES KONSULAT
■ Viale Liegi 32,

www.romaturismo.it Die offizielle Website der Tourismuszentrale. Vor allem zu empfehlen ist die enorme Datenbank mit Unterkünften aller Art, die nach Kategorie, Stadtviertel, Preis und Reisezeit recherchierbar sind. Sehr hilfreich sind auch die Tourenvorschläge für Kurzbesucher. Italienisch und Englisch.

INTERNET-ADRESSEN ROM

ROM-PORTALE UND -MAGAZINE

www.abcroma.com/Index_i.htm Gut sortiertes Portal mit Informationen zu Hotels, Restaurants und Geschäften. Ein bisschen störend sind die vielen Werbebanner. Italienisch und Englisch.

www.bella-italia.at Nett gemachtes Italien-Magazin aus Österreich mit zahlreichen Rom-Specials.

http://de.wikipedia.org/wiki/Rom Rom in der Online-Enzyklopädie Wikipedia, Überblicksartikel mit zahlreichen weiterführenden Stichworten.

www.zdf.de Wenn Sie im Suchfeld den Namen „Augustus" eingeben, gelangen Sie auf die glänzend gemachten ZDF-Seiten zur Augustus-Zeit in Rom. Mit vielen multimedialen Elementen wie Videoclips, Animationen und Spielen.

www.bbc.co.uk/history/ancient/romans/ Antike multimedial: Die BBC stellt das antike Rom mit zahlreichen Artikeln, Animationen und Spielen vor.

www.dainst.org Die Romseiten des Deutschen Archäologischen Instituts geben Aufschluss über die umfangreiche Beteiligung deutscher Forscher an der Erschließung der antiken Zeugnisse.

www.imperiumromanum.com Willkommen in den römischen Provinzen des Internets. Biografien der Kaiser, Ausrüstung der Legionäre, Staat, Wirtschaft u.v.a.

Drei herausragende und liebevoll gestaltete Online-Publikationen von Rom-Liebhabern:

www.roma-antiqua.de Professionell gemachte Webseiten des Augsburger Historikers Sven Keller. Interessant vor allem wegen der gut geschriebenen und brillant bebilderten Rundgänge durch das antike Rom und der zahlreichen Rezensionen von Rom-Büchern. Ein Diskussionsforum ist ebenfalls vorhanden.

www.roma-online.de Kompetent und aktuell informiert Georg Burkhard zu allen Aspekten römischer Geschichte.

www.forum-rom.de Jürgen Sulzer ist Präsident der Deutsch-Italienischen Gesellschaft e.V. in Hamburg. Seine sehr gut gemachten „Seiten für Italien- und Romfreunde" verraten eine auf höchstem Niveau gelebte Rom-Leidenschaft.

www.adac.de/reisemagazin
Hier finden Sie die wichtigsten Links zum Anklicken.

Rom hat rund um die Uhr geöffnet: Party am Trevi-Brunnen mit Anita Ekberg als Lichtgestalt (in Erinnerung an den Film „La Dolce Vita"). Und das ganz normale Verkehrschaos am Morgen danach

Tel. 068 08 08 71. Geöffnet Mo.–Fr. 9–12 Uhr.

SCHWEIZER BOTSCHAFT
■ Via B. Oriani 61,
Tel. 06 80 95 71.
Geöffnet Mo.–Fr. 9–12 Uhr.

EINREISE

Italien gehört zu den Schengen-Staaten, im Prinzip ist deshalb für Einreisende aus EU-Staaten keine Ausweiskontrolle mehr vorgeschrieben. Im Zuge der Sicherheitsmaßnahmen zur Terrorismus-Bekämpfung ist allerdings vor allem an Flughäfen bei der Ein- und Ausreise sowie bei der Abfertigung am Gate mit Kontrollen zu rechnen.

FEIERTAGE

1. Januar (Neujahr), Ostermontag, 25. April (Tag der Befreiung vom Faschismus), 1. Mai (Tag der Arbeit), 2. Juni (Tag der Republik zur Erinnerung an die Volksabstimmung 1946, in der sich eine knappe Mehrheit der Italiener gegen die Monarchie und für die republikanische Staatsform entschied), 29. Juni (St. Peter und Paul, die römischen Stadtheiligen), 15. August (Ferragosto/Mariä Himmelfahrt), 1. November (Allerheiligen), 25./26. Dezember (Weihnachten).

FESTE/ FESTIVALS

Im Februar ist Karneval in Rom, was vor allem die Kinder freut, die dann bunt verkleidet durch die Straßen ziehen. Im Juni feiert sich der Stadtteil Trastevere „jenseits des Tiber" mit dem Noiantri-(„Wir andern")-Fest, mit Freiluft-Theater, Musik und Kleinkunst. Von Juni bis September läuft in der ganzen Stadt, meistens unter freiem Himmel, L'Estate Romana, der römische Festivalsommer, der für jeden Geschmack etwas bietet: Jazz und Oper, Literatur, Kino, Kunst und Theater. La Notte Bianca, die „weiße Nacht" Mitte September, schließt den Sommer ab. Eine Nacht lang geht die Hauptstadt nicht schlafen: Museen, Restaurants und Theater bleiben bis in die Morgenstunden geöffnet und bieten zahlreiche Sonderveranstaltungen. Freunde des modernen Theaters und vor allem des Tanztheaters kommen in den Monaten September bis November auf ihre Kosten, wenn das Romaeuropa-Festival zahlreiche internationale Stars dieses Genres in die Hauptstadt bringt (siehe auch Seite 108).

AUF EINEN BLICK Nach der Legende wurde Rom am 21. April des Jahres 753 v. Chr. von Romulus und Remus gegründet, und noch heute wird an diesem Tag in der Stadt jedes Jahr Natale di Roma gefeiert, Roms Geburtstag (Seite 30). In der Antike Zentrum eines Weltreichs mit mehr als einer Million Einwohnern, erlebte die Stadt nach dem allmählichen Zerfall des Imperiums in den ersten nachchristlichen Jahrhunderten einen einzigartigen Niedergang und zählte im Mittelalter nur noch einige zehntausend Bewohner. Der Wiederaufstieg der Stadt begann 1377 mit der Rückkehr des Papstes aus dem Exil in Avignon. Seit dem Jahr 1870 ist Rom Hauptstadt Italiens. Neben den zwei Kammern des Parlaments (Deputiertenkammer im Palazzo Montecitorio und Senat im Palazzo Madama) befinden sich im historischen Zentrum der Stadt auch der Sitz des Ministerpräsidenten (Palazzo Chigi), der des Staatspräsidenten (Palazzo del Quirinale) sowie zahlreiche Ministerien.
Die Stadt erstreckt sich auf einer Fläche von 1290 Quadratkilometern, ist in 35 Stadtteile (Quartieri) und 23 kleine und kleinste, historisch gewachsene Teilgebiete (Rioni) eingeteilt und zählt heute etwa 2,6 Millionen Einwohner. Im Großraum sind etwa 3,8 Millionen Menschen zu Hause.
Seit der Anerkennung in den Lateranverträgen von 1929 liegt innerhalb des römischen Stadtgebiets auch der souveräne Vatikanstaat mit einer Ausdehnung von 0,44 Quadratkilometern und 600 offiziellen Staatsbürgern (Seite 80).

GELD & BANKEN

Die italienische Währung ist seit dem 1. 1. 2002 der Euro, auch im Vatikan. Banken sind in der Regel Mo.–Fr. 8.30–13 und 14.30–15.45 Uhr geöffnet. Die meisten Geldautomaten sind mit EC-Karte benutzbar.

NOTRUF

Polizei: Tel. 112 und 113;
Krankenwagen und Notarzt:
Tel. 118;
Hotline für Touristen in Not:
Tel. 06 67 10 62 93 (Mo.–Do. 8.30–17, Fr. bis 13 Uhr);
ADAC-Notrufzentrale und Pannen-Service: Tel. 01802-22 22 22 (0,062 €/Anruf);
ADAC-Ambulanzdienst:
Tel. (0049-89) 76 76 76.

ÖFFNUNGSZEITEN

„Torno subito" – „Bin gleich wieder da": Auf dieses Schild kann man an einer römischen Tür schon mal stoßen, denn Öffnungszeiten werden hier gern flexibel gehandhabt und ändern sich auch mit erstaunlicher Schnelligkeit. Als allgemeine Richtlinie kann man sich in etwa an die Regel halten: Die meisten Museen sind am Montag geschlossen, eine wichtige Ausnahme sind z.B. die Vatikanischen Museen, die sonntags geschlossen sind (bis auf den letzten Sonntag im Monat, an dem der Eintritt für alle Besucher kostenlos ist). Geschäfte im Zentrum sind in den meisten Fällen durchgehend von etwa 9 bis 19.30 Uhr geöffnet. Viele Läden sind auch am Sonntag offen; große Kaufhäuser wie La Rinascente sind sonntags grundsätzlich geöffnet. In Geschäften mit Mittagspause dauert diese meist von 13 bis 16.30 oder gar 17 Uhr. Postämter sind in der Regel von 8.30 bis 18 Uhr geöffnet, am Samstag bis 14 Uhr, Restaurants meist 12.30 bis 15 und 19.30 bis 22.30 Uhr. Ruhetag ist im Allgemeinen der Montag, bei einfachen Lokalen häufig der Sonntag. Trattorien und Restaurants haben den größten Publikumsandrang mittags gegen 13 und abends ab 20.30 Uhr.

REISEVER-ANSTALTER

Viele der größeren Veranstalter wie Dertour (www.dertour.de), TUI (www.tui.de), Neckermann (www.neckermann-reisen.de), airtours (www.airtours.de), Gebeco (www.gebeco.de) und Ameropa (www.ameropa.de) bieten in ihren Städtereisekatalogen Pauschalreisen in die italienische Hauptstadt an. Neben der Unterkunft im Hotel umfassen sie Stadtrundfahrten und Tagesausflüge. Einige kombinieren das Stadterlebnis Rom auch mit Touren an den Golf von Neapel und auf die Insel Capri. Der Studienreiseveranstalter Studiosus (www.studiosus.com) hat verschiedene Studienreisen (5–6 Tage) mit Führungen und umfassendem Besichtigungsprogramm im Angebot. Zu besonderen Kultur- und Studienreisen (4–7 Tage) lädt Courtial Reisen (www.courtial-reisen.de) ein.

TELEFON

Öffentliche Telefone sind seltener geworden, seit das Telefonino (Handy) zur Grundausstattung selbst der Schüler gehört. Im Zentrum wird man sie allerdings noch relativ häufig finden, meist in Bars. Telefonkarten werden zu verschiedenen Preisen in den Tabacchi-Läden angeboten. Wer viel und lange telefoniert, sollte sich in einem Telefonshop mit der Karte eines Billig-Providers versorgen, mit der man sich über ein beliebiges Festnetztelefon lokal beim Anbieter einwählt. Die Ersparnis kann beträchtlich sein, die Eurocitycard von Vectone z.B. bietet für 5 Euro 240 Minuten nach Deutschland. Wer von Rom aus ins Ausland telefonieren möchte, wählt die Vorwahl 0049 für Deutschland, 0043 für Österreich und 0041 für die Schweiz, danach die Ortsvorwahl ohne die Null und die jeweilige Nummer des Teilnehmers. Bei Gesprächen vom Ausland nach Rom muss nach der internationalen Vorwahl für Italien – 0039 – die Teilnehmernummer vollständig gewählt werden, d.h. einschließlich der Null. Bei Inlands- und Ortsgesprächen muss ebenfalls die gesamte Nummer angewählt werden.

TRINKGELD

Eine feste Regel gibt es nicht. Großzügigkeit kommt immer sehr gut an, und weniger als ein bis zwei Euro Trinkgeld sollte man auch in einer einfachen Trattoria nicht auf dem Tisch liegen lassen, wenn der Service gestimmt hat. In Bars, in denen man eine Kleinigkeit im Stehen konsumiert, legt man eine 10- oder 20-Cent-Münze auf den Tresen. Manchmal steht auch schon ein kleines Tellerchen bereit … Den Scontrino, den Kassenzettel, sollte man für den Fall einer Kontrolle bei sich behalten.

Fotos: Max Rossi/Reuters/Corbis; Rainer Unkel/mecom; Illustration: Marc Stüwe

WAS SIE NICHT TUN SOLLTEN

SICH WIE IM FALSCHEN FILM FÜHLEN In Rom kann man Abende erleben, die den Verdacht nahe legen, den Machern der „Versteckten Kamera" ins Visier geraten zu sein. Es beginnt damit, dass man im Restaurant eigenmächtig einen Tisch ansteuert, was den Ober empört. Er weist einem einen anderen Sitzplatz zu und nimmt die Bestellung in einem Ton entgegen, als verlange man Ungebührliches. Das Essen serviert er nach dem Motto „Da hast du's!". Am Nachbartisch sitzt ein Paar, das sich offenbar heftig streitet. Lehnen Sie sich entspannt zurück: Sie sind unter Römern. Nehmen Sie den mitunter rauen Ton nicht persönlich. Die Römer erscheinen manchmal unfreundlicher als beabsichtigt. Wer sich darauf einstimmen möchte, geht in ein Restaurant, das die derbe römische Art szenisch auf die Schippe nimmt: La Parolaccia in Trastevere (Vicolo del Cinque 3, Tel. 065 80 36 33; sonntags geschlossen). Nette und höfliche Begegnungen genießt man danach umso mehr.

AUF RÜCKSICHT ZÄHLEN Eigentlich gibt es auch in Italien eine Straßenverkehrsordnung, die vorsieht, dass Fußgänger am Zebrastreifen den Vortritt haben. Tatsächlich halten sich aber nicht alle Autofahrer daran. Vielmehr kommt es immer wieder zu Unfällen, wenn Fußgänger auf ihr Recht bauen. Sich zu vergewissern, dass die Autos wirklich anhalten, ist allemal sicherer, als den eigenen Schutzengel zu strapazieren.

SICH ABLENKEN LASSEN Bei Straßenverkäufern kann man von der Sonnenbrille bis zum Computerspiel alles kaufen. Wer das tut, muss sich im Klaren sein, dass er illegal handelt und die erworbenen Produkte nicht von bester Qualität sind. Auch in anderer Hinsicht sollte man vorsichtig und wachsam sein: Wo sich Menschen drängen oder ihr Interesse Sehenswürdigkeiten schenken, sind Taschen- und Trickdiebe zur Stelle

DURSTIG DURCH DIE STRASSEN ZIEHEN Wenn Sie unterwegs einen Schluck Wasser trinken möchten, können Sie sich an einem der kleinen Imbisswagen einen halben Liter für mindestens zwei Euro kaufen. Oder Sie bedienen sich gratis an einem der vielen Trinkwasserbrunnen, die im ganzen Stadtgebiet zu finden sind. Sie spenden frisches Nass aus den Bergen im römischen Hinterland. Auch in einer Bar kann man beim Durstlöschen Geld sparen: Wer schnell was trinken möchte, tut dies im Stehen billiger. Lässt man sich dasselbe Getränk an einem Sitzplatz servieren, kostet es deutlich mehr.

TROTZ RAUCHVERBOT QUALMEN In Italien gilt in öffentlichen Gebäuden wie Flughäfen und Bahnhöfen Rauchverbot, ebenso in Restaurants und Bars. Sind dort keine Raucherräume mit separater Lüftung vorhanden, muss der Gast mit seiner Zigarette vor die Tür gehen. Tut er dies nicht, drohen ihm Geldstrafen von bis zu 550 Euro. Achtet ein Wirt nicht auf die Einhaltung des Verbots, kann ihn das bis zu 3300 Euro kosten.

VERKEHR

Der römische Verkehr verlangt starke Nerven und eine ruhige Hand. Vor allem während der Rushhour am Morgen und am späten Nachmittag sollten Sie nicht damit rechnen, dass die Fahrzeuge sich klar erkennbar einordnen oder Richtungswechsel durch profane Hilfsmittel wie Blinker anzeigen. Auch rot geschaltete Ampeln genießen an mancher Kreuzung nur relative Autorität. In der Innenstadt (ZTL-Bereich) gilt außerdem ein Fahrverbot für Fahrzeuge ohne spezielle Genehmigung. Falls Sie im historischen Zentrum untergebracht sind, können Sie bis zum Hotel fahren. Am besten lassen Sie den Wagen dann für die Zeit Ihres Aufenthaltes in der sicheren Hotelgarage stehen.

ÖFFENTLICHE VERKEHRSMITTEL

Rom verfügt über ein gut ausgebautes und zuverlässiges Busnetz, zwei U-Bahnen und mehrere Straßenbahnlinien. Außerdem verkehren regelmäßig Nahverkehrszüge und -busse zu und von den meisten umliegenden Städten und Gemeinden. Die Buslinien sind in verschiedene Kategorien eingeteilt: Besonders oft fahren die Busse der Linie U (Urbana; zu erkennen am weißen U auf blauem Grund). Wer eine weite Strecke zu bewältigen hat, wird sich nach einer Linie E (Express) umschauen, die nur an wenigen Haltestellen hält. Einzelfahrscheine des römischen Nahverkehrsverbunds Atac kosten 1 Euro und sind 75 Minuten gültig. Tageskarten sind für 4 Euro, Drei-Tage-Karten für 11 Euro zu haben (an den Verkaufsstellen der Atac, an vielen Zeitungskiosken und in Tabacchi-Läden). Achtung: Fahrscheine können grundsätzlich nicht beim Busfahrer erworben werden.

Eine Frage noch: Was bedeutet einem Römer die Bar?

Alle Wege führen nach Rom. Doch wohin führen alle Wege in Rom? Sie führen in die Bar, die Caffè Bar. Jenen nach geröstetem Kaffee und frischem Gebäck duftenden Kosmos, in dem von frühmorgens bis abends blank polierte Maschinen röcheln und dampfen. Wo pausenlos der Kaffee in schwere Tassen rinnt, heiß wie die Hölle, schwarz wie Tinte und süß wie die Sünde. Wo Milchschaum aus Gläsern quillt und der Barista, der Barmann, mit souveränen Handgriffen und einem Lächeln blitzschnell die Bestellung erledigt. „Prendiamo un Caffè", sagt der Römer. Was er damit meint, ist ein Lebensgefühl.

Es fängt an um sieben, acht Uhr morgens, wenn der Römer für ein schnelles Frühstück in seiner Stammbar um die Ecke vorbeischaut, es geht weiter zwischen zehn und elf Uhr, der Zeit für eine kurze Geschäftsbesprechung in der Nähe des Arbeitsplatzes oder einen kleinen Imbiss. Und was fördert die Verdauung nach dem Mittagessen mehr als ein Caffè corretto, ein Espresso, dem ein Schuss Grappa oder Cognac sein unwiderstehliches Aroma verleiht?

Das Ritual ist immer gleich. Man zahlt an der Kasse, legt den Bon auf den Tresen, eine Münze darauf. Kennt der Barista seinen Gast, kennt er dessen Vorlieben: Caffè un poco macchiato (mit etwas Milch), ristretto (sehr stark), Cappuccino tiepido (lauwarm). Und weil manche Bars mehr als Kaffee anbieten, packt man abends auf dem Nachhauseweg noch Zigaretten ein, Briefmarken, Totoschein, frische Milch oder Prosecco für die Einladung bei Freunden.

Irgendwo ist immer ein Tresen, der die Lust auf eine Kaffeepause stillt

Kein Häuserblock ohne Bar, keine Piazza, an der sich nicht gleich mehrere befinden (Adressen Seite 149). Die meisten sind schmal, schlicht, sie haben keine Tische, noch nicht einmal Barhocker. Sie werden geführt von Familien, nicht selten über Generationen. Größere Bars haben einen Hauch von Eleganz eingebaut, dort kann man auch sitzen, zahlt dafür aber deutlich mehr. Dorthin geht man eher am Sonntag nach dem Kirchgang, vor dem opulenten Essen im Kreise der Familie. Nur die wenigen noblen, teuren Etablissements, in denen die Wände mit Edelholz getäfelt sind und der Tresen vor Marmor glänzt, die meidet der Römer. Dort sind die Fremden.

Die Bar erfüllt vor allem eine soziale Funktion: als Treffpunkt, als Nachrichtenbörse der Nachbarschaft. Wer hat ein Kind bekommen? Wer ist befördert worden? Was sind das für Leute, die gegenüber eingezogen sind? Wie können die sich so ein Auto leisten? Nirgendwo in der Öffentlichkeit geht der Römer freizügiger um mit seinen persönlichen Belangen als in der Bar; nirgendwo lässt er seinen Emotionen und Überzeugungen so ungehemmt freien Lauf; und nirgendwo gibt es weniger Standesunterschiede. In der Bar schwatzt der Müllmann mit dem Zahnarzt, der Bohemien mit dem Rentner. Die Bar ist die große Bühne des kleinen Lebens, hier schlägt das Herz der Stadt. Daran kann man nicht vorbeigehen.

Prendiamo un Caffè? ■

Gerhard Waldherr

Illustration: Isabel Klett

VORSCHAU

Bretagne

Bretagne! Lassen Sie sich das Wort mal auf der Zunge zergehen. Schmecken Sie das Salz auf den Lippen? Spüren Sie den weichen Schlicksand unter Ihren Füßen? Sehen Sie die Granitfelsen, die sich aus Schwindel erregender Höhe ins Meer stürzen? Wir möchten Ihnen noch mehr zeigen. Die Belle-Île-en-Mer zum Beispiel, die im Sommer karibischen Charme versprüht. Die magischen Steinreihen bei Carnac, aufgestellt vor 6000 Jahren. Wir wollen mit Ihnen auf einem Fischerboot hinausfahren (dazu sollten Sie allerdings seefest sein, sonst geht es Ihnen wie unserem Autor). Einen der Leuchttürme erklimmen, die die Küste umsäumen wie eine gigantische Lichterkette. Sie werden den Bob Dylan der Bretagne kennen lernen, einen Europameister beim Strandsegeln treffen, Paul Gauguins Nachahmern in Pont-Aven begegnen. Und einen Ausflug machen wir auch: ins Loire-Tal, zu Traumschlössern und Tomaten züchtenden Prinzen.
Das ADAC reisemagazin Bretagne erscheint am 26. April 2005

KÜHLE DRINKS: Bars in Concarneau

ALTE STEINE: Menhire bei Carnac

JUNGE TALENTE: Surfer auf der Belle-Île

BRAVE SCHAFE: gut behütet vom Kloster auf dem Mont-Saint-Michel

In Vorbereitung:
München | Polen | Florida

Zuletzt erschienene Ausgaben:
Neuseeland | Vietnam | Ungarn

Alle lieferbaren Titel finden Sie auf der beiliegenden Bestellkarte

Fotos: Bernd Jonkmanns; Julia Knop; Lois Lammerhuber; Hardy Müller

IMPRESSUM

HERAUSGEBER Allgemeiner Deutscher Automobil-Club e.V. (ADAC), Am Westpark 8, 81373 München
CHEFREDAKTEUR Joachim Negwer (verantwortl. für den redaktionellen Inhalt)
STELLVERTRETENDE CHEF-REDAKTEURE Christiane Würtenberger, Thomas Zwicker (Text)
ART-DIREKTION Jürgen Kaffer/Büro Hamburg
CHEF VOM DIENST i.V. Gunnar Herbst
REDAKTION Doris Ehrhardt (Galleria, Specials); Dr. Traute Ewers, Dr. Hartmut Kobrow, Heike Platow, Christiane Zander, Anne Zuber, Beate Röhl (Dokumentation), Marianne Dietze (Redaktions-Assistenz)
BILDREDAKTION Katharina Oesten, Imke Keyssler
GRAFIK Svenja Kruse (stellv. Art-Direktorin), Uljana Tatzel, Dirk Kleinschmidt
PRODUKTIONSLAYOUT Joachim Fischer
KARTEN CartoTravel, Bad Soden
ANSCHRIFT DER REDAKTION ADAC reisemagazin, Hohe Brücke 1, 20459 Hamburg, Sekretariat: Tel. (040) 37 86 18-0, Fax: 37 86 18-10, E-Mail: redaktion@adac-reisemagazin.de, Internet: www.adac.de/reisemagazin
VERLAG ADAC Verlag GmbH, Leonhard-Moll-Bogen 1, 81373 München
GESCHÄFTSFÜHRER Dr. Ralf Ueding
ANZEIGEN Leitung: Dr. Carsten C. Hübner; Abwicklung: Hannelore Stadler (verantwortlich für den Inhalt der Anzeigen), Leonhard-Moll-Bogen 1, 81373 München, Tel. (089) 76 76-47 14, Fax: 76 76-47 01, E-Mail:anzeigen@adac.de; Anzeigentarif: vom 01.01.2005, Nr. 15
HERSTELLUNG Leitung: Eberhard Wagner; Werner Pflöschner
VERTRIEB Leitung: Michael Epp; Grosso, Bahnhofsbuchhandel: ASV Vertriebs GmbH, Objektleitung: Angela Huber, Tel. (040) 34 72-92 87, Fax: 23 78-67 05, E-Mail: angela.huber@axelspringer.de
ABONNENTEN-SERVICE ADAC Verlag GmbH, Leserservice, 33407 Verl, Tel. (05241) 94 77 95, Fax: 94 77 96, E-Mail: info@buecherservice.adac.de
DRUCK Mohn Media Mohndruck GmbH, Carl-Bertelsmann-Str. 161, 33311 Gütersloh
DRUCKAUFLAGE 288 000 Exemplare Nr. 85, März/April 2005 ISBN 3-89905-226-9 ISSN 1610-2290

Alle Verlags- und Nutzungsrechte liegen beim Verlag. Nachdruck redaktioneller Beiträge nur mit Genehmigung des Verlages. Alle Angaben ohne Gewähr. Das ADAC reisemagazin erscheint zweimonatlich.

SO ERREICHEN SIE UNS
WENN'S UMS ABONNEMENT GEHT ADAC Verlag GmbH, Leserservice, 33407 Verl, Tel. (05241) 94 77 95, Fax: 94 77 96, E-Mail: info@buecherservice.adac.de
BEI FRAGEN AN DIE REDAKTION Tel. (040) 37 86 18-0, Fax: 37 86 18-10, E-Mail: redaktion@adac-reisemagazin.de
IM INTERNET www.adac.de/reisemagazin

BEILAGENHINWEISE
Ein Teil dieser Ausgabe enthält Beilagen von:
- Financial Times Deutschland, Stubbenhuk 3, 20459 Hamburg
- Giordano S.P.A., I – 12050 Valle Talloria d'Alba
- Pro-Idee GmbH & Co. KG, Gut-Dämme-Straße 4, 52070 Aachen
- Visit Britain, Hackescher Markt 1, 10178 Berlin

Größte Kirche des Abendlandes und Zentrum der katholischen Macht: Petersdom (ganz links). Meisterwerke aus vielen Epochen: Vatikanische Museen; im Vordergrund die Skulptur „Sfera con Sfera" im Pinienhof

CITY-PLAN ZUM HERAUSTRENNEN

Auf Entdeckertour

Mit unserem Stadtplan und den Tipps kommen Sie gut durch Rom

Kaum eine andere europäische Stadt weist so viele Spuren aller Geschichtsepochen des Kontinents auf wie Rom, von Antike und Mittelalter über die Renaissance bis hin zur Moderne: geballte Sehenswürdigkeiten im Centro Storico (historische Altstadt), Monumente, Museen, Paläste mit freskengeschmückten Sälen, Plätze, Brücken, Brunnen, prachtvolle Gotteshäuser sowie üppige Gartenanlagen und Parks. Der Stadtplan zum Heraustrennen soll helfen, die Orientierung nicht zu verlieren; auf der Rückseite stellen wir die wichtigsten Highlights vor und empfehlen zudem ein paar ruhige Orte und Cafés zum Entspannen.

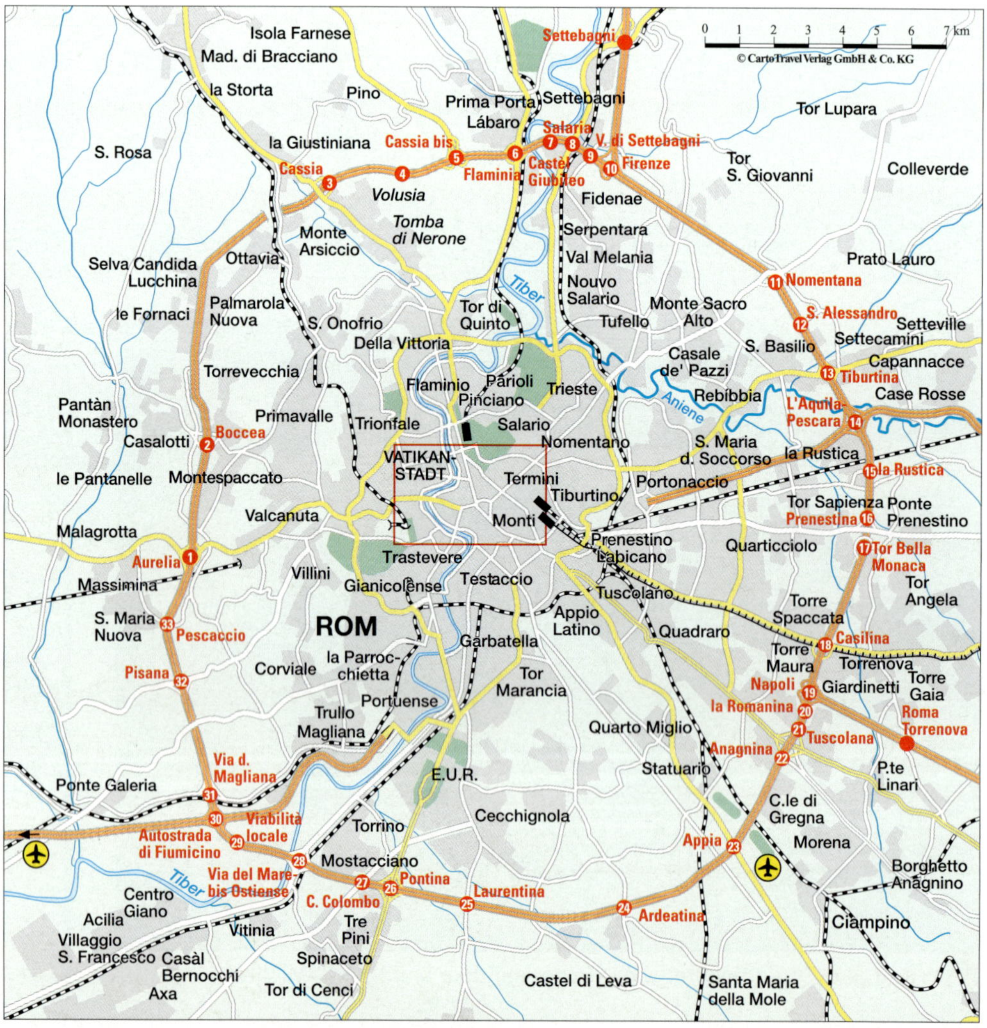

Fotos: Steffen Jänicke; Mareike Krause